J'étais un chef de gang

Lamence Madzou

J'étais un chef de gang

Suivi de *« Voyage dans le monde des bandes »*
par Marie-Hélène Bacqué

La Découverte / Poche
9 *bis*, rue Abel-Hovelacque
75013 Paris

Remerciements. Ce travail n'aurait pu être mené sans le soutien de Jacques Picard et de Patrick Haddad qui sont à l'origine de notre rencontre puis ont participé, comme informateurs, conseils et relecteurs à ses différentes phases. Qu'ils en soient chaleureusement remerciés ainsi que les interviewés et informateurs qui nous ont accueillis au cours de l'enquête. Notre reconnaissance va aussi à Yves Sintomer pour ses conseils stimulants et sa relecture attentive, à Stéphanie Vermeersch pour nos nombreuses discussions, à Sabine Starita dont l'appui bibliographique a été très précieux et à Martin Lamotte, assistant de recherche, qui a contribué à ouvrir plusieurs pistes d'analyse. Merci aussi à Hugues Jallon qui, dès le début, a soutenu et encouragé ce projet.

Ce livre a été précédemment publié en 2008 aux Éditions La Découverte

ISBN 978-2-7071-5787-4

Introduction

La sociologue et le chef de bande

Un soir de juillet 1987 à Corbeil-Essonnes, dans la cité Montconseil, quatre adolescents passent un pacte d'honneur et décident de monter leur bande ; elle s'appellera les Fight Boys. Pendant environ cinq ans, cette bande se développe jusqu'à déboucher sur la constitution d'un « gang », selon les termes de ses initiateurs qui se définissent comme des *gang members*. Ce gang, assimilé aux Zoulous par les médias, défraye un temps la chronique locale et parisienne alors que le phénomène des bandes de jeunes devient une question publique, suscite prises de position et mesures politiques. Mais ce soir d'été, Lamence, Joker, Mek's et Papayou sont avant tout quatre copains qui ont grandi ensemble. Ils partagent rêves et révoltes, ils sont à la recherche d'une identité et, à des degrés divers, en voie de rupture familiale et scolaire. Ils découvrent ensemble l'espace parisien, la culture des rues, le mouvement hip-hop et le monde des bandes, mouvant et hétérogène.

Au milieu des années 1980, les bandes commencent à faire parler d'elles. Elles investissent les centres commerciaux de banlieue ou du centre de

Paris comme l'Agora à Évry, le Forum des Halles ou La Défense, elles se déplacent le long des lignes de RER et se disputent des territoires sur lesquels elles s'affrontent, parfois très violemment – la mort du jeune Oumar Touré en juillet 1990 suite à une bagarre entre bandes à la sortie d'une discothèque sur le parvis de La Défense est un épisode de ces affrontements. Les bandes se font aussi connaître par leurs activités de vol ou de racket. Un procès très médiatisé pour viol en réunion rend célèbre l'une d'entre elles, les Requins vicieux. Ce fait divers contribue à construire une image sociale négative de ces groupes de jeunes et, au-delà, de la jeunesse des banlieues dont témoignent une série de reportages et de dossiers de presse au tout début des années 1990. Les éléments semblent réunis pour créer un climat d'insécurité propice à toutes les utilisations politiques et médiatiques.

À l'automne 2007, la question des bandes surgit à nouveau sur la scène médiatique après plusieurs affrontements opposant dans Paris des groupes rivaux à Pigalle et gare du Nord [1]. Ces incidents, puis ceux de Villiers-le-Bel quelques mois plus tard, viennent alimenter un discours général sur l'insécurité des banlieues menaçant la capitale, discours qui assimile sans précautions ni scrupules « émeutes », « bandes », « incivilités », « trafics » et souvent immigration.

Pour autant, à vingt ans d'écart, a-t-on affaire aux mêmes bandes ? Comment analyser ce phénomène ? Doit-on y voir une forme classique de déviance juvénile, une expression du « mal des banlieues », la preuve, comme le suggère un rapport des

---

1 Depuis les années 1980, malgré un débat chez les sociologues sur la disparition des bandes, celles-ci sont revenues de façon récurrente dans l'actualité médiatique.

Renseignements généraux, d'un « communautarisme croissant [2] », ou bien la montée de ce que les « experts » en sécurité qualifient de « violence urbaine » débouchant sur le « crime organisé violent [3] » ?

Les bandes de jeunes ont fait l'objet, en France, de travaux sociologiques depuis les années 1960 [4]. Ces travaux ont en particulier permis de comprendre ce phénomène par sa généalogie, des apaches aux blousons noirs puis aux loubards [5]. Des recherches récentes ont apporté un éclairage sur les jeunes des rues, sur le monde de la drogue ou sur le rôle de la famille dans la socialisation des adolescents.

On sait cependant encore peu de chose sur la façon dont se constituent ces bandes et sur leurs codes et fonctionnements internes. Sans doute est-ce en raison de la difficulté du travail de terrain et d'observation mais aussi pour partie parce que les chercheurs français, souhaitant à juste titre se démarquer de représentations médiatiques souvent instrumentalisées politiquement, ont d'abord mis l'accent sur la construction du « problème » et centré la discussion sur la réalité du phénomène des bandes et de son ampleur.

Pour autant, les bandes représentent bien une expérience sociale pour les jeunes qui s'y engagent,

---

2 Gérard Davet et Élise Vincent, « Les bandes sous la loupe des RG », *Le Monde*, 6 septembre 2007, p. 3.

3 Xavier Raufer, « Des bandes délinquantes juvéniles au crime organisé violent » *Cahiers de la sécurité intérieure*, n° 1, 2007, p. 33-42.

4 En particulier les travaux de Philippe Robert, *Les Bandes d'adolescents*, Éditions ouvrières, Paris, 1966, suivi de Philippe Robert et Pierre Lascoumes, *Les Bandes d'adolescents. Une théorie de la ségrégation*, Éditions ouvrières, Paris, 1974.

5 Voir notamment Gérard Mauger, *Les Bandes, le milieu et la bohème populaire. Études de sociologie de la déviance des jeunes des classes populaires (1975-2005)*, Belin, Paris, 2006, ainsi que Marwan Mohammed et Laurent Mucchielli (dir.), *Les Bandes de jeunes, des « blousons noirs » à nos jours*, La Découverte, Paris, 2007.

expérience individuelle et collective qui se comprend bien sûr dans un rapport au monde social, à la famille et aux institutions. C'est cette expérience que cet ouvrage met en lumière à partir d'un regard particulier : un témoignage « de l'intérieur », celui d'un ancien « chef de gang », Lamence Madzou, l'un des quatre initiateurs des Fight Boys à la fin des années 1980. Au-delà du témoignage, ce livre s'efforce de contribuer à la connaissance du phénomène des bandes : comment émergent-elles et quelles formes prennent-elles dans le contexte de précarisation sociale des années 1980 ? Dans quels rapports aux territoires s'inscrivent-elles, de la cité à la banlieue sud, en passant par l'espace parisien ? Composées essentiellement de jeunes issus de l'immigration, adoptent-elles une identité « ethnique » et comment la construisent-elles ? Quelles relations au « bizness » entretiennent-elles ?

Toute recherche a une histoire. Celle-ci est née de la rencontre entre un ancien chef de gang, voulant témoigner de son passé pour les jeunes générations, et une sociologue, professeure à l'université d'Évry, l'une des villes où se déroule l'action, prolongeant ses travaux sur la banlieue par ce voyage guidé. Cette rencontre a été possible grâce à Jacques Picard, élu Vert au conseil municipal de Corbeil-Essonnes, qui nous a mis en contact, et à Patrick Hadad, éducateur à la Protection judiciaire de la jeunesse, qui a participé à la genèse du livre. Qu'ils en soient chaleureusement remerciés.

Ce livre est le résultat de plus d'une année d'un travail en duo construit d'abord sur une série de longs entretiens autobiographiques, sur des visites en banlieue et dans Paris, sur des entretiens complémentaires avec d'autres témoins, eux-mêmes membres des bandes ou éducateur, policier, responsable politique ou parents et amis, sur une revue de presse.

L'ouvrage est constitué de deux textes : le récit autobiographique de Lamence Madzou et un commentaire sociologique. Le témoignage constitue en lui-même un apport à la connaissance, par son ton, par ce qu'il dit ou évoque simplement, mais aussi par ce qu'il ne dit pas et par les représentations sociales dont il rend compte. Il comporte bien sûr les biais de tout récit de vie, ici écrit avec un recul temporel relativement faible par un adulte qui a mûri et a décidé de « changer de vie ». Cette image de la jeunesse, reconstruite à partir du présent, sélectionne dans la mémoire par le jeu classique des souvenirs et de l'oubli, mais aussi parce que tout n'est pas dicible, pour des raisons personnelles ou simplement pour ne pas mettre en cause d'autres acteurs. Ce jeu d'ombres et de lumières est constitutif de ce registre d'écriture, et le récit alterne ici scènes décrites sur le vif replongeant le lecteur dans l'action, commentaires et prises de recul. Son écriture a cherché à rester le plus fidèle possible aux entretiens, dans le contenu bien sûr mais aussi dans le rythme de la parole, le vocabulaire et la syntaxe. Il appartient à son auteur. Les exergues placés en introduction de chaque chapitre sont extraits de poèmes écrits par Lamence Madzou.

De son côté, l'analyse sociologique vise à contextualiser ce témoignage pour aller au-delà de l'expérience personnelle. Pour ce faire, elle revient sur les conditions de sa construction et donc sur la relation entre la sociologue et l'interviewé, elle cherche à informer et interroger les situations sociales et politiques évoquées dans le récit par le travail d'enquête, et à dégager ce que ce témoignage confirme ou apporte au regard d'autres recherches. Ce parti pris est celui d'une sociologie qui ne prétend pas donner la seule vérité, qui ne cherche pas à se situer en surplomb vis-à-vis des acteurs mais dialogue avec eux, qui prend au sérieux cette discussion et la considère comme une confrontation enrichissante de différents regards et expériences du monde social. Il suppose d'abolir, au moins partiellement, la barrière protectrice de l'anonymat, démarche sans doute plus déstabilisante pour les sociologues que pour les informateurs [6].

Par ce travail à deux voix, nous avons tenté d'éviter plusieurs écueils : d'un côté, ceux du déni, de la complaisance ou de la fascination pour la violence et le « monde des voyous » ; de l'autre, celui de la moralisation ou de la diabolisation. Le chemin est étroit entre ces deux écueils. Nous avons conscience qu'un tel ouvrage court le danger d'une lecture partielle ne s'intéressant qu'au témoignage d'une violence, au demeurant bien réelle, qui viendrait confirmer les discours sur l'insécurité ou, au contraire, alimenter une fascination pour le monde mythique des bandes. Nous avons fait ensemble le pari d'une autre lecture, plus complexe et moins paresseuse parce qu'elle donne à voir un monde social qui n'est pas divisé entre forces du mal et forces du bien, qui n'indique pas une seule direction mais se construit à l'articulation de processus individuels, collectifs et sociaux.

Marie-Hélène Bacqué

---

6 Bien sûr, ce choix ne concerne que les informateurs qui l'ont accepté. Les autres personnages cités ont été anonymisés.

Récit autobiographique

1

Un petit Noir de France

> L'appartement si petit
> Et là dehors le gouffre de la cité
> Avec ses bruits, ses odeurs, ses trésors, ses poisons
> Sa vie qui grouille

Je suis né à Brazzaville en 1972. Je suis arrivé en France en 1977, à l'âge de cinq ans, pour rejoindre mon père. Enseignant au Congo, il avait obtenu un détachement à l'ambassade à Paris où il s'occupait des étudiants. J'ai le souvenir d'une photographie prise vers mes huit ans dans notre appartement, cité Montconseil à Corbeil. J'ai une pose de gamin dans l'encadrement de la porte, avec ma belle-mère Béatrice. Cette photo me rappelle mon arrivée, les retrouvailles avec mon père. Il était séparé de ma mère. Chez nous, quand un homme et une femme ont des enfants et se séparent, c'est toujours le père qui garde les enfants. Je ne l'ai compris que beaucoup plus tard, en allant au bled. C'est une autre culture, une autre mentalité.

Une famille africaine

Ma mère Stéphanie n'avait même pas été prévenue de mon départ. Mariée à un colonel, directeur de la sécurité d'État et proche du président Sassou-Nguesso [1], elle voyageait beaucoup dans les pays du bloc soviétique, en URSS et à Cuba, et elle venait de temps en temps en France. L'un de mes premiers souvenirs d'elle est son mariage avec mon beau-père. Il y avait beaucoup de monde. Je voulais absolument la voir mais on m'en empêchait. J'ai ouvert une porte et je l'ai vue en robe de mariée, gaie, pétillante, souriante. Dure et protectrice à la fois, elle m'a repoussée gentiment en me demandant de me mettre dans un coin et de rester sage. Je crois que c'est ce que j'ai fait. Mais, tout au long de ma vie, j'ai eu l'impression qu'elle n'avait pas de temps pour moi ou bien que les événements nous ont empêchés d'être ensemble, comme mère et enfant, comme avec ses autres enfants. Je ne lui en veux pas, notre séparation n'a pas été son choix.

Je l'ai revue sept ans plus tard ; j'avais douze ans. Mon père m'avait prévenu qu'elle allait venir. Nous avions rendez-vous au marché de Corbeil. Nous arrivons sur les lieux et je vois trois femmes en tenue traditionnelle. Je ne sais pas laquelle est ma mère. Mon père me prend par la main et me dit : « Viens, on va te présenter. » Nous nous regardons et elle rit, elle rit. Je me souviens d'une fille très jolie, très jeune, mince ; je l'ai trouvée très belle. Je lui ai posé la question : « Est-ce que tu es ma mère ? » D'un air amusé, elle m'a répondu : « Non, je ne suis pas ta mère. » « Si, c'est toi ma mère. » Je le sentais, j'étais sûr.

À partir de là, elle est venue me voir régulièrement à Corbeil. Chaque fois qu'elle venait à la maison, je ne sais pas pourquoi, cela se passait bien au début du séjour mais à la fin, cela se terminait toujours très mal. Elle se disputait constamment avec ma belle-mère, c'était une sorte de rituel. Une fois, elles en sont même venues aux mains. Mon père

1 Président du Congo de février 1979 à août 1992, il revient au pouvoir en 1997.

aussi se disputait avec ma mère et ma belle-mère à mon sujet. C'était tendu à la maison. Je ne m'y sentais pas bien. Il y avait toujours des histoires, cela finissait en bagarre. Ce n'était pas une bonne ambiance. Une fois, ma mère a voulu m'emmener. Je ne savais pas quoi faire. J'étais indécis, complètement perdu. Je ne comprenais pas bien la situation. Mon père a catégoriquement refusé que je parte ; il a voulu que je reste avec lui. Il a eu le dernier mot et Maman est partie encore une fois sans moi.

Avec le recul, je crois que j'aurais dû la suivre. Les choses n'auraient peut-être pas tourné de la même manière. Les enfants qu'elle a eus avec son mari – une fille et six garçons –, elle les a élevés quasiment seule. Elle a été dure, rigoureuse et cela a donné de bons résultats : deux de mes frères sont au Canada – l'un est ingénieur, l'autre passe un diplôme de sport. Ma sœur a un bac + 5, elle est très intelligente et droite. Quant aux trois derniers, ils poursuivent leurs études tout en vivant leur vie d'adolescents.

Mon père a eu une fille et quatre garçons avec ma belle-mère avant de divorcer. Il y avait une tradition dans la famille, tous nos prénoms commencent par L : Lucette, Lionel, Laudray, Léonce, Lloyd. Mes frères ont aussi eu une adolescence difficile ; les plus âgés ont connu la prison comme moi. Aujourd'hui, le plus grand a obtenu un diplôme en électrotechnique ; il travaille et il a trois enfants, il s'en est bien sorti. L'autre est en prison pour cinq ans pour un braquage. Léonce s'est marié et s'est installé avec sa femme. Le plus jeune n'a que neuf ans ; il a été remué par les problèmes de mes parents et il a des difficultés à l'école. Ma sœur, elle, a toujours été studieuse et est allée jusqu'à l'université. Elle est mariée et mère d'un enfant.

Mon père avait une façon à lui de nous aimer. Il nous adorait gamins mais, bizarrement, à l'âge de l'adolescence, nous n'existions plus. L'amour et l'affection portés au petit gamin disparaissaient. C'était comme changer d'univers. Il me parlait sèchement, durement, s'attendait à ce que je comprenne forcément et agisse en conséquence. Je n'avais pas droit à ces petites erreurs qui font qu'un enfant est un enfant. Il avait des comportements que je ne comprenais pas, une espèce de distance. Je l'entends encore me « fusiller » constamment, systématiquement : « Tu es un imbécile, tu finiras en prison, je veux que tu t'en ailles de chez moi ! » Il avait peut-être raison – ou c'est moi qui ai fini par le croire –, il craignait sans doute pour l'éducation de ses autres enfants mais, sans prétendre être meilleur, je ne pense pas que j'aurais agi ainsi. Il ne nous écoutait jamais. Il nous parlait peu et nous étions surpris lorsqu'il le faisait.

Une chose était évidente pour moi : je ne voulais pas lui ressembler, par exemple parler en vociférant. Donc j'ai dû travailler sur moi. Je me suis souvent demandé si l'on pouvait détester son père. Pourtant, j'ai dans la tête des moments agréables où, enfant, il me prenait sur ses genoux ou bien la seule fois où il s'est vraiment ouvert à moi et m'a parlé de son passé. Aujourd'hui, c'est plus facile de discuter avec lui. Je suis plus tolérant vis-à-vis de lui, plus que les autres membres de la famille alors que j'ai sans doute plus à lui reprocher. Je me dis qu'il vieillit et qu'un jour je ne le verrai plus. Alors, j'essaie de profiter de chaque moment que je passe avec lui.

Nous vivions donc à Corbeil, cité Montconseil. Nous étions une grande famille, avec des frères et sœurs et des « cousins » qui arrivaient et qui repartaient. C'est la famille africaine : on accueille l'enfant de l'autre et tu ne sais pas si c'est vraiment ton cousin. Plus tard, tu comprends qu'en fait il n'est pas vraiment ton cousin, mais un ami d'enfance. Mais pour nous, c'est le cousin. Nous étions selon les périodes huit, dix, onze personnes à la maison. On était beaucoup par chambre, cinq dans l'une, quatre dans l'autre, lits superposés et matelas au sol. Il n'y avait pas d'espace pour chahuter.

Pourtant, j'avais envie de sauter sur les lits, de faire des trucs de mômes. Pour faire ses devoirs, ce n'était pas idéal non plus entre le manque de place et les va-et-vient incessants des cousins. Tout était saturé. Quand on a beaucoup d'enfants, ils cassent tout, c'est le bazar.

Il y a quelque chose que je détestais, c'était la cuisine, toujours la même, la cuisine de chez nous. Trois ou quatre plats, toujours les mêmes. Jusqu'au miracle : ma mère – en fait ma belle-mère mais je l'ai toujours appelée Maman –, comme toutes les femmes africaines, a découvert le steak-frites. Mais elle s'est mise à en faire tous les jours. Peut-être que cela m'a poussé à manger dehors. Je préférais être comme tout le monde. Pourtant aujourd'hui, manger africain, c'est un véritable régal. Mais quand on est môme, on ne voit pas les choses de la même façon. Ce sont des petits détails mais, additionnés, ils deviennent pesants.

Quand j'allais chez des copains, des Noirs ou des Arabes qui étaient en France depuis longtemps, ou bien chez des Français, je voyais un autre mode de vie, avec plus d'espace, plus d'intimité. On leur consacrait plus de temps, parents et enfants se comprenaient du fait d'une culture commune. Moi je voulais juste être comme mes potes. Cela peut paraître égoïste mais j'aurais voulu qu'on s'occupe davantage de moi, qu'on me propose des activités, qu'on puisse m'acheter les vêtements qui me plaisaient. Mais avec notre famille nombreuse, ce n'était pas possible. Comme tout le monde, nous allions faire les courses chez Tati, du côté de Barbès. C'était la course à la vie pas chère et ça se voyait. Mais, à un moment, tu es à l'école, tu es grand, tu as envie de porter un petit peu de marques, tu n'en as pas. Je n'ai jamais demandé. Je me suis débrouillé par moi-même. Peut-être que si je l'avais fait, on m'en aurait acheté.

Quand mon père a acheté ses meubles, il était très fier. Il nous disait souvent d'y faire attention car c'était notre héritage. Nous devions en prendre soin pour les conserver, comme si ces meubles étaient indémodables, allaient durer toute une vie. J'avais à peine dix ans qu'ils se sont déglingués, démodés. Mais je comprends ce que cela représentait pour lui ; c'est nous qui avons tout cassé. Pour nous, la maison était un terrain de jeu. Pour lui, c'était le signe de sa réussite.

Je suis retourné une fois au Congo pendant mon enfance pour des vacances avec ma mère. J'avais dix ans. Je ne me souviens pas de grand-chose hormis une scène. Nous nous étions rendus au bord du fleuve pour rendre visite à ma grand-mère qui y vendait du poisson fumé. Nous la cherchions dans la foule dense. Pour moi, c'était un autre monde. J'étais vêtu d'une veste Adidas et d'un jean. Une femme est passée, avec un enfant dans les bras, et a dit : « Ah, si mon enfant pouvait devenir comme ça ! » Je suppose que je représentais pour elle ce à quoi elle aspirait pour son enfant, une vie meilleure.

Montconseil, Corbeil-Essonnes

Montconseil, c'était agréable à vivre. J'habitais avenue du Président-Allende, dans une tour. Pendant longtemps, je n'ai pas su qui était Allende ; c'est un policier qui me l'a dit lors d'une de mes premières arrestations. À l'époque, il y avait encore de la moquette, des tableaux dans les couloirs, des fleurs à l'extérieur. Notre bâtiment possédait deux cours et deux entrées, l'une donnait sur l'avenue du Président-Allende, l'autre sur un petit parc avec des jeux.

Je jouais avec mes frères et sœurs, avec les enfants et les plus grands du quartier. Dans la petite cour derrière, on jouait souvent au foot. Nous vivions beaucoup dehors vu le manque de place à la maison. Nous avions des petits jeux simples. Il y avait des jeux en ferraille, un bac à sable : nous y avons passé beaucoup de temps à enterrer et déterrer des trésors. La petite cour donnait sur un terrain plus grand bordé par un grand sapin et des rochers qui abritaient un local technique. Les rochers formaient une espèce de grotte où nous aimions nous retrouver après avoir fait une cabane avec des feuilles et des branchages. Mon frère et moi avions inventé un jeu : dans un coin, en bas de mon immeuble, il y avait des petits sapins. Nous montions dessus presque au sommet, ils ployaient sous notre poids. Nous avions l'impression d'être sur un cheval au galop, c'était comme si nous étions ailleurs.

Un jour, j'ai fait un truc complètement con, un truc de gamin. Je devais avoir dans les huit, dix ans. Ma mère parlait au téléphone et j'ai décroché le téléphone pour écouter ce qu'elle disait. J'avais vu ça dans un film d'espionnage, alors j'ai voulu faire pareil. Quand j'ai raccroché, ça a fait un déclic et je me suis fait engueuler parce qu'on l'avait entendu. Et je ne sais pas pourquoi, j'ai eu très peur que Maman ne le dise à mon père et je me suis sauvé.

C'était la première fois que je me retrouvais dehors dans la nuit, tout seul. Je me suis sauvé, et je ne savais pas où aller. J'ai marché dans le quartier, longtemps, et je me suis dit : « Tiens, c'est bizarre, quand il fait nuit, il n'y a personne. » À cette époque-là, les gens ne traînaient pas dans la rue. Il n'y avait absolument personne. Toutes ces lumières, je trouvais ça beau. Je ne savais pas où dormir. Comme j'adorais faire des cabanes, je suis monté dans un arbre, je me suis fait un petit coin et je comptais dormir là. J'y suis resté un certain temps, plusieurs heures, jusqu'à ce que je voie mon père rouler en voiture dans la rue. Il me cherchait, il criait. J'avais vachement peur et je suis resté caché. Je pense que je suis resté au moins deux heures dehors. Puis, je suis descendu et je suis rentré à la maison. Je ne me suis pas fait engueuler. Je pense qu'ils ont eu très peur – bien plus que moi.

La première fille dont j'ai été amoureux habitait le premier étage de mon immeuble. Elle s'appelait Cathy. Je faisais des détours pour la voir arriver. J'allais avoir douze ans, je rentrais en sixième, je ne comprenais pas pourquoi elle ne m'aimait pas. Comment l'aurait-elle pu puisque je ne lui avais jamais adressé la parole ? C'était un amour de gosse, secret, je ne lui ai jamais rien dit. Mais quand elle est tombée amoureuse d'un de mes camarades de classe, que je les ai vus passer beaucoup de temps ensemble, je me suis senti blessé, en colère, puis résigné. Ainsi va la vie.

C'était une bonne époque, une très bonne époque. Une période où tout paraissait tellement simple. C'est à ce moment-là que j'ai rencontré mes amis d'enfance, que je n'ai jamais perdus de vue. Mon ami de toujours, le tout premier, c'est Joker [2], un Algérien. Nous étions voisins de palier, au huitième étage dans la tour 19, appartements face à face. C'était un garçon réservé, comme moi. À cette époque-là, entre Noirs et Arabes ça ne se passait pas toujours très bien. Nous étions proches mais Joker faisait toujours des remarques sur les Noirs, sans doute parce qu'à la maison, c'est ce qu'il entendait. Mais bizarrement, son père s'entendait très bien avec le mien. Tout cela sous couvert de petites hypocrisies. Avec le temps, les gens apprennent à se connaître, à s'apprécier réellement. Enfant, je ne l'ai pas tellement perçu, mais avec le recul, je m'en souviens. Ce n'était pas méchant mais ils avaient leur culture et nous la nôtre.

Mek's est le cousin de Joker. Il habitait dans la tour d'en face. Il a toujours été un peu plus mûr que son cousin parce que ses frères étaient plus grands. Il vivait dans la tour 80, le quartier général des grands. Il faisait déjà un peu de bizness.

---

2 Pour respecter les règles de l'anonymat, nous utilisons ici les surnoms utilisés pendant la période des bandes. Pour d'autres protagonistes, nous avons changé le nom.

C'était le genre beau gosse, sûr de lui, frimeur sur les bords, grande gueule. Joker et Mek's m'ont fait sortir de l'enfance. Et puis, il y avait Fredo, un Réunionnais qui habitait aussi la tour 80. C'était un élève studieux, très intelligent, qui a eu son bac avec mention très bien plus tard. Il était plus âgé que nous, de trois ans.

À dix, douze ans, nous restions en bas de la cité. Puis nous sommes sortis du périmètre. Nous avons commencé à découvrir d'autres quartiers de Corbeil : La Nacelle, les Tarterêts, Chantemerle, L'Hermitage [3] et, plus tard, Évry qui poussait alors comme un champignon et qui est ensuite devenu notre QG [4]. Il y a eu les premières sorties ; on allait à la piscine, on se baladait. En se promenant, on rencontre d'autres jeunes, on chaparde, on embête les gens. Aujourd'hui, quand on parle de Corbeil-Essonnes, vient d'abord l'image des Tarterêts, des émeutes, des *car jacking* [5], des homicides et des agressions sauvages contre la police. Mais à l'époque, c'était tranquille, il n'y avait personne dans les rues, même dans les quartiers, peut-être trois-quatre jeunes qui traînaient en bas d'un bâtiment.

Puis, cela a été la période des filles. Moi j'étais assez réservé, je ne parlais pas beaucoup. Mais Mek's était un beau gosse ; lui et ses frères s'habillaient déjà avec de la marque. Il faisait un peu style méditerranéen, peau basanée, cheveux noirs. C'était un frimeur. Il avait toujours une histoire à raconter sur ses dernières conquêtes.

---

3 Cités d'habitat social à Corbeil-Essonnes.

4 La ville nouvelle d'Évry, implantée aux marges de Corbeil-Essonnes, est en pleine construction dans la décennie 1970.

5 Vol de voiture par menace sur le conducteur que l'on fait descendre de force du véhicule.

Au ban de l'école

Jusqu'au collège, tout allait bien. C'est après que les soucis ont commencé. Je me souviens de mon premier jour de collège, j'entrais en sixième. Nous étions en file indienne pour visiter les classes. J'étais derrière deux mecs qui n'arrêtaient pas de chahuter. Subitement, l'un d'entre eux me bouscule en reculant brutalement. Je lui dis de faire attention, il n'en tient pas compte. On aurait pu en rester là si son camarade ne s'était pas retourné et n'avait pas lancé : « Qu'est-ce que tu veux, vieux bamboula ? » J'ai pété les plombs, je l'ai agrippé par le col et j'ai fait craquer la chaîne qu'il avait autour du cou. Je ne me connaissais ni cette force ni ce type de réaction. L'instant d'après, c'était comme si j'émergeais d'une espèce de brume ; tout s'était dissipé. Je me suis vu le tenir, et lui, étonnamment, qui pleurnichait.

Hormis cet incident, la première année s'est bien passée. J'avais de très bonnes notes : des 15, des 12, des 18. Pour chaque bonne note, mon père m'achetait un cadeau. J'étais un élève studieux et assidu. J'aimais bien dessiner, je lisais beaucoup de bandes dessinées. Si j'avais eu des parents plus ouverts, j'aurais eu d'autres lectures. J'aimais le sport. J'adorais le français, et surtout j'étais très bon en histoire. J'adorais la mythologie, ce genre d'histoires un peu fantastiques où des gens qui partent de rien deviennent quelqu'un.

L'année d'après, la catastrophe. Au début de l'année, on m'a demandé des fournitures scolaires. Je l'ai dit à mon père mais il ne me les a pas achetées à temps. Cela a commencé à me poser des problèmes parce que je n'avais jamais mes affaires en classe, notamment en mathématiques. Il faut dire que je n'étais pas non plus très bon dans cette matière, mais c'était en début d'année et le problème n'était pas là : il me manquait mes affaires et mon professeur semblait ne pas m'aimer. Je suis devenu sa tête de turc. J'avais l'impression qu'il me harcelait. Pourtant, je n'étais pas un élément perturbateur ; j'étais même plutôt calme.

Un jour, j'ai craqué et je lui ai très mal répondu. Du coup, il m'a mis dans un coin et je ne suis plus venu dans son cours, parce que je n'y faisais plus rien. Les conseils de discipline ont commencé, les problèmes se sont accumulés. Mon comportement a changé. Je réagissais de plus en plus mal, comme un ado, entre colère et mutisme. J'ai commencé à répondre, à me faire renvoyer du collège. J'ai fini par faire le jeu de ce prof. Tout cela me rendait aigri et désabusé. Je voyais bien que le régime n'était pas le même pour tous. D'autres passaient au travers des mailles. Je me rendais compte que mon attitude n'aidait pas à arranger la situation et jouait très probablement en ma défaveur mais je ne savais pas quoi faire et personne ne m'écoutait. Voilà ce qu'on appelle subir un système, première leçon.

Cela ne se passait pas de la même façon avec tous les profs. En particulier, je m'entendais bien avec mon prof de français. Il avait la réputation d'être très sévère mais le courant passait entre nous. Il me soutenait. La prof de musique également ; elle était douce et passionnée par ce qu'elle faisait.

Le proviseur s'en est mêlé. Il a d'abord été agacé et irrité, puis conciliant. Je crois qu'il a fini par comprendre, avec un certain fatalisme, que mes réactions étaient défensives. C'était un grand ras-le-bol. À la fin, il était même plutôt sympa avec moi.

Un jour, en cinquième, j'étais en classe avec un pote, Albert, un Portugais avec qui je passais le plus clair de mon temps. Il m'embêtait et je me suis énervé, j'ai pété les plombs. Je suis monté sur la table et j'ai commencé à le frapper. Le professeur, un Antillais, a essayé de m'attraper et je suis sorti de la classe. En essayant de me retenir, il m'a coincé les doigts dans la porte. On a appelé le proviseur qui a poussé une gueulante d'enfer. Par la suite, je ne suis presque plus allé en cours.

Il y a aussi eu une histoire, alors que je n'allais déjà plus trop à l'école. On m'a convoqué parce que quelqu'un avait écrit des insultes sur la voiture d'un prof de gym. Ils croyaient que c'était moi. On m'a demandé d'écrire l'inscription parce qu'elle comportait une faute d'orthographe dans le nom. Par hasard, je l'ai écrite avec la même faute. Je me suis retrouvé accusé, je trouvais cela injuste, très injuste. Je savais que je n'avais rien fait.

Plus d'école, la merde à la maison, la galère, l'ennui, la solitude. J'ai commencé à traîner avec des gens un peu comme moi, un peu rebelles, qui m'ont emmené vers les chemins que j'ai pris par la suite. J'ai commencé à traîner avec un copain, Jef. C'est lui qui m'a fait changer de style de vêtements. Il m'a appris ce qu'était un Levi's. En première année de collège, je portais toujours des souliers, mon nœud papillon, ma chemise et mon pantalon à pinces. J'ai changé pour être comme tout le monde, jeans, bandana, paire de Creeks, petit blouson à carreaux, Vans et compagnie, style plutôt agressif pour l'époque. C'était la mode. Ensuite, j'ai fait comme tout le monde : pour en avoir, j'ai volé. J'ai fait comme les copains, j'avais des choses à me prouver et je voulais faire mieux que les autres. Et puis, c'était facile, sans véritable conséquence, une fois qu'on l'a fait une fois ou deux.

Mon monde au début, c'était Montconseil, puis ça s'est élargi aux Tarterêts [6], à Corbeil et aux villes des environs

---

6 Le grand ensemble des Tarterêts, 2 300 logements, est le dernier quartier d'habitat social réalisé à Corbeil-Essonnes mais aussi le plus important (il accueille près d'un quart de la population de la ville) et le plus isolé par rapport au reste de la ville. Il connaît très rapidement un processus de paupérisation qui s'accompagne de l'accroissement de la part des ménages étrangers et d'une forte stigmatisation.

comme Saint-Germain-lès-Corbeil [7], qui ne m'attirait pas beaucoup – il n'y avait que des petits Français. Ce n'était pas mon monde, cela ne me ressemblait pas. On a découvert l'Agora [8], un centre commercial où on pouvait traîner, flâner, rester là. On volait pour manger, pour s'habiller. J'étais comme un gosse qu'on amène dans un magasin de jouets. Je trouvais des gens qui me ressemblaient, des jeunes de la même origine que moi, des exclus qui m'accueillaient fraternellement. On était beaucoup entre Noirs alors qu'il n'y en avait pas beaucoup dans les quartiers à l'époque.

Puis, sans qu'on s'en rende compte, c'est devenu notre territoire. C'est là que j'ai rencontré beaucoup de mes amis. On traînait, on volait, on a commencé à faire nos petites bêtises, on se bagarrait. On a volé des voitures pour apprendre à conduire. J'ai même emplâtré une caisse dans la station-service de Montconseil. J'avais l'impression d'être libre, de ne plus avoir de contraintes.

Première arrestation, première bagarres

La première fois que j'ai été arrêté par la police, je devais avoir quatorze ans. J'étais avec mon frère qui devait avoir vingt ans et son copain [9]. C'est la première fois que je me suis retrouvé dans un commissariat. Je ne pense pas que

---

7 Aux franges de Corbeil-Essonnes, Saint-Germain-lès-Corbeil est une petite ville essentiellement pavillonnaire, habitée par des ménages aisés. Cette diversité sociale et urbaine où se côtoient quartiers aisés et quartiers populaires est caractéristique du tissu urbain de l'Essonne.

8 L'Agora est le centre commercial d'Évry. Il est intégré dans un réseau de voies piétonnes qui le relient aux ensembles d'habitat social de centre-ville et à la gare, ce qui en fait un lieu de rassemblement facile pour les groupes de jeunes qui investissent ses recoins, rues et place publique.

9 Il s'agit du cousin de Lamence mais, dans la famille africaine élargie, il est présenté comme le frère.

mon frère était un voleur. Je le voyais plutôt comme un beau gosse, avec beaucoup de nanas, qui allait dans les soirées. Ce jour-là, on était ensemble et on marchait, comme d'habitude. On se baladait dans le quartier pour aller voir des amis à gauche à droite ou se poser dans un parc, faire des choses normales pour des jeunes de notre âge. Apparemment, il savait que des gens jouaient au foot dans un stade à Corbeil, en bordure de La Nacelle [10]. Il avait compris qu'il n'y avait personne dans les vestiaires et que les gens avaient laissé leurs blousons, walkmans et portefeuilles. Je ne sais pas pourquoi il a eu cette idée ; moi, je ne savais pas où on allait ni ce qu'on allait faire, finalement on s'est retrouvé là-bas.

Il est rentré dans les vestiaires ; j'étais à l'extérieur. Il a piqué un tas de blousons et on est reparti à pied, jusqu'à Montconseil. En cours de route, on s'est arrêté dans un coin ; il a regardé ce qu'il voulait conserver. Le reste, il l'a jeté. Il a laissé des choses chez nous, d'autres chez des amis. Quelques jours après, les flics sont venus, ils nous ont embarqués mon frère et moi au commissariat de Corbeil. Je n'avais jamais vu un commissariat et je ne savais même pas que ça existait.

Je me rappelle la garde à vue : c'était une petite cage en contreplaqué. On se retrouve là-dedans et je demande au flic : « Monsieur, on va sortir quand ? » parce que je pensais qu'on allait sortir immédiatement. Le flic, il se fout de ma gueule : « Vous allez sortir tout à l'heure, ne t'inquiète pas, on va vous amener des croissants », la bonne blague. On est resté là toute la journée, on y a passé la nuit. C'est assez rude à quatorze ans de se retrouver dans un endroit confiné, qui devait faire deux mètres sur deux. Je regardais mon frère et je lui demandais : « On va sortir, on va sortir ? » D'abord, il disait : « Oui, oui » et après, il ne répondait plus. Le temps

---

10 Quartier d'habitat social à Corbeil.

passait et, dans ma tête de gamin, je me pensais réellement en prison.

Finalement, l'entraîneur du club est venu. De ce que j'ai pu comprendre, il soupçonnait mon frère et avait prévenu la police. Mon frère a commencé par nier ; il m'avait demandé de ne rien dire mais moi, on ne m'a pas tellement questionné. Le lendemain, il a fini par reconnaître. Il a dit où étaient les affaires, ils les ont récupérées, sauf ce qui avait été jeté. Voilà mon premier contact avec un commissariat. C'était éprouvant, je ne comprenais pas bien ce qui m'arrivait. Mais c'est aussi quelque chose que j'ai oublié assez rapidement. Je suis retourné à mes petites affaires de gamin, à mes potes et ma petite vie de mec de quatorze ans.

Un jour, la même année, j'étais parti avec Fanfan, le grand frère de mon pote Mono voir ses cousins à Paris. Fanfan avait quatre ans de plus que moi. C'était un Haïtien très grand et assez posé. C'était la première fois que je sortais de ma banlieue sans mes parents. On arrive chez eux. On se pose et sa cousine vient nous dire qu'elle s'est fait agresser par des mecs à côté de la bouche du métro. On y va et on retrouve les gars. Ils sont une petite huitaine, un ou deux grands de l'âge de Fanfan et des plus jeunes. J'étais le plus petit et j'observais les gens, leurs postures, leurs gestuelles. Fanfan et deux des mecs se mettent à parler. Ce qui m'a frappé, c'est l'attitude de Fanfan. Il était très calme, très sûr de lui face à ses adversaires, ce qui a suscité une pointe de crainte chez eux. En fait, il ne s'est rien passé mais, sur le coup, ça m'a marqué. Par la suite, j'ai essayé de prendre un peu de cette attitude, de rester concentré, calme jusqu'au dernier moment, parce que, après, il y a un point où il n'y a plus rien à faire : tu réagis, ou tu dégages. Mais tant que tu peux rester tranquille pour essayer de bien analyser la situation, de bien réfléchir pour voir ce que tu peux faire, c'est très bien.

La toute première fois où je me suis vraiment battu seul, c'était un peu plus tard, je venais juste d'avoir quinze ans. Ça s'est mal passé. J'étais à Paris, un soir, avec deux copines, Leila et Nadia, des GGG (Galerian Gang Girls [11]), près du Trocadéro. On a croisé un mec, un Rebeu plus vieux que nous qui devait avoir vingt-deux, vingt-trois ans. Je ne sais pas pourquoi les filles se sont embrouillées avec lui. Il a dû avoir un geste de mépris parce qu'à cette époque les rebeus percevaient mal les renois. Surtout, ils acceptaient mal que des filles rebeus fréquentent des gars renois. Moi, je regardais la scène.

Le ton monte. Leila, comme sa sœur, n'avait pas peur des coups. Le mec monte d'un cran. Je sens qu'il va finir par les frapper. Alors, je m'interpose ; on s'accroche ; on se tient et c'est parti. Ce gars était mince comme moi mais plus grand. On s'est battu ; ça a duré un certain moment ; on a fini par rouler à terre et là, il m'a mis les doigts dans les yeux en essayant de les crever. Les filles l'ont traité de sale traître et lui ont sauté dessus. J'avais mal aux yeux ; j'avais la rage ; je me suis mis torse nu, décidé à en découdre coûte que coûte. Les filles me retenaient. J'avais la rage parce que j'avais perdu...

Ce jour-là, j'ai compris que dans une bagarre comme dans une guerre, certains ne respectent pas de règles et n'ont aucun scrupule. Ce que j'ai retenu, c'est qu'il fallait que je sois plus fort, encore plus aguerri, plus maître de moi. Je me suis mis à pratiquer les sports de combat. J'ai essayé d'observer, de réfléchir et de rester concentré et lucide. J'ai commencé à devenir le Lamence que les gens ont qualifié plus tard de « froid », déterminé, calme en apparence, mais habité d'une indescriptible violence qui se libérait brutalement. On m'a parfois surnommé « le Diable ». C'est ce qui

---

11 Les Galerian Gang Girls était une petite bande informelle de filles et de garçons venant de plusieurs villes de banlieue et qui se retrouvaient à Paris. Elle a vite disparu.

m'a permis de rester face à un mec armé et, calmement, de lui dire de tirer, tout en le regardant dans les yeux. S'il ne le faisait pas, je le traitais de pauvre fou, de faible. Je lui disais calmement que je méprisais les faibles. Mes amis me prenaient pour un inconscient, mais ça fonctionnait. J'étais efficace.

2

Premières bandes

J'en ai trop marre de cette galère
Alors je joue la frime
Même si ça ne rime à rien
J'ai besoin de m'évader
J'ai besoin de planer

Je devais avoir treize, quatorze ans quand le break est arrivé en France au milieu des années 1980[1]. Ça a commencé par le smurf[2] avec des films comme *Beat Street*[3] puis nous avons entendu parler d'Afrika Bambaataa et de la Zulu Nation[4], et avec lui, a commencé l'éveil de notre conscience black. Les Noirs du milieu hip-hop s'y étaient identifiés.

---

1 Le *break* est un style de danse lié à la culture de rue, né à New York, et importé en France dans les années 1970. Il constitue, avec le rap, le graffiti et le DJing, une des quatre dimensions du mouvement hip-hop. Les danseurs sont baptisés breakers ou B-boys et B-girls. Cette danse acrobatique se pratique souvent au milieu d'un cercle et sous forme de défis entre danseurs.

2 *Smurf* : « Style de danse du mouvement hip-hop. C'est par la pratique du smurf que le hip-hop s'est imposé en France, dans les années 1980, avec l'émission de Sidney intitulée *Hip-hop* », *in* Manuel BOUCHER, *Rap, expression des lascars. Significations et enjeux du rap dans la société française*, L'Harmattan, Paris, 1998, p. 477.

3 *Beat Street*, réalisé par Stan Lathan en 1984, est un des premiers films décrivant le milieu du hip-hop à partir de l'histoire d'un groupe de jeunes Noirs du Bronx. On peut notamment y voir Afrika Bambaataa, une des figures du mouvement hip-hop.

4 Afrika Bambaataa est un ancien chef du gang Black Spades dans le Bronx. Il est le fondateur de la Zulu Nation créée à New York en 1974, en référence aux Zoulous

Aujourd'hui, les gens se disent congolais, ivoiriens, sénégalais, maliens. À cette époque, ça n'existait pas. On se disait noirs, fin de l'histoire. Nous ne savions même pas d'où chacun venait. Bizarrement, nous ne nous étions jamais vraiment posé la question. Je suis d'origine africaine et je ne le renierai jamais mais je me sens français. Je n'ai pas une once de cette culture africaine. Cette façon de penser, d'agir ne fait pas partie de moi. Mais comme beaucoup d'autres, je l'ai cherchée pour mieux comprendre qui j'étais, pour trouver ma véritable identité.

Dans mon adolescence, quand je traînais à Paris, tout le monde me prenait pour un Antillais. À Corbeil, comme dans beaucoup de villes de banlieue à l'époque, il y avait plus d'Arabes que de Noirs. Les familles de Noirs, on pouvait les compter sur les doigts d'une main. Les Blancs français s'éclipsaient petit à petit. Donc, j'ai plutôt baigné dans une culture rebeu. Mais j'étais un Noir minoritaire qui a su s'imposer. Résultat, j'étais plus meneur que mené. Mes amis arabes sont un peu comme moi. Pour nous, cela n'a pas d'importance d'être Arabe ou Noir. On a vécu et partagé tant de choses ensemble ; pour nous, c'était d'abord l'amitié qui comptait. Moi, j'étais un bon petit Noir français. J'ai connu le monde noir quand j'étais dans la rue, quand j'ai retrouvé des Noirs comme moi, des Arabes comme moi. Avec les bandes, j'ai connu un monde de Blacks où nous n'étions plus minoritaires. Nous étions respectés, écoutés. Même si nous faisions peur, nous existions.

---

d'Afrique du Sud et à leur combat contre les colonisateurs européens. Par la musique et par la danse, il cherche à canaliser « positivement » l'énergie des jeunes et à lutter contre la drogue et la violence. Bambaataa, en zulu, signifierait « leader affectueux ».

Une identité noire

Mon frère sortait, il était de toutes les parties mais il ne voulait jamais m'emmener. Je sortais souvent avec Fanfan, son ami et ses potes. Un jour, il y a eu une embrouille : mon frère s'est accroché avec ses amis parce que tout le monde voulait m'emmener, mais lui refusait. À partir de là, je me suis dit qu'il fallait que je me débrouille tout seul. Je ne voulais plus être dépendant de qui que ce soit.

Je sortais avec des plus grands, ils avaient vingt ans. Shek, un Sénégalais, habitait La Grande Borne. Il donnait des cours de danse à Paris, faisait des concours avec son groupe, les Razeurs Backs. Il était spécialisé dans le stroboscope [5]. C'était un sacré bon danseur. Soulé était comorien et il habitait les Tarterêts. Ricky, un Antillais, venait du XIIIe arrondissement mais il était du 91 dans l'âme. Il traînait à l'Agora avec nous aussi. Plus tard, il est tombé dans la came et il est mort lors d'un braquage qui a mal tourné.

Je me rappelle une bagarre avec les mecs de Melun. On les attendait. On m'avait mis à l'écart avec les filles parce que j'étais trop petit. J'ai vu le petit Small Kid leur tenir tête. Lors de la bataille suivante contre des mecs de Vigneux avec qui on s'était embrouillé en boîte, j'ai pris un mec un peu plus âgé que moi. On s'est rentré dedans et j'ai gagné le corps à corps en le soulevant et en le projetant au sol. Je l'ai frappé jusqu'à ce qu'on nous sépare. Tout le monde était fier de moi. Ricky m'a soulevé : « Là, je crois que tu es vraiment accepté, parce qu'on sait qu'on peut compter sur toi. » J'ai été adopté par le groupe sans vraiment discuter. Ce n'était pas un groupe organisé, cela fonctionnait juste par affinités ; c'était génial d'être accepté.

---

5 Style de danse désarticulé.

Les grands nous ont montré Paris, nous ont emmenés dans les boîtes, ils nous ont fait entrer dans les soirées. Ils nous ont fait comprendre que nous étions des Noirs et qu'il existait des choses pour les Noirs. Ils nous ont initiés à un nouveau monde, à une nouvelle culture qui nous est propre à nous, les Blacks. Nous avons appris davantage sur nous-mêmes, sur notre histoire, la fierté de nos peuples et leurs origines, leurs combats, leurs souffrances, les épreuves qu'ils ont traversées. Surtout, nous avons appris que nous pouvions partager cela avec d'autres qui, comme nous, avaient les mêmes attentes, les mêmes questions.

Nous étions nombreux. Nous représentions une force émergente, une énergie en marche qui explosait partout, dans les boîtes, dans les rues. C'était saisissant et effrayant en même temps. Le système nous avait toujours fait sentir que nous étions des parias, des gens tout juste tolérés et là, les nôtres nous montraient que nous pouvions être fiers d'être noirs et qu'il fallait se réveiller pour ne pas se faire avoir comme nos parents. On pouvait entreprendre et créer ; cela ne dépendait que de nous et de notre volonté, et cette liberté se méritait ; il fallait s'imposer en existant nous aussi, comme toutes les vagues d'immigrés avant nous.

J'ai donc commencé à traîner à Paris. Il y avait des après-midi, des soirées, d'abord dans notre coin à Corbeil à la maison des jeunes ou le plus souvent dans les appartements des uns et des autres. On dansait le hop-rock, une danse bizarre, une sorte de danse de combat. On allait danser au Globo à Strasbourg-Saint-Denis, au Bataclan à Oberkampf, au Midnight à La Défense, au Galion d'Or à Aulnay ou à la Cinquième dimension à Montreuil. J'ai découvert Paris, je trouvais cela magnifique, pas comme ma banlieue, où il n'y avait rien. Je découvrais d'autres gens, cela me permettait de voyager tout simplement, de sortir de mon monde. Le plus important pour nous, banlieusards, c'était cette possibilité de s'évader, de voyager, de rencontrer des gens qui avaient la même culture, les mêmes idées, les mêmes motivations et la même couleur.

On allait à Châtelet, à La Défense, à la gare du Nord. Paris, c'est plus grand, c'est immense. J'aimais cette ambiance, ce qui se passait là-bas, j'aimais la façon dont ça bougeait, j'aimais le mouvement. Après les soirées, on dormait dehors ou chez des amis. C'était extraordinaire parce qu'on pouvait rencontrer quelqu'un pour la première fois et dormir chez lui le soir. Son père et sa mère nous accueillaient très bien. Parfois, on dormait dans le métro, mais c'était un choix : on aimait bien, on restait dehors, ensemble. On est allé de plus en plus loin. Il nous est arrivé d'être à Paris l'après-midi et de nous retrouver en Normandie en fin de soirée. Nous partions à trente, quarante. J'y repense parfois, c'était extraordinaire et délirant. C'était une sacrée époque [6].

Les jeunes venaient de tous les horizons, de toutes les banlieues, de différents milieux. Au début du Mouvement [7], comme on dit maintenant, les choses allaient tâtonnant parce que ce mouvement essayait de se trouver sa propre identité. Il y avait les Zoulous, pacifistes et véritables adeptes d'Afrika Bambaata et de sa doctrine « Love, peace and unity » ; les breakers et rappeurs avec leur Achipé achopé, les B-boys, les Fly Girls [8], les rappeurs et taggers, tout un tas de gens qui voulaient avant tout s'identifier à quelque chose. Le rap commençait à naître et des chanteurs tels que Tonton David, les NTM, le Ministère Amer commençaient à émerger. De petites bandes naissaient, mais c'était encore bon enfant.

---

6 Ces sorties se poursuivent les années suivantes. Dans *Le Parisien* du 15 août 1990, on peut ainsi lire un reportage de Catherine Tardrew : « Skins et Zoulous sont partis se cogner à La Tranche-sur-mer. »

7 Le Mouvement désigne la mouvance culturelle liée à la Zulu Nation, rap, break dance et tags.

8 B-Boys et Fly Girls sont les danseurs hip-hop.

On faisait des défis de danse, des combats de hop-rock qui ressemblent à des scènes de combat.

On venait de partout, en petites bandes, mais on se côtoyait sans soucis. Les territoires étaient ouverts à tous même si certaines bandes commençaient à consolider leurs identités et à s'implanter. On partageait notre temps, nos conneries, nos expériences. On fréquentait les mêmes lieux, les mêmes nanas, on pouvait avoir les mêmes amis. Ce qui prédominait, c'était le graff, le tag et la danse. De temps en temps un mec ou deux s'embrouillaient : rien de méchant. Cela se réglait en tête à tête. On formait un cercle et tous ceux qui avaient des comptes à régler entraient dedans et se battaient. Tu gagnais, tu gagnais ; tu perdais, tu perdais, mais tu t'étais battu, comme un homme.

Les Fight Boys

À l'Agora, on se retrouvait avec les jeunes de Grigny, de Corbeil et d'Évry en particulier avec Soulé, des Tarterêts, qui était le meneur de la barque. J'aimais beaucoup Soulé, c'était un peu comme un grand frère. Il avait une très grande force de caractère, du charisme, il était posé. Un jour, il a décidé de monter une bande, les Black Vilains, un nom que nous n'avons pas porté longtemps ; pour nous, cela signifiait : « On est des Noirs, des bad boys noirs. » Soulé se battait contre des skins [9] à côté des Ducky Boys et des Asney,

---

9 Les bandes de skinheads apparaissent en France au début des années 1980 mais ce mouvement naît en Angleterre dès la fin des années 1960 dans les banlieues ouvrières des grandes villes industrielles, comme réaction au mouvement hippie. Au début peu politisé, il se radicalise à l'extrême droite. En France, il fait parler de lui par une série de faits divers (agressions, bagarres). Les skinheads sont les cibles des bandes de « chasseurs de skins » qui se créent à la fin des années 1980. Voir P. Louis et L. Prinaz, *Skinheads, Taggers, Zulus & Co*, La Table Ronde, Paris, 1990, et le film *This is England*, Shame Meadows, 2006.

deux bandes parisiennes. Il nous a appris à être solidaires, à nous entraider, nous soutenir entre Blacks. Cette première bande n'a pas duré longtemps. Soulé est mort lors d'une bagarre ; il est tombé d'un train, personne ne sait comment cela s'est passé exactement.

Ensuite, avec Aimé, notre nouveau leader, un jeune Centrafricain originaire de Viry-Châtillon, on a créé la Zoulou Nation Force, la ZNF. On allait dans les grandes fêtes comme la fête de l'Huma ou la fête de la musique. Il y avait beaucoup de monde et on se rencontrait entre bandes. Notre idéologie, c'était ce que Soulé nous avait laissé en héritage : honneur, unité et force. Nous étions fiers d'être noirs et unis dans l'adversité, forts et sereins quels que soient les obstacles. Nous avions notre style d'habits, entre le lascar et le reurti [10]. Les reurtis s'habillaient comme nous, mais avec des pantalons serrés. On portait des Levi's, des vestons en cuir, Redskin ou Chevignon. Après est venu le style cainré [11], encore plus large, avec des vêtements créés par les mecs du Mouvement.

On commençait à rencontrer des jeunes de Paris qui n'avaient pas du tout la même mentalité que nous. Là-bas, on a appris ce que c'était que « phaser », c'est-à-dire dépouiller, on a appris les bagarres de bandes à plusieurs contre un. Nous, en banlieue, dans la banlieue sud en tout cas, on avait l'habitude du tête-à-tête. C'était des bandes de Paris dont on ne connaissait pas encore le nom : les Requins vicieux, les Go de la malédiction, les Street Boys. Ils nous ont appris le « vice », c'est-à-dire à être méchants, vicieux, à faire des crapuleries, à voler à l'arrachée. Nous, nous volions

---

10 Reurti : « tireur » en verlan, c'est-à-dire ceux qui pratiquent le vol à la tire. Lascars : « Synonyme de galérien, jeune de banlieue, ce mot est beaucoup plus ancien et a été, récemment, réactualisé. Dans le vocabulaire français, il désigne aussi un membre du hip-hop » (Manuel BOUCHER, *Rap, expression des lascars, op. cit.*, p. 473).

11 Ricain en verlan.

encore subtilement dans les magasins, proprement, ça ne se voyait pas. Il n'y avait pas d'altercation, pas d'agression. Il y avait de la solidarité entre nous et nous pensions que les autres bandes fonctionnaient de la même façon. Mais nous avons vu que les plus forts écrasaient les autres, les dépouillaient, s'en prenaient à ceux qui étaient censés être avec eux ou comme eux. C'était loin du cliché idyllique et de la doctrine de Bambaataa, loin, très loin de ce que furent les débuts du Mouvement.

Une autre référence est arrivée, celle des bandes américaines que nous montrait le cinéma. Avant, nous regardions des films de musique qui correspondaient à ce que nous vivions, le break, le graffiti. Puis nous avons vu *Warriors*, le premier film sur les bandes aux États-Unis [12]. Ce qui m'a marqué dans *Warriors*, ce n'est pas tant les bandes que la combativité de ces mecs, la façon dont la petite bande minable qu'ils formaient a affronté toutes les autres, la manière dont ils ont tenu le choc et sont devenus quelque chose. Ils étaient bien dans leur petite bande. Ce sont les événements qui les ont transformés. J'ai retenu la cohésion dont ils ont fait preuve pour surmonter les difficultés, leur solidarité et leur combativité. Tout cela en faisait des frères et des hommes.

Le film *Colors* est venu bien après [13] ; il nous a aussi marqués. C'était un film brutal, l'histoire de deux bandes, les Bloods et les Crips, les uns habillés en bleu, les autres en rouge, qui se font la guerre pour des territoires : trafics de

---

12 *The Warriors*, réalisé par Walter Hill, sorti aux États-Unis en 1979, en France en 1980 sous le titre *Les Guerriers de la nuit*. Ce film culte, qui a donné lieu à de nombreux jeux de rôles, raconte la course d'une bande à travers New York, poursuivie par la police et par d'autres bandes, jusqu'à son territoire de Coney Island.

13 *Colors*, de Dennis Hopper, sort en 1998 après la période décrite dans cette partie du témoignage. À partir de l'histoire d'une unité spéciale de la police chargée de lutter contre les gangs, il décrit la guerre des gangs de la banlieue de Los Angeles.

drogue sur fond de guerre de bande. On a vu *Colors* avec des yeux de mômes, on a vu la guerre des gangs, leur organisation. Il y eut aussi *Les Princes de la ville* [14], un film latino sur les bandes qui montre la dureté des codes de la prison.

Les rivalités entre bandes ont pris de l'ampleur. Beaucoup de soirées se terminaient en règlements de comptes entre bandes rivales. À la sortie de l'une d'entre elles, au Bataclan, deux mecs s'embrouillent. L'un se met torse nu et subitement sort un grand couteau. En le plantant au sol, il crie : « Qui gagne tue ! » L'altercation s'est arrêtée là. Il fallait s'adapter à cette situation ou s'écarter. C'est ainsi que la Zoulou Nation Force a commencé à imploser. La ZNF, je ne trouvais pas ça sérieux. La danse, le pop, le Rn'B, le rap, cela ne m'intéressait pas du tout.

En 1987, ZNF s'est scindée en deux. D'un côté les Fights, la bande que j'ai créée avec mes amis d'enfance, Fredo, Joker et Mek's, orientée vers l'autodéfense, influencée par les autres bandes de Paris ; de l'autre, les Félins, chasseurs de skins, héritiers directs des préceptes de Soulé. Ils sont restés dans la chasse aux skins et nous, nous sommes rentrés dans les bandes proprement dites. Ils sont restés en Essonne, ils nous ont nettoyé le secteur, parfois avec notre aide, des skins de Juvisy jusque dans l'extrême sud, c'est-à-dire dans les coins où les skins et les punks émergeaient encore, comme à Mennecy, Fontainebleau. En fait, il n'y avait pas beaucoup de skins mais des gens racistes et qui l'affichaient ouvertement. Ils n'avaient pas honte de montrer qu'ils n'aimaient pas les Noirs et les Arabes. Ils n'aimaient ni Mohamed, ni Mamadou et ils n'auraient pas hésité à leur en faire baver.

Joker était mon voisin, Mek's son cousin et Fredo était l'ami de mon grand frère. Il était plus âgé mais il était proche

---

14 *Les Princes de la ville* de Taylor Hackford sort en France en 1993, après la « guerre des bandes » (*cf.* chap. 5).

de moi. On est tombé d'accord sur « The Fight Boys » et puis avec le temps, c'est devenu simplement Fights. Fight Boys parce qu'on cherchait quelque chose qui ressemble à combattant, guerrier, ça faisait *Warriors*, ça faisait film. Je me souviens du jour où on a passé une espèce de pacte : si l'un de nous a un problème, tu dois toujours être là ; on doit être solidaire, ne pas se lâcher.

Quelques heures plus tard, j'étais chez moi ; ils viennent me chercher, il y avait un problème en bas avec un mec un peu plus grand du quartier. Je suis descendu et, comme j'étais un peu plus speed, c'est-à-dire un peu plus chaud que les autres, je l'ai déclenché et on lui est rentré dedans. Et c'est comme ça que tout a commencé. Je venais d'avoir quinze ans, Joker et Mek's avaient le même âge. Fredo était un peu plus grand. Nous avons récupéré bon nombre de nos potes de la ZNF et en particulier mes amis Small Kid et Breeders de La Grande Borne.

Après la naissance des Fights, j'ai commencé à rester plus souvent sur Paris. Je traînais avec les Requins et les Malédictions juniors à gare du Nord, avec les Street Boys à Aulnay, les Black Wolf à La Défense. Il y avait aussi les Mendy à Mantes-la-Jolie et aux Mureaux, les Black Fist à Val-de-Fontenay, les Bourreurs Boys dans le XIIIe. À gare du Nord on côtoyait les grands, les Requins vicieux, les Go de la malédiction et les Freshboys qui venaient de Sarcelles.

Les Requins vicieux avaient une réputation qui suscitait le respect ou la peur, voire les deux [15]. On les a présentés comme des crapules, une bande vicieuse et violente d'adolescents spécialistes des arnaques, des coups fourrés. Mais c'était aussi un groupe de jeunes Noirs qui se mobilisaient

---

15 Les Requins vicieux ont en effet défrayé la chronique quand ils ont été jugés pour viol collectif en 1987, *cf.* Anne GIUDICELLI, *La Caillera*, Éditions Jacques Bertoin, Paris, 1991.

face au racisme, qui étaient capables de prendre la défense du plus faible, naviguant entre deux mondes, capables du meilleur comme du pire. Francis, un Requin, m'a pris sous son aile et m'a formé. Francis venait de Louvres ; il avait une copine et un enfant. Il essayait de concilier sa vie de famille et son mode de vie tant bien que mal. Plus tard, en prison, j'ai côtoyé Ludo, avec qui j'ai beaucoup discuté et qui avait une vision totalement tournée vers l'avenir.

J'ai aussi rencontré Rouquin et Kapo des Go de la malédiction, qui me parlaient d'entreprendre, d'avancer, de réussir. Leurs discours ne collaient pas du tout avec ce qu'on racontait d'eux. Les noms des bandes de la génération précédente planaient, comme un mythe : les Black Panthers, qui s'occupaient de la sécurité des soirées, les Boon's, les Asney, tous porteurs d'une idéologie anti-skins. J'en ai rencontré quelques membres en salle de sport. Ils ne voyaient pas d'un bon œil l'évolution des bandes qui, selon eux, trahissaient leur cause parce qu'orientées vers l'autodestruction et les guerres fratricides sur le modèle américain. Mais, de leur côté, les jeunes étaient déçus par leurs comportements. Ils avaient été à l'origine des bandes mais ne proposaient plus rien, plus d'alternative, aucune sortie. Les jeunes voyaient aussi cela comme une trahison. Après le nettoyage des skins, le racisme couvait toujours, sous une forme plus sournoise. C'était le rejet et l'exclusion sous couvert de petite hypocrisie. Dans le fond, le problème restait entier, et nous n'avions personne pour voir et combattre son nouveau visage.

Durant cette période, je ne dormais pratiquement pas chez moi. J'avais seize ans. Il m'arrivait d'être dehors pendant plusieurs mois. Je dormais dans le métro, dans les gares RER, dans les porches d'escalier, chez des potes ou les copines. Finalement, j'ai atterri aux 3000 à Aulnay, chez les Street Boys. Ils avaient des squats dans des caves aménagées, grands comme mon appartement. Ils les avaient très bien aménagés, refait la peinture. C'était meublé et équipé comme un appartement. Certains y habitaient avec leur famille. On a fait beaucoup de choses ensemble. Ils m'ont initié au cambriolage, au vol, à la conduite de voiture et de moto. C'était une époque de folie. On montait à Paris, on faisait des bêtises, on redescendait. Dans ce milieu, j'ai rencontré beaucoup de gens qui suivaient le Mouvement, dont certains sont connus aujourd'hui ; Joey Staar, Jean Gabin, Paco Rabanne, habitué des terrasses, place de la Fontaine-des-Innocents, Mathieu Kassovitz, Vincent Cassel, Hubert Koundé et beaucoup d'autres.

Je me suis mis à changer ; j'avais adopté le style, l'attitude, la façon de s'exprimer des bandes. Tout d'un parfait Parigot. D'ailleurs, tout le monde s'appelait « Go ». Mais je ne me suis assimilé ni aux Requins, ni aux Street. Je suis retourné chez moi.

Petit à petit, au fur et à mesure que les bandes s'affirmaient, les choses ont commencé à changer. Ce que j'avais appris, je l'ai enseigné aux miens. Je les ai initiés aux codes, aux méthodes de Paname. Nous, les Blacks du Mouvement, étions de plus en plus nombreux, de plus en plus forts. Nous devenions plus agressifs. Nous avions besoin de reconnaissance, de respect. Cela s'est d'abord manifesté par le forçage des boîtes. Étant donné notre nombre, ce n'était pas très difficile. Au début, certaines boîtes nous étaient interdites ; ensuite, on nous a réservé des après-midi, puis nous avons fait le forcing pour entrer la nuit. Nous avons gagné le droit d'avoir des endroits à nous.

Mais, paradoxalement, alors que nous voulions tous les mêmes choses, nous nous entendions de moins en moins bien. Le sectarisme faisait son entrée : chacun son secteur, chacun sa bande. C'était la fin de l'âge d'or et du rêve d'unité que notre génération avait prônée. Il y avait plein de petites bandes qui tantôt s'alliaient, tantôt s'affrontaient. Certaines étaient confirmées et apparaissaient intouchables, comme les Requins et les Go de la malédiction. Au départ, nous avions adhéré à un concept de paix et de non-violence véhiculé par Afrika Bambaataa. Nous étions fiers de savoir qu'ailleurs, aux États-Unis notamment, les Noirs avaient leur place et nous avions nos héros noirs comme Spike Lee, Denzel Washington, Wesley Snipes, Aretha Franklin, Marvin Gay, Ray Charles, etc. Mais, comme des enfants rebelles, nous voulions des résultats tout de suite ; nous ne nous reconnaissions pas tous dans cette zoulouterie et nous nous en sommes détachés. *Exit* les Achipé achopé et leurs mitos de rappeurs, les contorsionnistes de danseurs, nous méprisions cela. Nos modèles étaient devenus les gangs américains. Nous, on s'entretuait car seule la force faisait la différence dans la rue. La guerre des bandes s'annonçait. Pour beaucoup, elle a été un mal nécessaire car nos voix ont résonné dans la rue et, avec elles, les revendications de nos parents et de notre génération. C'est là que nous avons manqué le coche et que tout a dérapé.

3

Le gang

Ta vie est un extrême
Ti dis toujours que personne ne t'aime
C'est toujours la même histoire
Où l'acteur se fait avoir
La pente est raide, de plus en plus rêche
Clic, clac, boum.

Shaka Zulu est un film qui m'a marqué [1]. Je l'ai vu pendant la période des bandes. C'est l'histoire d'un jeune homme, prince illégitime d'un roi d'une petite tribu en Afrique du Sud. Son père, sans doute par pression de ses conseillers et de la famille royale, a viré la mère de Shaka qui s'est retrouvée dans la misère. Un jour, à force d'être témoin des humiliations faites à sa mère, le fils décide de partir à l'aventure. Il rencontre un jeune Zulu d'une autre tribu à qui il sauve la vie. En restant avec lui, il apprend que c'est un prince d'une tribu très puissante qui faisait son rite initiatique de guerrier.

Quelques années plus tard, leurs chemins se recroisent. Son ami, devenu roi de sa tribu, l'invite à rester avec lui et à entrer dans son armée. Shaka commence comme simple soldat, il gravit des échelons petit à petit et devient général. À cette époque, c'est la guerre, les tribus se défient comme

1 *Shaka Zulu*, film de William Faure (1986), connaît un succès important et est suivi d'une mini-série tournée pour la télévision.

dans un combat de danse. C'est à qui dansera le mieux. De temps en temps, on lance une ou deux flèches ou une lance en direction de l'adversaire, mais c'est celui qui danse le mieux qui remporte la guerre. C'est assez comique. Un jour, Shaka se retrouve face à l'armée de son père. Il met en place de vraies stratégies militaires pour encercler l'ennemi ; il tue la plupart des hommes qui sont en première ligne. Il apporte une autre dimension à la guerre. Grâce aux méthodes de combat qu'il a acquises et développées, il s'impose dans le monde zulu et il rallie les tribus pour finalement affronter la superpuissance que sont les Anglais à qui il fait mordre la poussière au cours d'une bataille. Finalement, il est trahi par les siens, assassiné et vaincu, le destin de beaucoup de grands hommes.

J'aimais l'histoire de cet homme. J'aimais son parcours, j'aimais la façon dont, parti de rien, spolié de ses droits, écrasé, il a su se redresser et se construire seul. Pour cela, il a dû faire des choix qui ne lui correspondaient peut-être pas toujours et il les a assumés jusqu'au bout. Au début de son épopée, ses actions relevaient plus de la provocation, comme un message de rébellion à l'adresse de ses parents. Mais à la fin, il a réussi quelque chose d'impensable. Lui, le rejeté, le paria, il a réussi à rallier toutes les tribus et à faire une nation de l'alliance des multiples tribus zulu. Jusqu'à être trahi. S'il avait eu accès à la technologie, les choses ne se seraient peut-être pas passées comme cela avec les Anglais. Avec quelques arcs et des flèches, il a réussi à défier un empire. C'est à respecter. Aujourd'hui, on parle de lui dans les livres d'histoire parce que les gens le reconnaissent.

Si j'avais été à sa place, j'aurais peut-être fait les mêmes choses. Je pense que quelque part dans mon histoire j'ai eu à prendre et à faire des choix qui m'ont coûté et qui étaient quelquefois similaires aux siens. Par exemple, j'aimais mes amis, c'était comme des frères, ils m'avaient rendu des services, je leur avais rendu des services, on s'était toujours entraidé. Quand il a fallu se défendre et s'imposer, exister et ne pas se faire écraser, il a fallu que je fasse des choix. Je les ai faits et j'en ai notamment fait un qui a été lourd de conséquences pour moi, celui de devenir comme mes adversaires pour être capable de les combattre.

Chef de gang

Les plus grosses bandes sont devenues des gangs vraiment organisés, avec des chefs et des lieutenants. Une bande, c'est un groupe de potes soudés qui viennent plus ou moins du même coin. C'est ce que nous étions à nos débuts. Nous sommes devenus un gang parce que nous étions plus organisés, plus nombreux, avec une hiérarchie, un commandement.

Entre seize et dix-huit ans, je faisais un cauchemar qui revenait tout le temps. Je rêvais que je volais. Enfin, j'essayais de voler mais je n'y arrivais pas. Je courais, je courais de plus en plus vite, plus vite que tout le monde, mais je n'arrivais pas à voler. Puis j'ai commencé à faire des bonds, je me déplaçais en faisant des bonds de plus en plus importants, de dix, vingt mètres, parce que je voulais apprendre à voler. Chaque fois que je faisais ce rêve, je développais des capacités mais je n'arrivais toujours pas à faire ce que je voulais.

Un jour, j'ai rêvé que j'arrivais à voler. Mais je ne volais pas, je lévitais sans pour autant arriver à me propulser. Je nageais, je brassais pour essayer d'avancer. Puis, dans notre période de bagarres, quand on se battait tout le temps entre bandes, mon rêve s'est transformé. Je rêvais que j'étais poursuivi par des gens armés qui en voulaient à ma vie. J'essayais de leur échapper mais je sentais qu'ils pouvaient me rattraper à tout moment. Et un jour, je ne sais pas pourquoi, j'ai rêvé que j'arrivais à me propulser, à voler très vite et j'ai pu leur échapper. Je me suis alors retourné et j'ai foncé sur eux. J'ai allumé tout le monde et j'ai gagné. Après, je n'ai plus jamais fait ce rêve. Quand je me suis senti prêt, je me suis retourné, j'ai affronté mes peurs et je les ai vaincues.

Au tout début, quand j'avais quinze, seize ans, je me suis fait un nom seul, dans les bagarres, au fur et à mesure des embrouilles, et les embrouilles, ça pleuvait. Quand il fallait se battre, j'étais toujours devant. Quand il fallait motiver les autres, c'était moi qui le faisais. Je menais la troupe sans m'en rendre compte réellement mais, au fur et à mesure que nos rangs grossissaient, il est apparu évident qu'il fallait un leader. Certains pensaient que ce serait moi, d'autres pensaient qu'il fallait que ce soit Small Kid. Moi, je pensais que ce serait Pedro parce qu'il était grand, il était plus âgé, il était fort, il était écouté et respecté. Je lui ai proposé d'être le chef. Il l'a été pendant un certain temps puis la question est revenue sur la table. On a reparlé et on a voté avec quelques anciens ; on était une petite dizaine. On a choisi Small Kid, ce que certains ont contesté plus tard. Small est venu me voir et m'a dit qu'il préférait que ce soit moi. Je ne me suis même pas posé la question de savoir si j'étais prêt ou capable d'assumer ce rôle. J'ai accepté. Je n'avais pas plus confiance en moi qu'un autre, mais je n'avais pas de doutes non plus.

Un chef doit être à même d'apporter des solutions. C'est ce qu'on attend de lui. S'il n'est pas capable d'apporter des réponses, il paralyse le groupe. Son attitude est alors perçue comme de la faiblesse. Cela peut causer des dissensions au sein du groupe, le déstabiliser, le démotiver et conduire à la défaite. Le leader et les gens qui l'entourent représentent le noyau dur qui réfléchit et agit, la tête de pont. Ils connaissent très bien la portée d'une défaite : les troupes ne sont plus motivées, ça ne les intéresse plus, elles s'en vont. Il nous fallait des victoires pour qu'elles suivent, qu'elles ne s'endorment pas. Il fallait être imaginatif : celui qui gagne, c'est celui qui sait le mieux gérer ses hommes, leur moral, leur stress. Si les autres sortent des armes, il faut passer à des armes supérieures. Il faut les traquer sans relâche, les pourchasser, les acculer pour montrer qu'on est prêt à aller jusqu'au bout. S'ils sont prêts à passer une étape, il faut déjà être à la suivante. La guerre, c'est physique mais aussi psychologique. Elle se prépare, se conçoit, se réalise et s'achève avant même d'avoir débuté.

Un leader, ce n'est pas l'autoritarisme absolu – ferme ta gueule et obéis. Un bon chef doit être à l'écoute. Il ne doit pas avoir peur de prendre des coups. Il doit conjuguer calme et fermeté, et savoir contrôler ses émotions tout en préservant une certaine sensibilité, même si souvent il ne faut pas l'extérioriser. Il est tenu d'amener ses hommes à la victoire, c'est la seule chose qui puisse leur faire accepter les sacrifices endurés. Alors, ils ont confiance en toi et ils te suivent, jusqu'à ta mort s'il le faut.

Je pense qu'ils aimaient ma façon d'être, de me comporter. Je ne parlais pas beaucoup mais j'agissais. Surtout, je n'étais jamais en retrait et quand il se passait quelque chose, j'étais devant, systématiquement. Quand on venait me chercher à n'importe quelle heure, pour une histoire, n'importe laquelle, je venais. Mon implication était totale et mes amis savaient qu'en toutes circonstances ils pouvaient compter sur moi. Si le mec avait une histoire avec sa nana et qu'il ou elle éprouvait le besoin de venir m'en parler, j'étais là pour les aider. Des problèmes au sein de la famille ? On trouvait des solutions. Besoin d'argent ? On faisait le nécessaire. Un jour, deux potes en vacances à Marseille étaient en galère, c'était chaud pour eux. Ils appellent dans la soirée et, huit heures plus tard, on est là-bas, on débarque chez les mecs qui les ont embrouillés. Vous imaginez la suite. C'était cela notre famille, et nous la défendions coûte que coûte.

Il est arrivé qu'on ait des différends entre nous : c'était dangereux, ça pouvait dégénérer. Il fallait réagir vite. Ce genre de conflit entre amis peut facilement se transformer en haine tenace, cela pourrit l'ambiance. Un problème peut apparaître futile mais être important pour les personnes concernées, donc il faut le régler. J'avais la chance d'être écouté de mes gars. Longtemps après, à vingt et un, vingt-deux ans, je me suis retrouvé à régler des histoires entre enfants et parents simplement parce que les gens avaient confiance en moi. Peut-être que je représentais quelque chose pour eux. Certains ne m'avaient jamais vu mais avaient déjà entendu parler de moi. C'est à ce moment que tout peut vous monter à la tête et qu'il faut faire attention à savoir rester soi.

On a eu besoin de lieutenants parce qu'il y avait beaucoup de monde. Chaque lieutenant avait son secteur, pas forcément un territoire – certains étaient du fin fond de la campagne – mais toujours un groupe de mecs, ses proches. Il était capable de gérer ses propres hommes. J'avais cinq lieutenants : Small Kid, Pedro, Shai, Rek's, Fase One. Il y avait ceux qui traînaient à Évry, chez nous, ceux de La Grande Borne[2]. Nous avions quelques Fight en dehors de notre secteur, qui se trouvaient notamment dans Paris et à Sarcelles. Avec le temps, on les a perdus de vue parce que cela devenait compliqué pour eux de traverser Paris et d'être vus avec nous. Mais ils téléphonaient, donnaient des renseignements. C'était un petit peu un jeu d'espions. L'information a toujours été capitale : plus on en savait, mieux c'était.

J'ai fait des erreurs, j'ai tâtonné mais, petit à petit, j'ai fait les choses de mieux en mieux. Aujourd'hui, quand des mecs font une descente dans un quartier, c'est toujours le même schéma. Ils déboulent en voiture ; ils jouent l'effet de

2 La Grande Borne, grand ensemble situé à Grigny.

surprise, le nombre, ils tabassent, c'est un peu le chahut et ils repartent. Je ne fonctionnais pas comme ça. Ce qui était important avant une descente, c'était de comprendre comment fonctionnait la cité, voir comment entrer, mais surtout comment repartir. Ensuite, je devais savoir retrouver les personnes qui m'intéressaient. Je ne cherchais pas à frapper un grand nombre de personnes. Ce qui m'intéressait, c'était de trouver les meneurs, les têtes, et les couper.

Dans toutes les cités, dans toutes les bandes, il y a toujours un groupe de quelques individus, une dizaine, qui sont les têtes de pont. Si tu les touches, les autres sont moins motivés. L'effet de panique a pour effet de disperser les gens dans tous les sens. Pour nous, il était capital de boucher le maximum d'accès qui leur permettaient de s'échapper. C'était une espèce d'étau, une souricière. Je plaçais quelques hommes à chaque accès. Il y en avait toujours quelques-uns qui arrivaient à passer à travers les mailles du filet. Ensuite, les flics arrivaient, toujours par le même chemin. Il fallait donc trouver une autre sortie. Les gens qui venaient avec moi devaient être suffisamment entraînés pour courir et arriver jusqu'au point de récupération. Quelles que soient les difficultés à accéder à ce point, il fallait les surmonter. C'était vital car ce point était choisi pour ne pas être accessible aux véhicules de police autrement qu'en les obligeant à contourner la cité, ce qui nous laissait le temps de rejoindre nos voitures stationnées en attente avec leurs conducteurs prêts à démarrer. Le temps que les flics comprennent, nous avions déjà décollé.

Ce qui est important, c'est d'arriver et de repartir avec l'ensemble des effectifs. Cette méthode est bonne pour le moral des troupes et mauvaise pour le moral de ceux d'en face. J'ai toujours agi selon un schéma bien précis et défini à l'avance afin d'assurer une victoire rapide et incisive. C'est un peu comme une guerre éclair. Le schéma est toujours le rfois quelques variantes avec lesquelles il faut comme se battre devant la police et accepter à vue quatre heures maximum avant d'être avait aucune arme. C'est efficace pour déstabiliser l'adversaire et montrer sa détermination.

La violence et les armes

Au début du Mouvement, les filles avaient exactement la même place que nous. Elles partageaient les mêmes codes mais elles étaient plus portées sur la musique ou sur la danse. On a vu l'émergence de quelques bandes de nanas telles que les Amazones, proches des Requins juniors, les Fight Girls ou les Scratch Girls de Sarcelles-Saint-Brice, proches des Fights. Elles s'habillaient comme nous, elles parlaient comme nous et elles traînaient avec nous ; certaines se battaient même. Dans nos galères, quoi qu'on fasse et où qu'on soit, elles étaient là. On les considérait comme des potes.

Avec les bandes, l'ambiance est devenue très testostérone, mâle et plutôt machiste mais, dans l'ensemble, les femmes étaient respectées et acceptées. Ce n'est qu'ensuite, au fur et à mesure que les violences s'amplifiaient, que les choses ont vraiment commencé à changer. De leur côté, elles mûrissaient et se féminisaient. Du coup, leur participation se faisait moins active. Dorénavant, durant les bagarres, leur rôle se limitait à porter les sacs contenant les armes ou à espionner pour le compte d'un camp ou l'autre, parfois les deux. Elles savaient passer d'un clan à l'autre avec une dextérité très féminine. C'est ainsi qu'elles nous informaient sur tout ce qui se tramait dans le camp opposé. Cette position leur donnait une espèce de pouvoir qu'elles savaient utiliser pour leurs propres intérêts : faire des embrouilles à un amoureux qui les avait éconduites ou parce qu'on leur avait fait une réputation de salope ou simplement par vice. Elles en profitaient ainsi pour régler leurs comptes. Elles se découvraient et testaient leurs charmes, quitte à sortir avec plusieurs garçons, ce qui avait pour effet de créer pas mal de conflits.

Assez vite, les choses ont commencé à changer. C'est devenu de plus en plus violent. Au tout début, on se battait à vingt contre vingt ou en tête à tête. Les conflits se réglaient d'homme à homme ou de bande à bande. Mais après, il n'y avait plus de règles. C'était des coups de couteau, des coups de hache, puis des coups de fusil. Il paraissait évident que les filles n'avaient plus leur place dans tout ça. Je pense qu'elles l'ont très bien compris d'elles-mêmes. Elles évoluaient : pour elles, les priorités n'étaient plus les mêmes ; il fallait qu'elles prennent soin d'elles et de leur avenir. Et puis, aucun mec ne pouvait tolérer que sa petite amie traîne avec des mecs ou traîne tout cours. C'était un sujet de honte du genre : « Ta meuf est une racaille » et ça la fichait plutôt mal.

Plus on avait de monde, plus cela devenait compliqué à gérer. Plus on se battait, plus on se rendait compte que les nouvelles recrues n'étaient pas prêtes car beaucoup d'entre elles ne s'attendaient pas à trouver une telle violence. Ça posait des problèmes. Quand on arrive devant l'adversaire, si on vient avec dix mecs et qu'on est absolument sûr de ces dix mecs-là, si on sait qui ils sont, qu'on a confiance en eux, il n'y a pas de problème. On peut se retrouver contre trente ou cinquante mecs, on va y aller parce qu'on sait ce qu'on vaut. On ne sait pas forcément ce que ceux d'en face valent, mais on ne va pas se défiler.

Quand la confrontation arrive, les premières minutes sont décisives. C'est là qu'on montre qui on est, ce qu'on vaut. Si on ne lâche pas le terrain, ce seront les autres, en face, qui auront tendance à se barrer même s'ils sont plus nombreux ou armés. C'est arrivé souvent et on a gagné malgré tout. Mais là, nous drainions beaucoup trop de monde, plus de cent personnes, et le nombre augmentait sans cesse. Il y en avait qui venaient pour les nanas, parce que ça faisait bien d'être un Fight, d'autres parce que ça leur permettait d'exister chez eux alors que jusque-là ils avaient été complètement invisibles, des fantômes.

On s'est retrouvé dans des bagarres avec des gens qui n'étaient pas prêts, qui se cachaient ou se défilaient. Le problème c'est que si des gens chez toi se barrent, se sauvent, en face, ils sont forcément gonflés à bloc, ce qui fait qu'on doit fournir deux fois plus de travail sur le terrain ou alors reculer nous aussi. Donc, il a fallu commencer à les entraîner, à les tester. D'abord une bagarre un contre trois personnes et, si le mec tenait, on passait à un contre sept. Le but était de voir s'il tiendrait dans une mêlée générale. Cette méthode permettait de les entraîner mais elle n'était pas réellement efficace car l'adversaire n'était pas un vrai ennemi et la pression n'était pas la même. Le meilleur entraînement, c'est de se battre contre un véritable adversaire.

L'entraînement se passait à Évry, au parc des Coquibus. On était une soixantaine, parfois une centaine. Les gens arrivaient avec des amis qui voulaient se joindre à nous. Ils rentraient dans le cercle et on se tapait. Ce n'était pas dangereux. On avait des protège-tibias. Ce qui était important, c'était de tenir. Compte tenu de l'importance des effectifs de nos adversaires, on ne refusait plus personne. On avait besoin de monde. Au retour de certaines descentes, il a fallu frapper ceux qui se déballonnaient, ceux qui voulaient les avantages sans prendre de risque. On était tous logés à la même enseigne et tout le monde devait s'impliquer, c'était ça, le gang.

On a commencé par utiliser des armes blanches puis on est rapidement passé aux armes à feu, pistolets et fusils. Les gens nous les ramenaient ; on s'en procurait aussi en cambriolant. Nous n'avons jamais dépensé un franc pour des armes. Parmi nous, il y avait des fanatiques des armes. En particulier, Rek's était devenu un spécialiste de la transformation des pistolets à grenaille dont il trouait le barillet pour leur permettre de recevoir de vraies balles qu'il fabriquait lui-même. Il vidait des balles de grenaille et il fabriquait des balles avec des plus gros morceaux de fer et de la poudre.

Le problème avec les grenailles, c'était qu'il fallait carrément tirer à bout portant, à moins de dix mètres. Au début, cela faisait peur à ceux d'en face mais à la longue, plus les combats devenaient féroces, plus on avait envie de faire mal. Ces armes étaient testées dans les caves, sur des chiens ou des chats errants. Il n'y avait pas beaucoup d'armes mais une seule suffisait pour cent personnes. Un coup de feu, et il n'y avait plus personne. Mais les gens s'y sont habitués et il a fallu s'en procurer davantage, notamment des armes à balles réelles. L'intention était maintenant de tuer. Dans toute cette violence, il n'y avait plus de règles, plus de pitié. C'était eux ou nous.

4

Entre deux mondes

Il évolue depuis si longtemps sur cette frontière
Qu'il ne s'est pas vu grandir
Son indécision arrive à son terme
Il va falloir choisir
Ou perdre l'équilibre.

Au quotidien, nous vivions du vol, pour manger, pour nous habiller, pour nos loisirs, etc., pour nous, mais aussi parfois pour nos familles.

On avait inventé des techniques de vol. Au départ, on venait avec nos doudounes. On choisissait le vêtement qui nous plaisait. Il ne fallait pas que ce soit trop volumineux, genre tee-shirt, chaussettes, caleçons ou bouffe, par exemple. Tu prenais ta manche et tu la tirais jusqu'au bout des doigts, comme ça tu pouvais attraper tout ce que tu volais sans attirer l'attention. Dans les manches, on peut faire rentrer pas mal de choses. Pour les objets plus gros, on avait une veste de survêtement sous les manteaux qui permettait de mettre dans notre dos tout en continuant à marcher l'air de rien.

Ensuite, on est passé au vol à l'arraché : on entre dans le magasin, on va directement où on veut et on se sert. Si je veux trois boîtes de chaussures, je les prends et puis je me plante à l'entrée. Ils me regardent, je les regarde et je pars. Le temps qu'ils réagissent, je suis parti en courant. Parfois, ça se complique : on se fait attraper et, dans ce cas, on est obligé de se battre. Les autres surveillent dehors, ils interviennent et s'ils rentrent, ils pillent carrément le magasin. Parfois, il y en avait qui gazaient les vendeurs ou les vendeuses pour partir. Il n'y avait pas encore de vigiles à l'époque, ni de bip. Après, c'est devenu plus difficile. Mais on ne s'est pas compliqué la vie, on sortait directement par les sorties de secours, c'est plus direct. Pas de problème, pas d'obstacle.

Voler, une routine

C'était devenu carrément des emplettes. Toute la semaine, je partais au charbon avec un de mes potes : on allait voler et je rentrais tous les soirs chez moi avec un survêtement, un jean, une paire de baskets, un manteau, des caleçons et des chaussettes. Je me changeais tous les jours. Mes frères grandissant, il a fallu commencer à penser à eux. Pour moi, le vol était devenu une routine : il me paraissait normal de répondre à leurs besoins. Mon père a perdu son boulot et c'est devenu la galère. Mes parents s'embrouillaient ; ma mère pleurait. Résultat des courses, je me suis mis à cambrioler des magasins de bouffe. Je ne pouvais pas supporter cette situation où mes parents n'avaient pas de réponse et se démenaient tant qu'ils pouvaient pour s'en sortir. Voir mes petits frères subir cette situation était le plus difficile. Alors j'ai bougé, comme je pouvais.

On a commencé à s'habiller en Lacoste parce que c'était la mode à la fin des années 1980. Lacoste, la marque des golfeurs, était devenu la marque des jeunes de cités. Je devais bien avoir une trentaine de Lacoste, des chaussures aux gilets, aux manteaux. On ne volait plus que de la marque. Ensuite on a eu notre période boîtes de nuit afro-antillaises. Il fallait être classe pour sortir, alors on a commencé à voler des costumes. Au départ, on ne faisait pas attention aux marques mais il y a toujours des gens pour se moquer de ton « costume pourri ».

Alors, on cherchait la marque. Moi, j'aimais beaucoup Rodier, Pierre Cardin, Yves Saint-Laurent et, pour les chaussures, Weston et John Lobb. À force d'observer, on s'est dit qu'il valait mieux voler dès le matin, quand les magasins ouvrent à dix heures. Souvent, à l'ouverture, le vendeur est seul. Il va et vient, et si tu es plus ou moins bien habillé, il ne fait pas attention à toi. Il va dans la réserve faire ses rangements et hop, tu te sers directement et tu sors. En deux secondes c'est réglé. Le temps qu'il appelle les vigiles, tu as quitté le centre commercial. La police, à cette époque-là, n'avait pas le même temps de réaction que maintenant. Je pense qu'ils n'étaient pas concentrés sur ce type d'affaires.

Voler, c'est devenu une routine. On se moquait des conséquences. Il n'y avait plus d'interdit ; un sentiment de puissance et d'ivresse. Nous avions l'impression d'être libres ; les parents n'avaient plus d'emprise sur nous depuis longtemps déjà. À la maison, mon père essayait de tenir son rôle mais je me barrais pour des périodes de plus en plus longues. Il était impuissant, il a abandonné. Puis, au contact des bandes parisiennes, il y a eu la mode du phasage, du dépouillage : on rencontre quelqu'un dans la rue qui porte une affaire qui nous plaît : « Donne ton walkman, enlève ton blouson. » En général, les gens s'exécutaient, sans broncher, trop apeurés. On faisait peur, c'était évident.

Il fallait toujours aller plus vite, taper plus fort. Alors, on s'est mis à braquer. On avait besoin d'argent. Avec l'argent, les besoins augmentent et par conséquent les appétits. On voulait des bécanes, des voitures, des sapes chic, des restos. La belle vie quoi. Tout cela nous donnait le sentiment d'être quelqu'un, d'être important, d'être fort. Cette assurance nous donnait du pouvoir, un ascendant sur les autres, un sentiment d'impunité qui nous poussait parfois à des comportements extrêmes, à l'envie d'écraser les autres, de les rabaisser. Un jour, un de mes potes, pour une dette de cent francs, alors qu'on avait de l'argent avec toutes les affaires qu'on avait en route, après lui avoir fait faire un tour dans le coffre de sa voiture, a foutu un mec dans une poubelle et y a mis le feu. J'ai donné un coup de pied pour renverser la poubelle et le mec s'est échappé. Le sentiment de pouvoir donne parfois des poussées de folie.

Au début, on faisait beaucoup d'erreurs. Par exemple, on pouvait revenir une heure ou deux heures après sur le lieu du vol sans penser qu'on pouvait nous reconnaître. On nous reconnaissait par les vêtements. Quand on arrivait au commissariat, on avait tendance à jouer les durs. Mais une fois que l'un de nous s'était mis à table, tout le monde parlait, tout le monde reconnaissait les faits. Progressivement, j'ai compris le système de la police et j'ai appris comment répondre pour éviter les ennuis ; je l'ai expliqué aux gens autour de moi. Ce n'est pas parce que quelqu'un me reconnaît, même un policier, que je serais condamné tant que moi, je ne reconnais pas les faits. J'irai peut-être simplement devant le tribunal mais ce n'est pas pour autant que je serai reconnu coupable. Ma voix compte. Si je ne reconnais pas, il faut apporter des preuves. C'est quelque chose que j'ai compris avec le temps, petit à petit, à force de fréquenter des commissariats ou en prison où des gens m'ont expliqué tout ça.

Des foyers à la prison

La première fois que j'ai fait de la prison, c'était en 1987, j'avais quinze ans. C'était pour un vol avec agression ; on avait dépouillé quelqu'un. J'ai fait dix jours au quartier des mineurs, le CDJ de Fleury. Les cellules étaient ouvertes. C'était une aile avec plusieurs cellules, une salle au fond, une espèce de salle de jeu. On pouvait circuler dans toutes les pièces comme on voulait, aller dans la cellule des uns et des autres. Il y avait toujours un psychologue présent pour nous écouter, les éducateurs étaient à votre disposition. On ne payait pas pour certaines choses, par exemple les timbres. La télé était gratuite, on avait un flipper, un baby-foot, des jeux. Chez les mineurs, je l'ai appris plus tard, c'était plus agréable que chez les majeurs. Mais ça ne m'intéressait pas du tout d'aller jouer au baby-foot, au flipper. J'étais là avec une bande de mineurs que je trouvais inutiles, ils ne servaient à rien. À quinze ans, j'avais déjà le mental d'un mec qui s'est pris des coups durs. J'étais quelqu'un qui commandait déjà un minimum de cinquante à cent personnes ; nous n'avions pas le même parcours.

Après mon incarcération, on m'a mis dans un foyer aux Ulis. J'y suis resté dix jours et je me suis cassé. Je trouvais que c'était pour les cas sociaux et je ne me sentais pas à ma place. Je voyais des jeunes que je trouvais cons. On nous donnait des places de cinéma, un peu d'argent de poche. Je m'attendais à autre chose. Et puis, j'étais bien dans mon monde, dans la rue, j'arrivais à me débrouiller, très bien. Je crois que ça doit faire partie de mon caractère : je veux me débrouiller, me battre, gagner et me montrer à moi-même que je peux le faire et y arriver, sans l'aide de personne. On a toujours besoin de l'aide des gens mais pas de cette manière-là. Je trouvais qu'être assisté de cette façon, ça faisait faible.

J'étais encore petit mais je voyais comment étaient les autres jeunes. Je pense qu'ils devaient se sentir mal chez eux, ils devaient mal parler à leurs parents, ils devaient être violents et ils se conduisaient de la même façon dans ce foyer. Ils se faisaient parfois de vraies crasses. J'avais l'impression que leurs problèmes n'étaient pas les miens, je trouvais leurs comportements stupides. On allait au cinéma et ils s'amusaient à jeter des pop-corn sur les gens. Pour eux, c'était un truc enfantin, mais moi, je considérais que c'était emmerder les gens gratuitement et je n'étais pas là-dedans. On avait choisi une autre option, on préférait se battre, se tirer dessus, se mettre des coups de couteau. On préférait voler pour gagner de l'argent. J'avais des amis, des potes, je ne mourais pas de faim, j'avais toujours un lit confortable où dormir, des potes chez qui je pouvais aller me reposer. On avait des squats aménagés comme des appartements, on était assez bien organisé. La rue nous apportait tout ce qu'on voulait. J'ai été placé trois fois en foyer et à chaque fois, je me suis échappé sans difficultés. Et quand je suis parti, je suis sorti très normalement par la porte et je ne suis jamais revenu

Un jour, on m'a arrêté à Sarcelles. J'étais un mineur en fugue. Je me souviens de cette histoire parce qu'elle me fait encore marrer aujourd'hui. Ils m'ont emmené au commissariat et ils se sont dit : c'est un mineur, il ne faut pas le mettre dans la cellule avec les autres. Et ils m'ont mis dans une pièce avec une fenêtre. Un policier passait et surveillait. Il avait laissé la porte ouverte. Moi, je le regardais, je le regardais, mais au bout d'un moment, quand il ne regardait plus, j'ai ouvert la fenêtre, j'ai sauté et je me suis retrouvé dans le parking du commissariat. J'ai marché très calmement pour ne pas attirer l'attention. Je suis sorti et j'ai vu que je ne me trouvais pas très loin des Flanades, le centre commercial de Sarcelles. Il y avait cinq ou six cents mètres pour arriver à la gare de Sarcelles mais c'était en ligne droite. J'ai pris les petits chemins, par l'intérieur de la cité. Quand je suis arrivé à la gare, je n'y suis pas rentré directement. Je me suis arrêté trois cents mètres plus loin et j'ai attendu qu'un train arrive. Et quand il est arrivé, je suis monté de l'autre côté parce qu'à cette époque, les portes s'ouvraient encore des deux côtés des trains.

J'ai fait d'abord des séjours courts en prison, puis deux mois, puis plusieurs, jusqu'à presque deux ans, sans considérer les remises de peine. Entre 1987 et 1996, de quinze à vingt-quatre ans, j'ai dû faire de la prison au moins sept fois.

Pendant la période des bandes, on s'est retrouvé en prison avec des gens avec lesquels on se tirait dessus. Au départ, on se cogne, on se cherche puis après, au fur et à mesure, on comprend que ça ne sert à rien, on est en prison, c'est une trêve. C'est comme ça qu'une fois, j'ai retrouvé mon ami l'Éternel qui était un Requin junior. J'étais le seul des Fights, il n'y avait pratiquement que des Requins juniors, ils étaient sept ou huit. Mais personne ne m'a touché. Ils avaient du respect pour moi. Les gens qui sont censés être des ennemis dehors, à l'intérieur ça n'existe plus, c'est un autre code.

La blague entre mineurs c'était de se dire : « C'est tellement bien la prison, on va revenir, on s'en fout. » Mais en fait, les gens ne le pensaient pas du tout. Quand tu passes par là quand tu es petit, quand tu sors de prison, tu es vu différemment par les grands et par les gens de ton âge. On te respecte. Mais ce n'est pas pour autant que tu veux y retourner. Tu as autre chose à faire à quinze ans. C'est une connerie de mettre en prison à cet âge-là, une connerie monumentale. Autant te mettre dans un centre. Cela salit ton dossier d'avoir fait de la taule. Mais cela ne t'apporte rien en termes de réinsertion. Et puis tu n'y restes pas suffisamment longtemps – quinze jours ou deux mois – pour qu'il y ait un réel suivi.

La seule chose que cela m'a appris, c'est de parler avec des gens plus grands, plus aguerris dans le bizness, qui m'expliquaient des choses : « Si tu as envie de faire de l'argent... viens nous voir. » On te parle bizness, on échange des informations. J'ai rencontré des gens malsains. Là, tu rencontres des gens plus grands ou des gens de ton âge mais qui sont là pour des choses plus sérieuses. Si tu es malin, tu as déjà entendu parler de certaines personnes. Tu vas aller vers elles, tu vas chercher à sympathiser ; ils vont te parler de tout un tas de bizness et quand tu sors, vous vous revoyez et vous faites vos affaires, et toi, tu montes d'un cran. J'ai rencontré des vendeurs de shit, des pseudos et des gros avec qui on a fait des affaires par la suite. J'ai rencontré beaucoup de braqueurs : à cette époque, le braquage rapportait encore de l'argent, c'était intéressant. J'ai rencontré des gens qui faisaient du trafic de voitures et j'ai travaillé avec beaucoup d'entre eux par la suite. Ils m'ont appris ce qu'était le bizness, comment gagner de l'argent. Cela a élargi mon réseau de connaissances : ils pouvaient venir du 93, du 94, du 95, du 92, certains du 60.

La prison, ça n'a jamais eu pour effet de me faire revenir du bon côté. À cause de ma réputation, les gens me faisaient confiance et me proposaient des affaires. Plus tard, je devais avoir dix-huit ans quand j'ai rencontré en prison un grand frère qui avait dix ans de plus que moi. Il m'a invité dans sa cellule, on a beaucoup discuté. Quand il est sorti, il s'est occupé de moi, il m'a envoyé des mandats, de la sape. Il a été l'ami que tout le monde rêve d'avoir en prison, qui s'occupe de toi, qui est là pour toi. Quand je suis sorti, il m'a retrouvé à Corbeil. Il avait un plan, on a discuté, il m'a proposé de le faire avec lui, j'ai accepté. On a braqué un grossiste vendeur de drogue ; c'est la première fois que je gagnais une aussi grosse somme d'argent : 77 000 francs. Ensuite, il a fait appel à moi, régulièrement. C'est à partir de là que les choses ont changé dans mon esprit, que j'ai commencé à braquer et faire des trafics.

Si on pouvait changer les choses, il faudrait éviter que ceux qui arrivent en prison pour la première fois ou pour des peines pas très importantes, des délits pas très graves soient mélangés avec les autres. C'est ce qui crée les voyous de demain parce qu'on met en contact des gens qui ne se seraient peut-être pas fréquentés. On les fait se rencontrer, passer du temps ensemble. Cela crée forcément des affinités et des liens. Tout cela est un engrenage.

Une double vie

Une éducatrice était venue me voir en prison. Elle trouvait que je m'exprimais bien. En fait, j'avais un trip : j'adorais apprendre le dictionnaire, je l'apprenais pratiquement par cœur – c'est comme ça que j'ai appris à mieux m'exprimer. Je lui ai demandé de me ramener un dictionnaire et des timbres pour écrire. J'aimais bien écrire, j'écrivais beaucoup. Elle m'a proposé de travailler au Plan, un restaurant d'insertion à Ris-Orangis. J'ai accepté et j'y suis resté dix-huit mois. Mais j'avais une double vie, parce qu'en même temps que je travaillais au Plan, je participais activement aux bagarres entre bandes. C'était vraiment très intensif à ce moment et j'étais entre les deux. J'ai géré ça sans qu'au Plan ils s'en rendent compte, je pense. Je suis rentré au Plan tout en continuant à devenir de pire en pire dans la rue. Mais j'allais travailler.

Aujourd'hui je m'étonne d'avoir pu suivre les deux. Je bossais toute la semaine, je finissais à quinze heures. On reprenait à dix-huit heures, on finissait à minuit et le week-end à deux heures du matin. Je donnais rendez-vous juste après le travail, on montait à Paris. J'étais commis de cuisine : la plonge, les salades, les grillades. J'ai appris à travailler, j'ai appris à venir à l'heure au boulot. Je crois que je l'ai fait mécaniquement, sans me poser de questions. J'avais envie de bosser, de gagner de l'argent, cela me permettait de donner de l'argent à mes parents. J'étais jeunot, je n'avais jamais vraiment touché de l'argent, et presque tout ce que je gagnais, je le donnais à mes parents. Moi, ce dont j'avais besoin, je le volais, donc je n'avais pas vraiment besoin d'argent, sauf si je voulais offrir un cadeau à ma copine ou sortir.

Cette expérience m'a peut-être ouvert d'autres horizons, avec d'autres personnes, m'a fait partager des choses. Cela m'a appris à communiquer avec les gens parce que, somme toute, je reste quelqu'un d'assez fermé, pas très expansif. Je ne vais pas beaucoup vers les autres, surtout à cette époque-là. Je ne racontais pas trop ma vie. Certains me parlaient de leurs problèmes, ils me parlaient de leur vie, je leur donnais des conseils mais moi je n'étais pas très bavard sur la mienne. J'ai toujours mis mes problèmes au second plan. Je faisais ce que j'avais à faire ; les gens comptaient sur moi, il fallait être là. Je suis allé jusqu'à la fin du contrat.

À cette époque, lorsque je travaillais au Plan, j'ai rencontré une fille, à l'Agora, une métisse. On est resté ensemble pendant deux ans, elle était plus âgée que moi, elle avait vingt ans et moi dix-sept. Elle était très sérieuse. Je connaissais ses parents, elle connaissait les miens. À l'époque, elle passait son bac au lycée de Corbeil puis elle est allée à la fac. Cette relation a failli me faire basculer. Elle est tombée enceinte. Nous avons longtemps discuté et décidé de garder l'enfant. À ce moment-là, j'ai décidé de changer de vie, d'arrêter les bandes, de chercher un appartement, de trouver un boulot.

Mais, deux jours plus tard, elle me téléphone pour me dire que sa mère fait pression et qu'elle va avorter. Je l'ai mal pris, non parce qu'elle se faisait avorter mais parce qu'elle remettait en cause notre décision commune. Je lui ai raccroché au nez. J'étais mal. Le jour de l'avortement, je suis néanmoins allé à la clinique et je l'ai attendue jusqu'à ce qu'elle sorte du bloc. Après, j'ai pris soin d'elle mais ça a détruit notre relation. On a continué à se fréquenter mais ce n'était plus la même chose. Elle est partie un an aux États-Unis. J'ai continué mon chemin. Encore une fois, je m'y suis fait même si j'ai beaucoup souffert de cette situation. C'était le grand drame de ma vie : aimer, être aimé et finalement trahi, encore et encore.

5

La guerre des trois ans

Tout à perdre, rien à gagner
Et nous, dans tout ça
Et nous, jusque-là
Jusqu'à quand vivrons-nous tout cela ?

Les bandes se battaient les unes contre les autres avec des alliances aussi soudaines qu'aléatoires. On pouvait trouver les Mendy avec les Requins juniors contre les Black Dragons et le lendemain ces alliés d'un jour se retrouvaient en guerre. Avec le temps, des alliances plus solides se sont formées : elles tenaient compte des secteurs et opposaient les bandes du Nord à celles du Sud : au Nord, les Requins juniors, les Black Fist, les Mendy, les CKC [1], au Sud, les Fights, les Bourreurs Boys, les Black Dragons, les Syndicat of Crime. Ces conflits ont débouché sur ce qu'on a appelé la « guerre des trois ans » qui a duré de 1989 à 1991. Tout ce qui nous avait rassemblés autrefois nous opposait dorénavant et seule la victoire comptait. C'est là que nous sommes devenus fous. On ne contrôlait plus cette guerre, c'est elle qui nous contrôlait.

1 CKC : Criminal Killer Crew, une bande de Sarcelles et du XIXe arrondissement de Paris.

Parfois, quand je restais seul, je pensais que ceux que nous allions combattre étaient finalement nos frères. Beaucoup étaient mes amis. Je nous revoyais gamins, chahuteurs, en train de traîner partout, notamment à la gare de Lyon. Nous avions un jeu qui consistait à former un cercle au milieu duquel on jetait un chewing-gum. Il fallait l'attraper sans se prendre des balayettes [2]. Et maintenant, on en était à s'entre-tuer. Nous n'étions que des mômes qui avions grandi trop vite, sans véritables repères, sans soutien, parfois sans amour, une génération rejetée.

Une incursion sur notre territoire

On commençait à faire parler de nous sur Paname et les projecteurs se sont braqués sur nous. Alors, de fil en aiguille, d'embrouilles en embrouilles avec les uns et les autres, ça a fini par péter avec les seigneurs du moment, les Requins juniors. Un des leurs, Sono, s'est fait éclater suite à une altercation alors qu'il avait rendez-vous avec sa meuf à Évry où elle habitait.

À partir de là, tout s'est accéléré. Début 1989, les Requins juniors ont décidé de monter une expédition punitive pour laver l'affront. Les armes étaient prêtes : battes, couteaux, pistolets. Après s'être tous rejoints à leur point de ralliement à la gare du Nord, les Requins juniors, les Black Fist, les CKC, les Mendy, les Go juniors, une centaine d'hommes au total ont fait une descente à Évry. Pour eux, ça semblait une formalité de descendre donner une raclée aux Fights puis de rentrer tranquillement à la maison. Moi, j'étais en prison, à Fleury, avec d'autres Requins et nous ne nous doutions pas de ce qui se passait à l'extérieur. Ce jour-là est resté dans la

---

2 Balayette : coup de pied donné dans les chevilles, qui propulse au sol.

mémoire de tous ceux qui y ont assisté comme la journée la plus violente et chaotique qu'Évry ait connue jusqu'alors. Personne, ni les gens, ni les Fights, ni la police, n'y était préparé [3].

Les voilà qui débarquent à la gare. Ils se mettent à courser et à frapper sans distinction tous les jeunes qu'ils rencontrent. Ça va très vite ; on assiste à des scènes de tabassage à coups de batte de base-ball et de couteau. Il n'y a pas vraiment de résistance car la surprise est totale. Ils arrivent au centre commercial de l'Agora, qui est un peu le fief du 91. Ils prennent rapidement la place et tout semble gagné ; ça a été facile ; ils sont rentrés comme dans du beurre, sans aucun problème. Pas d'ennemi en vue. Commence alors un pillage en règle des magasins. Tout cela prend un certain temps, assez en tout cas pour laisser aux Fights la possibilité d'organiser une contre-offensive. Les quelques gars de chez nous qui ont pu se ressaisir téléphonent aux autres. Le message est relayé tant bien que mal car, à cette époque, le portable n'existe pas. Les Fights déboulent de tous les coins par petites vagues successives : d'abord les plus proches, ceux des Pyramides et d'Évry en général, puis ceux de Grigny et Corbeil qui arrivent par le bus 402. D'autres arrivent en bécane, d'autres à pied, ou en vélo. Des bagarres éclatent entre le centre commercial et la gare.

Le gros de la bataille se déroule à la gare où les Fights en sous-nombre se défendent tant bien que mal face à un adversaire chauffé à blanc. Les flics qui interviennent se font braquer ou frapper ; un ou deux se font même courser par un

---

3 Cet épisode est relaté par C. Colomberon dans *Le Parisien* du 14 février 1989 sous le titre : « Orange mécanique à Évry » : « Des centaines de jeunes ont envahi la gare ! Ils vont se battre ! Dimanche soir, le commissariat de police d'Évry (Essonne) est submergé d'appels téléphoniques. Deux bandes rivales s'apprêtent à s'affronter : l'une, celle des Requins, vient de Paris : l'autre regroupe les Félins et les Fight Boys d'Évry et de Corbeil. En tout, une soixantaine de loubards. »

jeune surnommé Marabout armé d'un sabre ; ils doivent appeler des renforts car la situation est complètement hors contrôle. Devant l'arrivée des renforts des forces de l'ordre, les Requins doivent céder du terrain et battre en retraite vers le quai, toujours poursuivis par les Fights qui ne lâchent pas l'affaire tandis que la police tape sur tout le monde sans distinction. Acculés sur le quai, les Requins et leurs alliés finissent pas décamper, certains par les rails, d'autres par les différentes sorties de la gare. Beaucoup se font arrêter avec les nôtres.

Quand je suis sorti de prison, on m'a raconté ça. Cela m'a mis dans une rage folle : je voyais l'action des Requins juniors comme une trahison à notre amitié. Cela ne pouvait pas se passer ainsi. Cette descente a créé un désir de revanche qui attendait quelqu'un capable de le porter. C'était notre première réaction contre les bandes de Paris : sinon, on aurait pu devenir une banlieue annexée.

La contre-offensive s'est préparée. Il fallait absolument inverser la tendance et déplacer cette guerre sur le terrain de l'adversaire. Nous étions déjà près d'une centaine mais il nous fallait plus d'hommes encore. Pour cela, il nous fallait trouver des alliés ce qui n'a pas été difficile car les Requins juniors, en dignes héritiers des Requins vicieux, avaient commis la même erreur : abuser de leur pouvoir, ce qui leur avait valu la rancune de beaucoup de monde.

Nous avions pourtant un problème : sur notre ligne, le RER D, chaque ville avait sa ou ses petites bandes. Elles ne nous posaient pas de problèmes sérieux en elles-mêmes mais nous ne pouvions pas nous permettre d'être pris entre deux feux. Alors, nous avons dû nous imposer face à ces bandes de peur qu'elles ne nous causent un jour des problèmes. Notre logique était simple : vous êtes avec nous ou contre nous. Il y a eu quelques récalcitrants, comme les gars de Viry-Châtillon ou de Vigneux. Là, il a fallu frapper fort pour se faire entendre mais, finalement, nous y avons récupéré de bons soldats.

Il y avait une espèce de hiérarchie. Des villes connues, Corbeil, Évry, Grigny, surnommées le « triangle des Bermudes ». À côté, les villes comme Saint-Germain-lès-Corbeil, Saintry, Mennecy, Viry-Châtillon, Sainte-Geneviève-des-Bois, Fleury, Lisse, Bondoufle, Ris-Orangis. Ces autres villes, dans une logique de guerre, c'étaient des endroits annexés : pour Corbeil par exemple, il y a Saint-Germain-lès-Corbeil. Ils ne sont pas les plus forts et ils ont besoin de protection. C'est là que les gens vont faire des conneries, voler leurs mobylettes, racketter, taper, pour montrer qu'on est là, qu'on existe. Progressivement, on a contrôlé toute la banlieue sud. C'est peut-être la première et la dernière fois que tout le 91 était uni pour défendre un même but. Nous avions réussi à unir des villes, des quartiers et deux départements, le 91 et le 77. Les mecs des quartiers en parlent encore et beaucoup disent qu'ils auraient voulu y être, voir ça de leurs propres yeux.

La gare de Lyon est devenue notre quartier général. À partir de la gare de Lyon, tout ce qui était derrière était à nous. À compter de ce moment-là, les choses ont pris une autre tournure ; on est passé à une logique de guerre. Nous étions prêts à entrer dans Paris [4].

Il y avait des Fights qui habitaient tout au fond de leur campagne. Quand on voulait monter à Paris, le mot d'ordre c'était : le train part de Moulin-Galland à 14 h 00, donc tu regardes à quelle heure il arrive dans ta gare. C'est tout. Il y avait trois-quatre mecs qui montaient à Moulin-Galland,

---

4 Dans *Le Parisien* du 27 mars 1990, on peut lire : « Essonne : *South Side Story*. Le département de l'Essonne n'est pas épargné par la guerre des bandes. Il y a quelque temps, l'un des groupes les plus nombreux, les Fight Boys, a déclaré la guerre aux bandes de la capitale, allant jusqu'à les provoquer sur leur territoire. »

trente à Corbeil, dix au Bras-de-fer, trente ou quarante à Évry, trente à Grigny, cinq ou dix à Juvisy, vingt à Vigneux, vingt à Villeneuve-Saint-Georges et quand on arrivait à la gare de Lyon, il y avait ceux qui étaient dans Paris. À la fin, on se retrouvait bien à une centaine.

À cette époque-là, les flics n'étaient pas organisés comme maintenant et ils ont été surpris. Quand on prenait le RER, on était parfois tellement nombreux qu'on pouvait remplir un train. Une fois, des flics sont montés ; ils ne pouvaient absolument rien faire, ils sont restés là sans réagir. Ils avaient pris son sac et ses battes de base-ball à un mec et nous leur avons repris ; ils n'ont rien dit. Ils sont descendus à la gare suivante. À l'époque, quand ils intervenaient, ils étaient deux, trois policiers pas plus. Nous, on prenait le train, on était trente, quarante, on remplissait le train. On sortait avec des armes à feu, des couteaux. Les flics mettaient un temps fou à arriver. On avait le temps de se disperser ou de repartir en train jusqu'à chez nous[5].

Depuis cette époque, j'ai vu un net changement dans l'organisation de la police. Aujourd'hui, les policiers ont un temps de réaction très rapide, ils connaissent le terrain, ils connaissent les rues par cœur et répertorient même les jeunes par leurs surnoms et leurs secteurs. Je pense que les secteurs sont cartographiés dans leurs têtes. Avant, ils déboulaient avec la sirène, maintenant ils arrivent en mode furtif ou même à pied. Ils sont devenus efficaces, il faut le reconnaître.

---

5 Les forces de police et la SNCF mettent en effet un temps pour s'adapter. En 1990 est créée une brigade de sécurité des chemins de fer chargée de patrouiller dans l'ensemble du réseau. La SNCF met en place de nouveaux équipements de surveillance. Enfin, une brigade mobile, l'Unité de violences urbaines, est constituée au sein des Renseignements généraux, qui a en charge d'infiltrer et de contrôler les bandes (voir Frédéric Félix, « La SNCF : la sécurité ? Elle se renforce », *Le Parisien*, 28 mars 1990, et Pascale Gerin, « Contre les bandes une brigade antiviolence », *Le Parisien*, 13 août 1990).

Châtelet, une position stratégique

Nos adversaires traînaient tous à gare du Nord. Pendant la guerre des trois ans, on ne s'est pas battu pour le contrôle de Paris ou pour une suprématie quelconque mais parce qu'il y avait des gens plus forts qui ne nous respectaient pas et qui ne reconnaissaient pas les gens de la banlieue sud. Il a fallu leur prouver que nous étions au moins aussi forts qu'eux pour nous faire respecter. Les positions étaient définies : nous à la gare de Lyon et les Requins juniors à la gare du Nord. C'était le Nord contre le Sud. La grande guerre se déroulait maintenant dans Paris : honneur au vainqueur et mort au vaincu.

Le premier endroit à prendre était Châtelet-Les Halles, c'était un point stratégique. On y est allés à une douzaine les jours qui ont suivi la descente à Évry. Je sentais mes gars pas sûrs d'eux mais la meilleure manière de les préparer, c'était le terrain. Arrivé place Carrée, je me dirige vers tous les renois que je vois avec une seule question aux lèvres : « Tu es un RJ, tu es un RJ ? » Les mecs, un peu paniqués, répondent tous non et je leur laisse le message suivant : « Dis-leur que les Fights sont passés. » Au moment où on s'apprête à repartir, une petite bande arrive. Je fonce droit sur eux : « C'est vous les RJ ? » Un d'entre eux me répond : « On est des Mendy. Pourquoi ? Tu veux quoi ? T'as un problème ? » Je m'énerve : « Comment ça ? Venez, on sort ! » On monte tous dans le parc en haut. Je m'attendais à un tête-à-tête avec celui qui m'avait répondu mais subitement tous les Mendy me sautent dessus. Ils m'allument et après m'avoir lynché, ils se tirent. Je me relève et je leur cours après. Arrivé à portée du dernier, je saute et lui mets un coup de pied dans le dos qui le projette au sol. Ils se retournent et l'un d'eux crie : « Il est vraiment fou celui-là ! » Et il m'asperge de gaz lacrymo. Mes potes me récupèrent et m'emmènent à la pharmacie pour un lavement des yeux. Je les ai insultés tout au long du trajet du retour mais j'avais compris qu'ils n'étaient pas prêts. C'est à partir de là qu'ont commencés les entraînements de bagarre générale dans le parc d'Évry. La consigne était dorénavant simple : plus de tête-à-tête. Dès que l'un de nous donnait le premier coup, tout le monde entrait dans la mêlée.

La seconde fois que nous y sommes retournés, nous étions une trentaine. C'est la première fois que les Bourreurs Boys, une bande du XIIIe arrondissement, venaient en descente avec nous. Je les avais rencontrés en prison. Place Carrée, il y avait une dizaine ou une quinzaine de mecs. Je ne leur ai fait aucun cadeau. J'avais retenu la leçon. Dès le début, j'ai ciblé un mec, un Black Fist. Je lui ai enchaîné une série de coups de tête. Ensuite, les autres ont chargé sans pitié. Le ton était donné. On a commencé à allumer tous les lascars qu'on rencontrait parce qu'on ne savait pas qui ils étaient. Il nous a fallu pas moins de sept descentes à Châtelet pour en prendre le contrôle.

La dernière bataille a été chaude. Nous étions gare de Lyon quand nous avons appris que les Requins juniors, les Black Fist et les Mendy étaient à Châtelet et nous cherchaient. On descend là-bas. Arrivés salle des Changes, on tombe nez à nez avec eux. Tout le monde se rentre dedans sans l'ombre d'une hésitation. Les coups pleuvent dans tous les sens. C'est une bagarre de folie, tout va très vite. Il est difficile de s'imaginer la salle des Changes bondée de monde un samedi après-midi. C'était démentiel ; ça se battait à coups de hache, de couteau.

On se rend coup pour coup. Au bout d'un moment, comme personne ne semble prendre le dessus, nous tirons dans le tas pour faire déguerpir tout le monde jusqu'à ce qu'on se disperse à l'arrivée de la police. Cette bataille a été décisive : elle démontrait que cette fois-ci nous étions enfin prêts [6]. La rumeur s'était propagée ; il fallait maintenant compter avec nous. Le problème qui se posait maintenant, c'était de laisser des hommes à nous pour tenir Châtelet, pour nous prévenir en cas de besoin. Nous devions faire attention à conserver l'avantage. Nous avons donc décidé d'autres batailles qui ont eu lieu un peu partout dans la capitale car on pouvait se croiser n'importe où. Nous étions plus offensifs qu'eux et, de bataille en bataille, nous prenions de l'assurance. Notre but était de ne leur laisser aucun répit. Nous allions dans toutes les soirées sur Paris et cela finissait en bagarres. Quand les soirées se passaient bien, nous faisions des guets-apens à 6 heures du matin à la sortie ou bien dans le métro. On devenait de plus en plus fou. Cela a duré comme ça pendant deux ans, un merdier pas possible, rythmé par des combats et des passages au poste. Tout était prétexte à se battre. Petit à petit, nous sommes devenus comme les gens que nous combattions, des FDM, des fouteurs de merde.

Jusqu'à La Défense

Nous étions très liés aux Bourreurs Boys : ils étaient comme nos frères. On passait le plus clair de notre temps avec eux dans le XIIIe, ou alors à Évry. En dehors de ces embrouilles, on faisait les magasins, vols, cambriolages, etc.

Ensuite, les Black Dragons sont arrivés dans le jeu. C'était une nouvelle bande avec une idéologie fondée sur les arts

6 La presse rend compte de plusieurs bagarres à Châtelet et de la présence régulière des bandes dans le Forum des Halles. Voir par exemple, Pascale Guerin, *Le Parisien* du dimanche 22 octobre 1989, un article à la recherche du sensationnel : « Gangs, La rage de nuire » : « J'ai passé toute une nuit avec eux aux Halles, nuit de galère. (...) Vers 21 heures, ils arrivent par petits groupes de trois ou quatre. Les Black Dragons sont là, suivis du Syndicat of Crime, des Criminels Action Force.... »

martiaux. En fait, il y avait plein de petites bandes venant d'endroits différents qui avaient fusionné. Ils avaient à leur tête un commandant, Yves, dit « Le Vent », qui portait bien son nom. De lui, on n'a jamais rien vu d'autre que du vent. Les Black Dragons eux-mêmes ne le voyaient jamais.

Ils étaient organisés en plusieurs brigades. La Défense était leur territoire. Au début, ils traînaient avec les Requins. Cette entente n'a pas duré car les Requins se sont mis à les écraser. Il faut dire que beaucoup de Black Dragons étaient entrés dans les gangs avec la fausse impression que c'était une partie de rigolade ; certains pour les meufs, d'autres pour la réputation et d'autres encore avec l'idéologie du chasseur de skinheads. Mais il est arrivé un moment où il n'y avait de place ni pour le doute ni pour l'hésitation. C'était marche ou crève et pas un jeu de rôles. Leur seule option était de choisir leur camp entre les Fights ou les Requins. Ils ont fini par être chassés de La Défense par leurs anciens amis et par se réfugier dans le XIIIe. Une de leurs brigades, les Kamikazes, connaissait les Bourreurs et est venue leur demander de l'aide. Les Bourreurs nous les ont présentés et nous les avons accueillis dans notre secteur, Évry, Grigny et Corbeil. Nous avons entrepris ensemble de reconquérir La Défense pour la leur rendre. Puisqu'ils étaient les ennemis de nos ennemis, ils étaient nos amis.

À partir du moment où les Black Dragons sont entrés dans la course, les choses se sont accélérées. Les gens étaient gonflés à bloc ; on sentait très nettement qu'on avait franchi un palier, un stade de non-retour. Les haines étaient telles que ce n'était plus une question de fierté mais simplement la volonté claire et affichée de détruire l'autre. C'était de la haine à l'état pur. Chacune de leur apparition excitait l'adversaire plus qu'elle ne lui faisait peur. De plus, ils n'étaient pas rodés à nos méthodes et cela nous obligeait à fournir deux fois plus d'efforts. Chez les Black Dragons, il y avait deux brigades vraiment opérationnelles : les Kamikazes et les Frégates. Nous les avons vite adoptées. Joe Dalton, un Kamikaze, s'est distingué comme leader des Black Dragons et nous l'avons soutenu car il était primordial pour leur survie et leur identité d'avoir un véritable chef. Jo avait le charisme. Quant à moi, je commandais la coalition de la BS (banlieue sud).

Lorsque nous avons jugé qu'ils étaient prêts, nous avons commencé à descendre à La Défense [7]. Cela n'a pas été difficile de la reprendre parce que, contrairement à nous, les Requins ne pensaient pas à occuper les positions qu'ils prenaient. Ils n'avaient pas compris l'enjeu psychologique. Pour reprendre La Défense, nous y avons été carrément au fusil à pompe : ça a surpris ceux du Nord. Une fois, en tirant sur des mecs qu'on coursait, on est tombé nez à nez avec deux policiers. Pendant un instant, mon pote et eux se sont braqués. La situation était bizarre et tendue. J'ai lancé : « Venez, on se casse ! » Les flics sont restés sur place et nous avons tracé, suivis de près par toute une cohue. Je me souviens également du jour où un Fight a déboulé armé de son fusil à canon scié en tirant sur tout ce qui bougeait, semant une panique monstre dans la galerie marchande. Il a été pris en flagrant

---

7 La presse relate plusieurs de ces descentes. « Baston à la Défense. Deux membres des Requins, une bande de Châtelet, ont été agressés par une horde de Zoulous, dimanche vers 19 heures, sur le quai du RER, à La Défense. L'un des Requins égarés a été sérieusement blessé : estafilade au front. Un simple avertissement cependant car les agresseurs, au nombre d'une soixantaine, étaient armés, pour certains, de barres de fer. À leur arrivée sur les lieux du pugilat, trois gardiens de la paix ont été pris à partie, essuyant ensuite des crachats et des coups de poing. Grâce à l'arrivée de renforts, les policiers ont pu interpeller deux meneurs qui ont été placés en garde à vue. Au commissariat de La Défense, on ne s'explique pas la rixe intervenue en terrain neutre, et surtout le rapport des forces. Après leur avoir fait la guerre, les policiers étaient parvenus à chasser du site les bandes rivales dont les fameux Zoulous connus pour hanter la ligne A du RER. » Gérard SÉGUI, *Le Parisien*, 26 juin 1990. *Le Parisien* du 12 novembre 1990 (« Du rififi sur le parvis de La Défense ») relate un incident opposant « une centaine de jeunes Maghrébins » au cours duquel ont été échangés des coups de feu.

délit avec l'arme encore fumante sous sa veste alors que nous allions repartir. Il a écopé d'un an de placard. Pour prendre La Défense, il a fallu plusieurs descentes.

Une boîte, le Midnight Express, était le QG des Requins à La Défense [8]. Un jour, on décide d'y rentrer. Pour accéder à l'entrée du Midnight, il faut emprunter un escalier étroit qui descend jusqu'à la porte d'entrée. C'est là que nous croisons les Requins, deux de mes anciens amis. On se regarde. La situation est claire : ils ne peuvent rien faire. Alors je leur dis de nous suivre. Ils obéissent et on va tous dans les garages souterrains. Là, je demande à tout le monde, une quinzaine d'hommes, de ne plus bouger. Je m'éloigne un peu et je sors mon 357 Magnum. J'ai lu la panique dans les yeux des deux Requins. Personne ne savait ce que j'allais faire. Je retire alors toutes les balles de l'arme, sauf une. Je tends mon Magnum au premier en lui disant : « On se connaît, on se connaît bien même. Il paraît que tu veux me tuer, alors, tiens, vas-y. » Il sursaute, paniqué : « Mais non, on se connaît, putain ! » Je tends l'arme à son pote : « Et toi, tu veux aussi me descendre ? » Même réaction. Alors, je regarde l'arme puis je les regarde durant un instant. J'aurais pu les abattre. Cela m'a effleuré mais je me suis souvenu qu'ils avaient été mes amis. Je me retourne et j'ordonne qu'on les laisse partir. Personne ne m'a demandé d'explications. Mes hommes me faisaient confiance, entièrement confiance. Il n'était plus nécessaire de frapper ; ma façon de faire était aussi efficace qu'une balle en plein cœur. Elle sapait le moral de l'ennemi en lui montrant que nous avions pris un net avantage. Finalement, on a

---

8 C'est à la sortie de cette même discothèque qu'en juillet 1990, suite à une autre bagarre entre bandes, un jeune, Oumar Touré, a trouvé la mort. Voir Anne GIUDICELLI, *Libération*, 1er août 1990, « Zoulous. Banlieues : la guerre des bandes fait un mort ».

récupéré La Défense. Cela n'a pas été facile, mais nous l'avons fait, rendant ainsi leur territoire aux Dragons.

L'escalade

Un jour, avec mes potes Shai et Saïd, on était posé gare de Lyon comme d'habitude. Tout d'un coup, on voit surgir du RER des Requins juniors, des Black Fist et des Mendy. On se retrouve nez à nez. Un des leurs me prend à partie :

– Tu te rappelles de moi ? Tu m'as niqué l'autre jour.

– Ouais et alors, tu veux quoi ? Tu veux te venger ? Viens, on y va, toi et moi.

Je me doutais qu'ils allaient tous nous rentrer dedans, l'occasion était trop belle, j'étais leur cauchemar et cette fois, ils me tenaient. Je commence à partir et, en me retournant, je vois que le mec ne me suit pas. Je reviens vers lui et, énervé, je lui dis : « Oh, tu fais quoi ? Viens, on y va ! » Le mec ne bouge pas. Du coup, il refroidit ses potes parce que c'est lui qui aurait dû ouvrir le bal. Je saisis l'occasion : « Bon, tu ne veux pas ! Alors on se casse. » J'y rajoute le geste et on s'arrache, mes potes et moi.

On commence à remonter sur les quais en destination d'Évry. Le train est à quai. L'envie de détaler n'est pas loin mais il faut se contrôler, sinon c'est mort. On prend l'escalator, on monte sur le quai et là une voix crie « Eh ! Eh ! » C'est foutu. On s'arrête et on se retourne. Mais Saïd continue tout droit mine de rien. Je l'appelle mais lui ne me calcule même pas. Au fond de moi, je le traite d'enculé. Le pire, c'est que c'est lui qui a le calibre. Je sens que les autres s'excitent vraiment. Ils vont tous nous rentrer dedans. À cette époque, il y avait encore les anciens trains de banlieue à un niveau. J'ouvre les portes du wagon ; on s'engouffre à l'intérieur. Je plaque Shai contre l'autre paroi pour qu'on ne soit pas pris de dos. Et là, ils chargent en face de nous et sur les côtés. Ils grimpent sur les fauteuils ; c'est la cohue. Il en arrive de partout.

Mais miracle, Shai sort de son sac deux couteaux de boucher longs comme mon avant-bras. Après, tout va super vite. On commence à donner des coups de couteau dans tous les sens et sur tout le monde, taillant çà et là. Mais les mecs ne lâchent pas l'affaire. Jusqu'à ce qu'un des mecs attrape mon couteau au niveau de la lame. Je tire dessus et ça lui entaille la main jusqu'à l'os. Il crie, il est par terre et les autres paniquent. La charge s'arrête. Ils ramassent leurs blessés. Nous sommes sonnés, réalisant tout juste que nous l'avons échappé belle. Nous profitons de ce moment de répit. Je dis à Shai d'enlever son blouson. On va vers la tête du train et là, on aperçoit des gens qu'on connaît qui ont suivi toute la scène et paraissent traumatisés. On leur refile nos couteaux et on s'assoit, mine de rien.

Le train est bloqué en gare suite à notre histoire. On attend vingt minutes et toujours rien. Au moment où il sonne, je ne sais pas d'où il sort mais arrive cette teigne de Spencer, un Requin. Il déboule dans le train, tire le signal d'alarme et repart aussi sec. Résultat, on est à nouveau bloqué. La police arrive, nous contrôle. Spencer réapparaît et crie : « C'est lui ! » en me montrant du doigt. On nous embarque et on se retrouve à la Cité, au Palais de justice. On y retrouve les Requins. L'un deux me lance : « On va te tuer, tu es mort Lamence ! » Je réponds avec un sourire narquois : « Toi tu va me tuer ? On verra ça ! »

J'atterris devant le juge au tribunal. Je suis persuadé que je suis bon, que je vais plonger. « Vous êtes là pour des faits de violence aggravée, en l'occurrence plusieurs coups de couteau assénés lors d'une rixe dont un particulièrement grave. Vous allez avoir seize ans dans deux semaines. Croyez-moi, vous avez de la chance d'être mineur sinon je vous aurais envoyé à Fleury. » Et là, il me relaxe. Je n'y croyais vraiment pas. Dans les couloirs de la Cité, je croise Grand Dez, un Requin. C'était un de mes amis avant tout ça mais il me fait un geste qu'il n'aurait jamais dû faire. Il me fait un signe de mort. Je ne réponds pas mais je le regarde. À partir de là, je l'ai pris en grippe. Apparemment, tout le monde est déjà au courant de l'histoire de la main.

Quelques jours plus tard, on descend à Châtelet. On forme deux équipes et on fouille Les Halles puis le parc. Notre équipe tombe sur un Mendy et ne lui fait pas de cadeau. La raison n'existait plus. On l'éventre. Le mec gît là au sol, baignant dans son sang alors que ses intestins se répandent au sol. Tout le monde le regarde mais sans aucune compassion. C'est juste une nouvelle étape de notre démence. Un mec de l'autre équipe arrive en courant. Sans prêter attention à la scène, il nous annonce qu'ils ont arrêté Grand Dez. On le suit. Grand Dez est assis sur un banc, entouré par les nôtres. De là où il est, il a assisté à ce qui est arrivé à son pote. En me voyant, il est paniqué. Cela se lit sur son visage ; il a du mal à ne pas trembler avec sa cigarette à la main. Moi, je suis étrangement calme, voire froid. Je lui dis « Ça va ? » Il répond « Oui ». Je lui dis d'enlever sa Kangol. Il retire sa casquette et demande en bégayant : « Qu'est-ce que vous allez me faire ? Vous allez me planter ? Vous allez me tirer dessus ? » Je le regarde : « Allez, lève-toi, casse-toi, et va dire à tes amis ce qui s'est passé. Dis-toi bien que ce n'est plus pareil qu'avant. Vous allez voir des choses que vous n'avez pas encore vues, fais-moi confiance. » Il s'est levé en hésitant puis il est parti tout doucement comme s'il se disait qu'à tout moment, on pouvait changer d'avis et lui sauter dessus. Tout le monde le regardait en silence, personne n'a contesté ma décision.

Dez a percuté le message, on ne l'a jamais revu. C'est à ce moment-là que j'ai réalisé que certaines situations ne nécessitent pas toujours de recourir à la force. J'avais appris qu'il est parfois préférable, après l'avoir créée, d'entretenir la peur chez l'ennemi. Quand on a gagné, cela ne sert à rien d'oppresser les vaincus : un jour ou l'autre, ils finiront par réagir d'une façon inattendue et cela peut coûter cher. Il faut trouver le juste milieu, la bonne façon pour qu'ils continuent à avoir peur. Sans trop en faire, sans être trop laxiste. J'avais à faire un choix : ou bien on écrasait les gens contre lesquels on avait gagné et on devenait une sorte de tyran, ce qu'on avait combattu chez les Requins, ou alors, on apportait la paix, la stabilité, le retour à la norme. C'est l'option que j'ai prise par la suite, bien que je n'aie jamais été quelqu'un de très conciliant...

Descente à Val-de-Fontenay

Certains chez nous prenaient un peu trop confiance. Un jour, en 1990, une petite équipe décide d'aller en boîte à Val-de-Fontenay, en plein territoire Black Fist[9]. Résultat des courses, après s'être bien éclatés, ils se prennent un guet-apens à la gare en rentrant et deux mecs, dont mon cousin, sont balafrés. Quelques heures plus tard, j'apprends la nouvelle. Immédiatement après, réunion générale. On décide de descendre au Val. En règle générale, je n'aimais pas

---

9 Les incidents se multiplient au cours de l'année 1990 et sont de plus en plus médiatisés. *Le Parisien* leur consacre une page entière le 14 mars 1990, « De Chelles à Velizy, ils sèment la terreur » ; une autre le 27 mars 1990, « Bandes de banlieue : la déferlante », avec un article : « On les croirait sortis de feuilletons américains (...). Chaque fin d'après-midi, vers 17 heures, des bandes organisées de jeunes, pour la plupart d'origine africaine, sèment la terreur dans tout le quartier » ; une autre le lendemain, 28 mars 1990, « Banlieue : face aux bandes, les habitants révoltés », un dossier le 27 novembre 1990, « Banlieues, faut-il avoir peur ? »

descendre dans les quartiers car cela impliquait d'allumer tout le monde là-bas, sans distinction, et cela ne pouvait que servir les bandes que nous affrontions car cela leur donnait des alliés qui pouvaient leur procurer hommes et armes, et contribuer à faire durer cette guerre plus longtemps encore.

Avec les Black Dragons, on est arrivé au Val à une petite cinquantaine. À la descente du RER, un Black Dragon arrive en courant et me dit que Spencer est dans le train. Spencer : un Requin, le genre de mec à embrouilles, long, maigre mais teigneux, vicieux, et assez débrouillard pour se tirer quand il faut après avoir allumé le feu. Shai et moi nous nous précipitons avec Joe Dalton dans l'autre wagon. Nous trouvons Spencer assis bien tranquillement en train de discuter avec certains Black Dragons. On est scotchés. Spencer me voit et il détale.

Joe et moi crions aux autres Black Dragons de l'attraper. Et là, encore plus surréaliste, les mecs qui le coursent sur le quai, les mêmes qui discutaient avec lui, lui courent après. On se serait cru dans un dessin animé. On dirait que Spencer fait son petit footing à petite foulée. Il se retourne même pour ricaner. Là, je vois rouge et je crie à Shai et Faze One : « Attrapez-le ! » Ils démarrent. Spencer comprend que c'est chaud. Moi, Rek's, Joe et sa patrouille les Kamikazes, on suit de près.

Spencer arrive au bout du quai, il traverse les rails, grimpe sur le grillage pour atteindre la route de l'autre côte. C'est dimanche et peu de véhicules circulent. Shai le rattrape au moment où il arrive à monter sur le grillage et il essaye de lui mettre des coups de couteau au niveau des jambes. Il n'y arrive pas car l'autre gigote dans tous les sens. C'est à ce moment que j'arrive. Je pousse Shai et je tire. Spencer est touché à la jambe. Dans un effort, il réussit à grimper en haut du grillage pour retomber de l'autre côté. Il se relève en traînant la jambe et essaye d'arrêter une voiture avec des grands gestes. Moi, enragé, je passe de l'autre côté du grillage en deux bonds, suivi de Rek's, Shai, Joe et quelques autres. Je cours sur Spencer. On dirait que je n'entends plus rien et ne vois plus rien. Je vois juste ce mec, ma rage et la balafre de mon cousin.

Je crois qu'à ce moment j'ai eu un coup de folie. Toute ma colère, ma haine contenue sont remontées. Je me dirige vers lui d'un pas ferme et déterminé. Lui, me voyant mon arme à la main, recule tout en me fixant et il met une main devant lui l'air de dire : « Ne fais pas ça » et de l'autre main il tient sa jambe. J'arrive à deux mètres de lui ; il s'écroule ; j'allonge le bras et, sèchement, je tire en direction de sa tête. Mon intention était de l'abattre. L'arme claque dans le vide : elle s'est enrayée. Je recommence : même chose. Ça m'a comme réveillé, tiré de ma torpeur. Je suis resté là, debout, à le regarder. Les autres arrivent et ils lui sautent tous dessus, le plantent et lui mettent des coups de crosse dans la tête. On l'a laissé quasiment mort sur cette route. Le fait d'avoir attrapé Spencer avait fait avorter notre opération au Val-de-Fontenay mais l'essentiel était d'y être allé et d'avoir mis la main sur une de leurs têtes. Ils étaient descendus chez nous mais nous étions remontés jusque chez eux.

Au retour, Joe m'a expliqué que les Black Dragons qui parlaient avec Spencer habitaient au Val ou sur la ligne. La peur des représailles expliquait leur comportement. Pour moi, cela ne justifiait pas leurs actes. On était en guerre et leur comportement n'était pas seulement douteux, il pouvait nous poser de sérieux problèmes. Le grand problème des Black Dragons était qu'ils venaient de partout, de tous les départements, ce qui le rendait vulnérables dans leurs déplacements, surtout pour se rendre sur les lieux de regroupement.

Quelques semaines après cet épisode, Requins juniors et Black Fist ont fait une descente à Yerres au cours d'une soirée pour venger Spencer. Aucun Fight n'y était mais d'après ce que j'en ai entendu, ils ont fait un véritable massacre à coups de hache et coups de feu avec un Spencer tout juste sorti de l'hôpital. Les Requins ne faisaient plus d'incursions sur notre ligne mais ils n'en restaient pas moins dangereux.

Après leur descente à Yerres, j'ai pensé qu'ils avaient peut-être l'intention de faire comme nous, de déplacer cette guerre chez nous pour essayer de reprendre l'avantage. Ils n'ont pas pris cette option mais celle de contrôler la ligne parallèle du RER, celle de Yerres, Brunoy, Savigny-le-Temple jusqu'a Melun. Ils ne s'étaient pas rendu compte que nous la tenions déjà.

Les voilà qui descendent un soir à Savigny-le-Temple dans une soirée en pensant être en terrain conquis. Ceux de là-bas, les Syndicat of Crime, nous préviennent et nous préparons notre guet-apens. Tard dans la soirée, on arrive sur place. La fête bat son plein. Les Requins, comme à leur habitude, sont dans leur coin. La salle est une grande bulle de verre. On voit absolument tout de l'extérieur. Je suis dehors avec une cinquantaine de Fights et de Black Dragons, observant ce qui se passe. Dedans, les gens se regardent en chiens de faïence et, fatalement, ça dérape.

Les mecs s'accrochent, c'est le coup d'envoi, la cohue générale. On déboule à grand fracas dans la salle. Les Requins sont une vingtaine. Après quelques coups échangés, ils réalisent vite que leur position est intenable et ils se replient rapidement sur l'estrade du fond qui est surélevée de plus d'un mètre. De là, ils commencent à projeter sur nous tout ce qui leur tombe sous la main, à commencer par le matériel des DJ. Cela a pour effet de stopper momentanément l'attaque. La situation est plutôt cocasse. Parmi les Requins, j'aperçois mon ami l'Éternel. Alors, je stoppe tout, je fais sortir tout le monde et je dis à l'Éternel de sortir : « Sors putain, sors, viens ! » Et lui, de me répondre : « T'es fou, je reste avec les autres. Si on doit mourir, on mourra tous ensemble ici ! » Cela me fait sourire : je le reconnais bien là, prêt à tout pour les siens.

Je ressors et dehors, on attend. Pour nous, ils sont cuits et ils le savent tout aussi bien que nous. Leur seule possibilité est de tenter une percée suicidaire. C'est ce qu'ils tentent. On les accueille à coups de panneau de stop dans la tête et à coups de hache. Bizarrement, ce soir-là, il n'y a pas d'armes à feu. Un seul d'entre eux réussit à sortir de la salle ; il se mange un KO avec un panneau et se fait lyncher. On reste en retrait, bien tranquillement, le temps que ses amis le récupèrent. C'est un peu comme un jeu du chat et de la souris. Finalement, on en a marre et on charge pour de bon dans la salle. C'est le bordel complet ; tout le monde se balance tout ce qui traîne. Tous les gens venus danser se sont barrés. Je ne sais pas comment, mais je me retrouve avec un tronc d'arbre ; je ne sais pas d'où il sort mais je le balance et me le fais rebalancer sur la gueule. Au bout d'un moment, on entend les sirènes de police et c'est la retraite générale avec l'ordre de balancer les cocktails Molotov préparés entre temps dans la salle qui prend feu instantanément.

Ensuite, ils ne sont plus revenus sur cette ligne mais pour plus de précautions, on a commencé à y patrouiller. Il y avait toujours des petits malins qui allaient voir leurs nanas : c'était leur grande faiblesse.

Contrôler Paris

Il était dorénavant clair que nous étions plus offensifs que les autres, plus présents. Je sentais que c'était le début de la fin, mais il fallait s'assurer de deux choses : qu'il y ait la paix, quitte à l'imposer par la force, et qu'elle soit durable. Tout le monde la voulait, les gens en avaient marre de tout ça : du sang, des représailles, de la violence gratuite et des morts. Certains ne supportaient plus la folie qui habitait notre milieu. Beaucoup étaient en prison et d'autres voulaient passer à autre chose, construire leur vie, s'investir dans le bizness car la mentalité changeait : on commençait à penser argent. Des pourparlers ont eu lieu à plusieurs reprises, donnant lieu à des trêves. Et puis, tout repartait – il y a des rancunes tenaces que seuls le temps et la maturité peuvent effacer. Les passions étaient encore vives ; quand les uns se calmaient, les autres s'emballaient.

Cela m'a poussé à prendre la décision insensée de leur bloquer tous les accès de la capitale. J'en ai parlé à Shai, mon principal lieutenant, puis j'en ai discuté avec les autres proches, Small Breeder's, Mek's, Joker. Ils m'ont pris pour un fou mais ils ont suivi. On a pris une carte de métro. On a repéré les lignes les plus fréquentées par les bandes : Balard-Créteil, Porte d'Orléans-Clignancourt, etc. La consigne était la suivante : « Vous allez chacun prendre un groupe d'une quinzaine de mecs, chacun va prendre une ligne de métro et tout ce qui est noir, arabe, qui s'habille comme nous, qui a notre mode style, qui nous ressemble, pas de distinction, pas de discussion, vous l'allumez. Tout le monde, et surtout le week-end, parce que les gens vont en soirées avec leur petites meufs. Aucune hésitation, métro, RER, et les grandes gares. Mais ne touchez pas à la gare du Nord, pas encore. » On a fait ça pendant deux semaines. Le but n'était pas de conserver Paris, le but n'était pas de gagner quoi que ce soit ou de dire, c'est moi le plus fort. Le but était de leur faire suffisamment peur pour qu'ils nous sachent capables d'aller très loin. C'était une espèce d'arme de dissuasion : on l'utilise une fois et on n'a plus à l'utiliser. On voulait pouvoir s'assurer une certaine tranquillité ou au moins, faire baisser d'un ton la violence

Ensuite, nous avons décidé de descendre dans le XIXe, fief des Requins, à Riquet plus précisément. C'était une idée des Bourreurs Boys. Cette descente a été une catastrophe sur tous les plans. Nous y sommes allés trop sûrs de nous, comme pour une promenade, sans organisation, sans connaître le terrain, sans repérage. Au début, tout s'est très bien passé. On rentre dans la cité comme dans du beurre. On frappe quelques têtes qu'on attrape et, là, on s'éternise et on demande aux quelques gars du quartier qu'on a coincés de faire venir les autres Requins qui sont dans le secteur.

C'est alors que survient mon ami Los, avec quelques CKC. Pendant que des Bourreurs et des CKC font des tête-à-tête, je discute avec Los qui me la joue sentimental : « T'as vu Lamence, on se connaît, ça sert à rien ces histoires. Moi je fais mon biz, tranquille, quoi. » En fait, pendant qu'il me faisait son baratin, des gars de la cité en appelaient d'autres et se rassemblaient. Au moment où nous allions partir, toute la cité déboule et se met à nous courser avec les chiens, à coups de fusil à pompe. Cette aventure m'a servi de leçon. Surtout, ça m'a rappelé qu'un Requin reste un Requin – donc vicieux. La façon dont Los me l'avait jouée me faisait rire car je le reconnaissais bien là. Par contre, ce qui n'était pas prévu, c'est que toute la cité était de leur côté maintenant.

Alors, on a changé de stratégie pour Riquet. On a commencé à y descendre de nuit et par petits groupes. C'était plus pratique pour entrer, frapper et partir, des espèces de frappe chirurgicale. C'est ce qu'on a fait durant plusieurs jours ; on se promenait dans les rues du XIXe et chaque fois qu'on croisait quelqu'un, on l'allumait. On changeait tout le temps de tactique : un coup, c'était en guet-apens, une autre fois, on draguait des filles auprès de qui on se présentait comme Requins. On leur disait qu'on cherchait les autres, on leur donnait un ou deux noms et elles nous indiquaient où les trouver et on déboulait. Après quelques jours de ce régime, on est redescendu là-bas en force. On a trouvé quelques mecs mais pas la bataille à laquelle on s'attendait. On apprendrait plus tard qu'ils étaient dans leur nouveau QG, à Noisy.

Avec tout ce que nous avions vécu, nous n'étions plus les mêmes. Ce qui m'inquiétait, c'était que nous devenions vraiment comme ceux que nous avions combattus. En réalité, on leur ressemblait plus qu'on ne voulait l'admettre. Dans certaines situations, on avait les mêmes attitudes qu'eux. L'épisode Villeneuve-Saint-Georges allait nous le prouver.

Vers la fin de la guerre

En 1991, on arrivait pratiquement à la fin de la guerre des trois ans mais, compte tenu du contexte, tous les déplacements – et particulièrement les soirées – se faisaient encore en masse. Vu la tournure que pouvaient rapidement prendre les choses, mieux valait être sur ses gardes.

C'est ainsi qu'un samedi soir, nous nous sommes rendus à Villeneuve-Saint-Georges. Au départ de la gare de Lyon, nous sommes environ une centaine, nanas comprises. Compte tenu du nombre, on se scinde en deux groupes. L'un, le mien, prend le direct Paris-Villeneuve-Saint-Georges et l'autre l'omnibus qui dessert la gare Villeneuve-triage, Maisons-Alfort et Alfortville avant Villeneuve. Notre direct nous fait arriver une bonne demi-heure avant les autres. On arrive donc à la soirée à une trentaine. Quatre, cinq mecs vont devant et essaient en vain de rentrer gratuitement dans la salle. Ils reviennent vers nous et, en deux secondes, ça commence à s'embrouiller avec les videurs. On commence à se battre – c'est une des bagarres les plus violentes que j'ai jamais faites. On a fait des choses beaucoup plus violentes en se tirant dessus mais là, c'était une violence concentrée en un minimum de temps. Il y a des coups de bouteille, des mecs qui attrapent les filles, qui les traînent par terre, c'est super-tendu.

Au bout d'un moment, je regarde la scène ; c'est vraiment une atmosphère d'enfer. Je vois un mec, balaise mais vraiment balaise, qui se bat contre un de mes cousins, lui aussi grand et costaud. Mon cousin lui met des coups de bouteille, des coups de bâton, le bâton se casse sur lui. Ce mec-là, je ne l'ai jamais revu mais j'ai vraiment du respect pour lui parce que son genou n'a jamais touché terre. Et pourtant, il a encaissé des coups ; il y avait un nid de guêpes autour de lui, dix, douze mecs, et il n'a pas touché le sol une fois. À cette époque, on était tous maigres, petits ou grands.

Au bout d'un moment, le mec pète un plomb ; il recule parce qu'il commence à être un peu sonné et sort un gros couteau de cuisine. Je ne sais pas d'où il le sort. Moi j'ai un tout petit canif et je le sors en faisant le passe-passe. Je me rappelle cette scène ; on se cherche avec nos deux lames, mon petit canif contre son gros couteau. Cela dure quelques secondes, et tout d'un coup la vague du deuxième groupe arrive. Le mec se barre en courant.

Soudain, c'est le calme. Il y a un grand silence. Je regarde la scène et je vois des filles en train de pleurer, des gens qui se tiennent l'oreille, d'autres la joue. Un mec au sol, en train de saigner. Nos regards se croisent et, dans le sien, je peux lire : « Pourquoi ? » Oui, pourquoi, c'est la question que je me suis posée. Tout ça pour une soirée dans laquelle on ne pouvait pas entrer. On entend les sirènes, la police arrive. Dispersion, tout le monde se sépare, ça rentre dans les cités, ça rentre dans les forêts à côté, ça court dans tous les sens. Une trentaine de personnes restent avec moi. On court, on essaie de retourner à la gare mais elle est loin de la cité. On passe directement sur les rails, on traverse les rails et, de l'autre côté, c'est la Seine et sur les bords de Seine il y a des petits chemins avec des ronces. On marche, on marche, on marche, jusqu'à arriver pas très loin de Créteil. On entend des sirènes qui longent l'avenue. Si on repart sur la route, on est sûr de se faire serrer. « Bon, on n'a plus le choix, on nage et on traverse de l'autre côté », « Mais tu es malade ! » Quelques-uns prennent l'option de traverser la route nationale en direction de Créteil, c'est passé parce qu'ils étaient peu nombreux, en prenant des chemins, en faisant des détours. D'autres prennent l'option rail et nous prenons l'option Seine. On trouve des morceaux de bois, de polystyrène qui traînent et nous servent de flotteurs pour traverser. Il est cinq heures du matin ; le courant nous déporte constamment ; nous sommes épuisés et l'eau est glaciale. Arrivés de l'autre côté, le temps de récupérer tout le monde, nous volons deux voitures, mettons le chauffage à fond. Nous sommes repartis. C'est notre monde, tout va bien.

Dans les derniers mois de la guerre, je ne sais pas pourquoi, on venait nous proposer des armes surprenantes. Ce n'étaient plus les armes conventionnelles que nous connaissions (fusil, revolver) mais tous bonnement de la dynamite faite à la maison et de l'acide. On n'achetait rien ; tout était gracieusement offert. On avait testé dans un parc un de ces bâtons de dynamite sous une cabine téléphonique. Après la mise à feu, le résultat fut époustouflant : la cabine fut littéralement arrachée du sol. Quant à l'acide, inutile de décrire son effet. Je ne sais pas si nous nous rendions bien compte, mais nous ne nous posions plus de questions : il s'agissait d'en finir avec le problème Requins et consorts. Nous étions portés par une espèce de vent de folie.

Une de nos dernières actions a justement testé nos dernières armes. Nous avions décidé de patrouiller dans Paris en attendant la sortie d'une soirée dansante qui se déroulait l'après-midi à La Main bleue à Montreuil. Selon une information des Black Dragons, la coalition Nord s'y trouvait massivement ; le but était d'arroser tout le monde à la sortie. Pour éviter de nous faire remarquer, nous avons dévié de notre itinéraire en faisant un détour par la gare d'Austerlitz et par Vitry. C'est là qu'en jouant avec une bouteille d'acide, Diablo, un Black Dragon, à force de l'agiter l'a fait exploser. Elle s'est mise à fumer et, d'un coup, elle a éclaté. Diablo a été complètement aspergé, principalement aux mains et à la poitrine. Il hurlait de tous ses poumons tant la douleur était atroce et, tout en se contorsionnant, il bavait en geignant. Il a été évacué d'urgence par les pompiers et a perdu plusieurs doigts. Shai a reçu une minuscule goutte dans l'œil qui lui a valu une opération de la rétine. Quand aux autres, dont moi, Joe Dalton et Daddy Lord, ce sont nos blousons qui ont écopé. La descente a été annulée. J'ai vu, à la tête de la plupart des personnes présentes, qu'à cet instant précis, ils ont eu un éclair de lucidité sur les véritables conséquences de nos actes.

Notre dernière bagarre a été notre descente à la gare du Nord. Pour les Black Dragons, c'était un grand jour. Ils allaient occuper le territoire de leur ennemi de toujours. Tout le monde était calme jusqu'à la descente du RER puis il y a eu un grand brouya brouya, comme une libération quand nous nous sommes précipités dans les escaliers. Lorsque nous sommes arrivés dans la grande salle vide, il n'y avait pas d'ennemis en vue, seulement des voyageurs. On s'est mis à marcher dans la gare. J'étais en tête avec Joe Dalton, Daddy Lord et Shai.

Daddy Lord se met à courir loin devant avec quelques hommes qui fouillent partout à la recherche des ennemis. En revenant vers nous, il crie : « Regarde ! » Je me retourne et je vois une marée, rien que des gamins dont le plus vieux pouvait avoir dix-neuf ans. C'était fou, c'était géant. Nous n'avions pas failli ; nous avions été jusqu'au bout de notre mission et de nous-mêmes ; nous n'étions plus les timides du début, les bouffons de la banlieue sortant de leurs campagnes ; nous étions des guerriers, c'est comme ça que tout le monde nous voyait, des guerriers impitoyables et braves. Nous étions respectés, nous étions reconnus. Le mal-être de toute une génération rejetée avait pu engendrer cela : une unité, le temps d'un conflit.

On était début 1991 ; il y a encore eu des bagarres mais on allait vers la période d'accalmie, quelque chose allait s'éteindre.

Il nous restait deux options : l'une nous amenait vers le crime organisé à une échelle quasi mafieuse. L'autre était de tenter de revenir vers une normalité. Il m'apparaissait très clairement que toute cette énergie, si elle n'était plus canalisée, se retournerait tôt ou tard contre nous sous forme de guerre interne, de luttes de pouvoir et d'intérêts. Les enjeux d'argent commençaient à faire leur apparition. Les Requins étaient déjà bien engagés dans le bizness, bien avant nous. Et les embrouilles ne sont pas compatibles avec le bizness. C'est une équation qui ne fonctionne pas même si, aussi paradoxal que cela puisse paraître, l'un ne va pas sans les autres.

6

De la bande au bizness

Tic tac, tu joues, tu triches
Tic tac, tu perds ou tu gagnes
Tic tac, augmente le son

On grandissait. Avec l'âge, les gens commençaient à se calmer. Ils voulaient passer à autre chose. On peut dire qu'un matin, fin 1991, on s'est réveillé et il n'y avait plus d'adversaire en face. À partir de ce moment, il n'y a plus eu aucune raison de se battre. L'adversaire nous reconnaissait et nous respectait. On ne l'avait pas humilié mais on lui avait fait comprendre : « On est capable de te répondre, nous sommes au moins aussi fort que toi. Maintenant, ou tu l'acceptes et on en reste là, ou tu n'acceptes pas et ça continue. Et nous, on ira très loin. »

À la fin de ces embrouilles, chacun est rentré chez lui avec un cadeau ou un fardeau, cela dépendait : une réputation grâce à laquelle tu étais connu, craint, respecté. Chacun l'a utilisée comme il le sentait et certains n'en ont rien fait. Certains d'entres nous ne voulaient pas aller travailler, ils voulaient de l'argent rapide et facile. D'autres sont allés travailler ou ont eu des enfants jeunes.

Peut-être qu'à ce moment-là, en se structurant, on aurait pu entrer dans la vie politique ou associative, parce qu'on représentait quelque chose. Nous étions organisés et disciplinés, mais tellement jeunes et immatures. Ceux qui auraient pu nous encadrer étaient pour la plupart en prison ou bien ils faisaient partie d'un système qui nous craignait. Sans véritable moteur, impossible de relancer le train et d'opérer la mutation. Nous représentions une partie de la jeunesse noire et des gens de banlieue en général. Nous aurions pu contribuer, d'une manière ou d'une autre, à faire en sorte que la situation ne devienne pas ce qu'elle est aujourd'hui en banlieue. Nous aurions pu – ou dû – transmettre au moins une valeur fondamentale aux jeunes, celle qui nous avait portés : l'unité. Nous n'avons pas su la conserver. Nous avons agi comme des gamins qui, après avoir appris à maîtriser un jeu, le laissent tomber pour un autre, dans un caprice de gosse. Nous nous sommes mal servis du potentiel que nous avions et nous n'avons pas su le reconvertir en une action collective positive. À ce moment-là, nous avons tous manqué le coche.

Une affaire de shit

Après en avoir terminé avec les bandes, j'ai eu d'abord envie de retrouver une vie normale. Mais ce n'était pas possible parce que j'avais une très mauvaise réputation. On me voyait comme un mec dangereux, fou et sans pitié. Du coup, quand j'allais discuter affaire, on ne me le disait jamais ouvertement mais personne ne voulait travailler avec moi. Les gens avaient peur ou bien ils ne me faisaient pas confiance.

Je me suis isolé. Je passais souvent mon temps enfermé dans le noir en me laissant aller à mes pensées. Du haut de mes dix-neuf ans, je trouvais la vie détestable et je me sentais fatigué, écrasé par tout ce que j'avais vu et vécu, par un système qui nous rejetait encore et toujours. Je me voyais comme nous étions : des Noirs dans un monde de Blancs. Ils ne nous aimaient pas et nous, on le leur rendait bien. Le monde était pourri. La vie était pourrie. À la maison, mon père ne bossait plus. Ma mère enchaînait les heures de ménage à s'en épuiser ; tous deux n'arrêtaient plus de s'engueuler.

Je ne connaissais que les bandes dont j'étais issu. L'horizon me paraissait vraiment des plus incertain. Au début, je voulais faire des formations comme tout le monde, reprendre des études, mais les structures censées m'orienter et m'aider me démotivaient plus qu'autre chose. Il n'y avait jamais de solution et on me baladait d'un service à l'autre. Bref, je me suis rapidement dit que la solution pour moi n'était pas là. Tout le monde me disait : « Tu es un mec intelligent, tu es fort, tu peux faire des choses. » Mais ça m'agaçait. Comme s'il suffisait de cela pour réussir ! Alors, je me suis enfermé dans ma solitude.

Quoi que je fasse, on me verrait toujours comme quelqu'un de dangereux. Alors, par fatalisme ou par choix, j'ai fini par agir en conséquence. J'ai tout pris par la force, c'était la seule chose que je connaissais et je l'ai appliquée. C'est comme ça que j'ai monté mon bizness. Au début, c'était dans mon propre quartier à Montconseil. Dans un premier temps, je me suis mis à observer ce que les autres faisaient. Ensuite, j'ai réfléchi à une façon de l'améliorer pour rendre cela plus rentable. J'avais toujours l'impression que les autres ne gagnaient jamais assez d'argent et, surtout, l'essentiel était d'évaluer la durée de vie de ce biz avant qu'il ne soit dans le collimateur des flics.

Le shit semblait rentable, alors, avec mes associés, nous avons investi dans ce domaine. Je suis passé à la phase un :

nettoyer le quartier des toxicos et des vendeurs de came trop visibles. Chez nous, c'était une plaque tournante. On les a tout bonnement éclatés du premier jusqu'au dernier sous prétexte qu'on ne voulait plus de drogue dans le quartier. Une fois cette épuration faite, on est passé à la phase deux : on a placé nos propres vendeurs sur le terrain. À partir de là, on a pris le monopole et on s'est développé. J'avais des gens qui vendaient pour moi ; une ou deux personnes qui récupéraient de l'argent ; une personne qui préparait la drogue en morceaux. Cela veut dire que je savais exactement ce que chacun allait vendre, il n'était pas possible de nous voler.

On a pris pied dans tous les quartiers de la ville avec quatorze vendeurs au total et on s'est implanté dans les villes voisines. C'était facile, personne ne s'opposait vraiment à nous, ils avaient trop peur des représailles. Certains admiraient notre façon d'opérer : on faisait bouger les choses, il y avait à manger pour tout le monde. On vendait tout : du gros au détail. Ça roulait pour nous, on se faisait facilement 70 000 francs par mois. On a fini par braquer nos grossistes. Les quantités étaient énormes et ça faisait un max d'argent d'un coup. On se disait toujours en se marrant : « Ils n'ont qu'à venir les rechercher s'ils ne sont pas contents. » À partir de là, on n'a plus mis que des carottes [1] de ce genre. Ça allait plus vite. De fil en aiguille, j'ai élargi mon éventail et j'ai commencé à toucher aux voitures, au racket, à tout ce qui pouvait rapporter de l'argent.

L'argent change les rapports : je n'étais plus la crapule finie, infréquentable. Tout le monde m'adorait, j'existais. C'était une période d'opulence. J'avais sept voitures, un téléphone portable Motorola dernier cri, je bouffais au resto, je portais des costards, il y avait des mecs pour conduire mes caisses et transporter mes parents, mes frères et ma meuf. Un

---

1 Arnaques.

de mes meilleurs amis, le Corse, gérait mes affaires et me conseillait. Nous étions inséparables. Je n'avais que vingt ans et j'avais la belle vie : c'était la bonne époque.

Je me suis installé aux Tarterêts. Tout de suite, plein de mecs se sont rapprochés de moi. Je me suis entouré des plus opérationnels. Au début, ils me rabâchaient tout le temps l'histoire des Fights, me demandaient si j'allais remonter une bande, comme s'ils n'attendaient que ça. Mais ma réponse était catégorique : « Il n'y a que l'argent qui m'intéresse, le reste est sans intérêt. » C'était ma logique. Avec eux, on a mis en place le trafic de voitures.

Trafic de voitures

L'équipe que j'avais aux Tarterêts était composée de voleurs hors pair. Voitures, cambriolages, ils étaient efficaces et de surcroît c'étaient de sacrés bons pilotes. Ils adoraient faire des courses-poursuites avec les flics pour le fun ou par provocation, ce qui les avait rendus très populaires. J'ai utilisé la même méthode d'observation puis d'adaptation. Les gens venaient me voir parce que j'étais connu. Et je ne rejetais jamais personne. Je partais du point de vue que tout le monde peut apporter quelque chose, petit ou grand. Je me renseignais sur qui faisait quoi et qui le faisait le mieux.

C'est comme ça qu'on m'a présenté deux frères, Mohamed et Ali. Ils étaient bons dans leur domaine, vol de voitures et pilotage. On s'est mis de mèche pour organiser notre trafic de voitures. Le reste de l'équipe gérait mes affaires et quelques mecs venaient de temps à autre prêter main forte. Mohamed et moi avons rouvert trois niveaux de garages désaffectés pour stocker et désosser les caisses. Ensuite, méthodiquement, on s'est mis à écumer la région.

Toutes les nuits, c'était le même festival : on patrouillait en voitures volées à deux ou plusieurs équipes pour faire des repérages. C'était facile d'entrer dans les parkings souterrains : on pénétrait par les bâtiments en forçant les portes au tournevis et on en sortait par les garages en faisant les fils. Les voitures avaient rarement des alarmes et les coupe-circuit ne nous résistaient pas. En cas de difficulté, la voiture était poussée jusqu'à l'extérieur par une autre voiture bélier. On volait même des voitures devant le commissariat. Tout allait très vite. On volait les voitures cotées du moment, souvent des toutes options ou des gros moteurs Golf 1, Classic line, Opel Kadett GSI, Golf 2 et 3 GTI ou G60, 205 et 309 GTI, Renault 2 litres turbo, Lancia delta HF intégrale, Renault 5 GT turbo, 405 mi 16, Ford Escort et Sierra Cosworth. Quelquefois, on faisait des concours : c'était à qui volerait le plus de voitures en une nuit. On pouvait rentrer avec sept ou quatorze voitures.

Les voitures étaient désossées mais il arrivait qu'on les vende entières. En vendant tous les kits de la caisse, pare-chocs avant et arrière, jantes en alu, intérieur cuir et la sono, on en tirait plus, entre 7 000 et 9 000 francs par caisse désossée. Quand il n'en restait plus que le squelette, on lui foutait des roues, quelqu'un prenait le volant et, à l'aide d'une autre voiture, on la poussait hors du garage direction la Francilienne jusqu'à la forêt de Sénart. Tout le monde dans le quartier savait ce qu'on faisait mais personne ne parlait. Les gens avaient peur ; personne n'avait envie de voir son appart défoncé ou sa voiture brûlée et, de toute manière, ce biz profitait à un max de personnes.

Très vite, pratiquement tout le quartier s'y est mis et on s'est diversifié. Il y avait des équipes qui travaillaient le matin. Elles attendaient les camions de livraison de meubles et hi-fi et, en deux minutes, dès que le livreur s'absentait, son camion, fermé ou pas, était pillé. Les apparts étaient surveillés et dès que les proprios s'absentaient pour emmener leurs gosses à l'école, leurs apparts étaient refaits. Des squats étaient ouverts dans la cité pour stocker ou y habiter et si le gardien avait le malheur de s'interposer, il prenait une rouste ou son local ou sa voiture étaient saccagés. Une espèce d'omerta s'est mise en place. Les Tarterêts faisaient peur ; les gens qui n'étaient pas du quartier, qui arrivaient avec de belles voitures se les faisaient systématiquement voler au vu et au su de tout le monde et en pleine journée, direction un garage ou un box. Il y avait des mecs qui te volaient ta caisse et qui te la revendaient ensuite pour un petit billet. Beaucoup préféraient payer plutôt que de la retrouver désossée. On vendait même des voitures qu'on revolait. Et après, c'était tu craches ou plus de caisse. On s'en foutait, il n'y avait que le profit qui nous intéressait.

Face-à-face avec la police

C'était de la folie mais pour nous, tout était normal. On s'éclatait bien, même. De temps à autre, quelqu'un se faisait prendre et tombait. On venait alors me prévenir et je donnais de l'argent pour payer les avocats. Je veillais à ce que ça se passe au mieux pour mes gars, c'était ce qui était convenu. Il y en avait qui balançaient systématiquement au commissariat. Je leur expliquais qu'on ne peut pas être un homme et en même temps une balance, ça ne le fait pas. Dans ce cas, cela ne servait à rien de marcher ensemble. Comme les actes valent mieux que les mots, il fallait montrer l'exemple.

Un soir, on va dans une soirée à Mennecy [2]. Au début, tout se passe bien mais en fin de soirée éclate une embrouille.

---

2 Petite ville bourgeoise voisine de Corbeil-Essonnes.

Un mec, venant je ne sais d'où, sort un canon scié et braque tout le monde ; ça court dans tous les sens, des mecs sautent même par la fenêtre. Pourtant, on était au moins cinquante des Tarterêts. Moi, je ne bouge pas. J'étais habitué à ce type de situation. J'agrippe Moussa, un pote, en lui disant de rester là. On se retrouve nez à nez avec l'autre excité et son fusil et je lui dis : « Tu fais quoi là ? Pose ça ! » en me rapprochant direct. Il recule, je me déporte sur le côté rapidement et je saisis son fusil. Moussa lui saute dessus et on l'explose. On prend le fusil, le mec se sauve parce que le zoo [3] revient et là, au moment où on embarque dans les voitures pour s'arracher, les gendarmes arrivent.

Ils bloquent les dernières voitures dont la nôtre et essayent d'attraper les mecs à qui on avait passé le fusil. On sort tous des caisses, on s'interpose et ça part en castagne avec les gendarmes. Ils ne sont que deux. Je me retrouve nez à nez avec un gendarme pendant qu'autour de nous ça continue à se battre. Il détourne son regard, j'écarte son arme avec mon bras gauche et je le frappe. On remonte en catastrophe et on démarre en trombe avant que les renforts n'arrivent. Deux semaines plus tard, je vais au commissariat de Corbeil porter à manger à un pote, Jérôme, qui s'était fait gauler pour une affaire avec son frère et sa sœur. Je vois débouler une vingtaine de gendarmes dans le comiko [4]. Je ne me doutais pas une seconde que c'était pour moi tout ce monde. Ils nous demandent qui est Lamence. Entre le Noir, l'Arabe et le Portugais, ils ne savent pas. Personne ne répond. Tous donnent leur identité et moi un faux nom. Un mec du quartier m'appelle sur mon portable :

– Les gendarmes te cherchaient ce matin.

---

3 Le zoo : les Tarterêts. Zoo vient de Tartezoo qui serait une importation de *Brooklyn Zoo*, chanson de Ol'Dirty Bastard, *Elektra*, 1995.

4 Commissariat.

– Je sais, ils sont là, au comiko.
– On débarque ou quoi ?
– Non je gère.

Cinq minutes plus tard, un inspecteur de Corbeil descend des bureaux et me montrant du doigt : « C'est lui, Lamence. » On m'embarque fissa direction Mennecy. Sur place, garde à vue d'office. Deux gendarmes passent me voir. Le lendemain, c'est la perquiz' chez mes parents à Montconseil mais heureusement pas dans l'appartement des Tarterêts. J'arrive escorté par deux fourgonnettes de la brigade mobile et trois voitures de la gendarmerie, au total une vingtaine d'hommes équipés des pieds à la tête. Ils ont mis en place un corridor de sécurité du véhicule qui m'amène jusqu'à l'appartement de mes parents en bloquant les ascenseurs. Il y a des flics partout : tout ça n'est pas très discret et fait paniquer les habitants.

Ils frappent à la porte et dès que mon père ouvre, il est braqué contre le mur encore dans sa serviette de bain. Je revois son expression complètement choquée, son visage encore à moitié couvert de mousse à raser. Ils fouillent la maison mais ne trouvent rien. De retour à Mennecy, l'officier en charge du dossier vient me voir dans ma cellule : « Tu sais, tu as été reconnu par les deux gendarmes. Cela ne sert à rien de nier. » Je le regarde droit dans les yeux et je lui réponds en le tutoyant : « Tu sais, quand tes collègues sont venus à Corbeil, ils ne savaient pas qui était Lamence, un Arabe ou un Noir. Quand tu es entré ici avec eux, c'étaient eux, n'est-ce pas, si je ne me trompe pas, celui en survêt' ne m'a pas reconnu et l'autre, ça m'étonnerait. Alors, je tente ma chance. » Il m'a regardé, il a souri et m'a demandé si je voulais manger quelque chose. On a causé de tout et de rien, il était plutôt sympa. Le jour suivant, j'ai été déféré au parquet et relâché. On s'est serré la main avec les gendarmes : ils avaient fait leur boulot et moi le mien. Je suis rentré au zoo, tout le monde était content que je sois sorti. Je crois qu'à partir de là, les mecs des Tarterêts ont compris ce que je voulais dire sur la solidarité.

Il y a beaucoup de gens qui craquent facilement. Après, il faut comprendre une chose : quand tu veux monter des coups, il faut être avec des gens qui sont comme toi. On n'est jamais sûr de ses réactions et de celles des autres. On se découvre devant une situation. Alors, il faut faire une sélection, traîner avec des gens qui ont de l'expérience, qui sont plus ou moins comme toi parce que, potentiellement, il y a moins de risques de se retrouver avec des gens qui vont craquer, qui vont parler. Ou alors il faut agir seul, il n'y a rien de mieux.

Quand tu arrives au commissariat, il n'y a pas de problème. Si tu es avec des gens sûrs, tu as cinquante pour cent de chances de t'en sortir, parce que tous vont nier. S'il n'y a pas de preuves, si tu sais monter une histoire qui tient la route, simple et logique, la police, même si elle ne te croit pas, ne peut rien prouver. Systématiquement, j'appelais des nanas ou des mecs qui avaient des boulots. On se mettait d'accord : « Si je me fais griller sur cette affaire, si c'est trop chaud, s'il n'y a pas moyen de s'en sortir, je te cite pas. Si je vois qu'y a une échappatoire, je m'en tiendrais à notre version, tu es mon témoin, j'étais avec toi, on était là, on a fait ça, j'étais habillé comme ça. » C'était systématique chez moi de monter un alibi avant de partir sur une affaire, quelle qu'elle soit. J'ai aussi compris qu'un avocat qui coûte cher, c'est un avocat qui a des relations, qui connaît des juges, des procureurs. Alors, j'ai eu des avocats qui coûtent cher.

Je me suis mis en mèche avec un Italien. On s'est lancé dans le retapage des caisses. Cette fois, on volait des berlines de luxe BMW, Merco, Audi, avec des camions-plateaux, ni vu ni connu. Elles étaient remaquillées, repeintes à neuf avec un nouveau numéro de châssis et une nouvelle carte grise avant d'être remises sur le marché à l'étranger. Ma vie se déroulait à deux cents à l'heure, je dormais peu mais je m'en foutais ; je me sentais vivre et j'avais de l'argent.

Un caïd dans la cité

Les Tarterêts commençaient à être connus comme une plaque tournante, un endroit où on trouvait de tout. Tout le monde en était, chacun dans son biz, même les microbes cambriolaient les écoles, des vrais fouteurs de merde. Les gens d'autres quartiers ou d'autres départements venaient pour faire affaire ou proposer des deals genre : « J'ai ma voiture, je veux toucher l'assurance mais il faut la faire disparaître » ; pas de problème, on s'en occupait moyennant un petit budget. Ou alors : « J'ai mon magasin, j'ai besoin qu'il soit cambriolé pour l'assurance » ; ok, c'est comme si c'était fait. Ou encore : « Ma femme a un amant, vous pouvez lui casser la gueule ? » ; t'inquiète, ce sera avec plaisir. Les gens venaient pour tout et n'importe quoi, et nous, on encaissait. Comme on faisait peur, pas mal de monde venait à nous pour régler des différends.

Au début, je rendais service tout simplement. Cela permettait de les mettre en confiance et de préparer le terrain. Mais rapidement, j'en ai déduit que puisqu'ils étaient demandeurs, ils devaient payer. Alors, on s'est organisé avec quelques anciens pour des petits boulots dans le genre : « Le monsieur a un souci qu'il voudrait bien voir régler. » On déboulait, on s'occupait de tout. Ça payait bien, entre 5 000 et 8 000 francs, tout dépendait du boulot. La demande était forte et ça venait de partout. On n'imagine pas le nombre de gens qui en veulent à quelqu'un mais qui n'osent jamais rien faire à part ruminer dans leur coin. Là, on leur apportait la solution, on devenait leurs bras ; ils pouvaient régler leurs comptes et jubiler en cachette. Tant qu'ils payaient, on faisait le boulot. Compte tenu de mon influence, il n'était pas difficile de trouver des hommes de main et puis cela payait bien. Il y avait de tout : le notable du coin, le mari jaloux, des avocats qui aimaient bien s'encanailler, l'adorable commerçant toujours serviable. Parfois, on jouait les créanciers : une somme à récupérer, on en prenait la moitié, le quart payable de suite au cas où l'affaire ne marcherait pas ou pour éviter que le débiteur ne prenne la poudre d'escampette. C'était au bon vouloir du client.

Il y avait tellement de choses à faire que j'ai pris un appartement au zoo, en colocation chez une fille que m'avait présentée un pote. C'était une fumeuse, alors je la payais en shit et je lui donnais de l'argent quand elle en avait besoin. Dans ma chambre, on pouvait trouver drogue, argent et armes, mes affaires impeccablement rangées – je n'aime pas le désordre. J'avais en permanence quatorze paires de Stan Smith, des baskets Adidas ; je les ai toujours aimées et je ne supportais pas qu'elles ne soient pas blanches. On m'a toujours dit que j'avais un problème avec ça, mais j'aime l'ordre, c'est tout.

On me considérait comme un boss, mais je ne le voyais pas comme ça. Tout ce que je voulais, c'était vivre à l'aise et pour moi la solution s'appelait : fric. Un jour, je descends à la boulangerie. Il y avait une queue interminable. J'attends patiemment mon tour mais le responsable vient me voir et me dit de passer devant. J'étais gêné mais, à partir de là, il me faisait toujours passer devant et je ne payais pas, sauf quelquefois : il ne faut jamais trop abuser de ses avantages. Par contre, mes frères en ont bien profité. Dans ce magasin ou dans d'autres, c'était la fête pour eux.

Le racket

Ensuite, on s'est concentré sur les commerçants parce que, là, de l'argent entrait tous les jours. On envoyait des équipes casser les vitrines, brûler la voiture du proprio, bref, on lui rendait la vie impossible. Pendant ce temps, l'un d'entre nous faisait un travail d'approche sur le type en lui proposant notre aide. À la longue, il y venait. Il acceptait le deal et payait pour avoir la tranquillité et voir tourner ses affaires. Là, on le tenait ; il était dans la merde parce que nous, on ne venait pas pour l'aider, on s'en foutait complètement, mais pour le saigner, le nettoyer à sec et gratter un max. Cette forme de racket est passive : elle se fait indirectement avec la collaboration et l'aval de la victime. On place des gars à nous comme vigiles et, avec eux, on sort tout ce qu'on veut, tranquille. Le gars nous rencarde sur tout ce qui entre et sort ; on peut alors braquer les camions de livraison, surtout d'alcool ou d'électroménager.

Il y avait ceux à qui il fallait mettre des baffes. Là, nos mecs y allaient cagoulés. S'ils ne comprenaient pas le message, ils avaient droit à un petit accident, rien de bien méchant, mais juste assez pour les faire réfléchir. S'ils étaient toujours frileux, ils avaient droit à la photo de leurs gosses, de leur femme au boulot, à l'école. La plupart du temps, les mecs percutaient bien le message mais il fallait bien cibler les clients.

Je n'avais plus vraiment de morale. Un jour, une de mes copines m'a dit : « Tu sais Lamence, tous ces gens que tu as autour de toi, ils ne t'aiment pas, ils te craignent. » Je l'ai regardée et j'ai compris ce qu'elle voulait dire : méfie-toi d'eux. J'ai mis cet avertissement dans un coin mais l'ivresse du pouvoir me rendait sourd et aveugle. Qu'est-ce que j'en avais à faire ? Je ne cherchais pas leur amour. Tout ce que je faisais était calculé pour que cela me soit bénéfique. Je n'ai jamais été paranoïaque et jusqu'ici tout baignait. J'étais sûr de moi et cela se sentait. Calme, froid, méthodique et manipulateur, c'est ce qui se racontait sur moi à cette époque. Beaucoup me disaient que mon visage était toujours impassible et qu'il n'exprimait aucune émotion. Mais je me foutais royalement de ce qu'on racontait sur moi ; j'avais le contrôle et avec lui j'accédais à ce que je voulais. J'étais dans ma matrix, borné, arrogant et suffisant. Ce n'est pas très reluisant, mais c'est la vérité, sans équivoque : j'étais imbu de ma personne, comme emporté dans une espèce de spirale malsaine et autodestructrice. Et je savais pertinemment, sans que d'autres aient besoin de me le dire, que je m'étais engagé dans une voie sans issue. C'était sans doute la dernière marche, celle qui une fois franchie vous lie à un type d'existence, celle qui vous amène au stade de non-retour. Je devenais un voyou.

Le monde de l'escroquerie

De connexion en connexion, en passant d'une banlieue à une autre, en revoyant d'anciens potes et leurs amis, on parle, on se rencarde, on échange, on apprend et on se perfectionne. Je passais le plus clair de mon temps avec des gens plus vieux. Ils me faisaient partager leur expérience et m'ouvraient des portes. Je pense qu'ils m'aimaient bien et moi, de mon côté, j'ai toujours été correct avec mes vieux. La vie que je voulais à cette époque, ce sont eux qui m'ont permis d'y accéder. Jusque-là, j'avais travaillé avec des mecs de cité, ensuite des voyous et, par l'intermédiaire d'un poto, je suis rentré dans le milieu des zaza, « zaïrois ». Leur spécialité, c'était l'escroquerie, dans laquelle je me suis aventuré un temps avec des vieux de Grigny. On ouvrait des comptes bancaires sous de fausses identités pour obtenir chéquiers et cartes bancaires. On les utilisait pour divers achats de meubles, d'électroménager, de vêtements de luxe, pour des locations de voiture. On avait une planque à Issy-les-Moulineaux d'où tout était orchestré. Ils avaient là des piles de dossiers avec toutes les activités en cours et les gens de ce réseau s'y réunissaient pour discuter affaires. Certains avaient des sociétés qu'ils utilisaient pour différentes opérations

C'est au cours d'une rencontre dans des bars clandestins qui existaient dans des caves et souterrains aménagés dans leurs magasins que l'on en est venu à parler des contrats sur les boîtes de sécurité. C'était leur nouveau créneau. Lorsqu'une boîte était en concurrence avec la leur pour un marché, ils nous demandaient un coup de main pour que le contrat ne leur échappe pas, moyennant finance. L'opération était très rapidement mise en place – la méthode était rodée. On envoie les hommes sur place, ils foutent le bordel, s'embrouillent avec les vigiles, les agressent même à la sortie du boulot. Au bout d'un moment, la situation devient intenable. Le propre d'une boîte de sécurité, c'est avant tout la dissuasion ; donc il ne faut pas d'ennuis ou alors tout juste quelques petits incidents anodins qui ont leur efficacité pour démontrer l'utilité de la société de sécurité. Mais dès que les incidents se répètent et nuisent au bon fonctionnement des magasins et à leur image, ils n'ont plus que l'effet inverse et discréditent totalement la boîte de sécu. En bon gérant, le directeur prend la décision d'offrir le contrat à d'autres qui sauront répondre à son attente.

La logique était on ne peut plus simple : tu as des problèmes, on les règle ; tu n'en as pas, on t'en fait pour que tu aies besoin qu'on les règle. Si tu vas voir les keufs, tu en auras encore plus. Tout marchait assez bien parce que les voitures brûlées, les magasins saccagés, les agressions, tout cela passait pour de soi-disant problèmes de banlieue et quartiers. Nous, on se disait : si l'État, les journalistes, les associations, tout le monde se fait du fric sur notre dos, alors pourquoi on n'en profiterait pas nous aussi ?

Les cambriolages

Les gens venaient de partout pour nous proposer des plans. J'étais déjà passé par beaucoup d'affaires : la drogue, le racket, les arnaques, les voitures, l'escroquerie. Tout ça avec différentes équipes provenant d'un peu partout. Et voilà que des potos du 94 viennent nous proposer des bracos. Les braquages, ce n'était pas trop mon dada : en cas de complications, les peines étaient conséquentes. C'était comme pour la came : tu en prends un max, assez en tout cas pour avoir le temps de te fossiliser.

Le problème des banques, c'est qu'il n'y a pas assez de liquidité et à trois ou quatre, la part de chacun est finalement bien maigre. Mais on s'est quand même jeté dedans, peut-être pour les sensations que ça procure ou pour démontrer qu'on avait les couilles qui allaient avec notre réputation. On s'est mis dedans. Après s'être essayé au vol à main armée, trois, quatre fois, on a changé de méthode. On donnait des plans après repérages à des petits enragés, assoiffés, qui avaient la dalle et avaient tout à se prouver. On les finançait en leur procurant la totale : le matériel, les voitures, les armes et les planques. Il leur fallait juste être couillus et l'affaire était dans le sac. Ensuite, ils nous filaient notre commission. Un de mes potes me disait souvent :

– T'es un vrai tordu de vicieux, toi. En plus, tout le monde t'écoute. Mais comment tu fais ?

– L'important, c'est de savoir que, un, si je t'envoie au casse-pipe, je limite les risques au maximum, et deux, que même si ça merde, je serai là.

J'avais peut-être la réputation d'être un dangereux voyou, mais ceux qui avaient bossé avec moi savaient qu'ils pouvaient compter sur moi en toutes circonstances.

Les bracos, c'est comme le shit : c'est bien un moment mais ça ne nourrissait plus son homme depuis longtemps, c'était connu dans le milieu. Il n'y a que les branquignoles qui pensent le contraire. Il y a quelques années, on pouvait trouver de l'argent dans les banques mais aujourd'hui, avec tous les systèmes qu'ils mettent en place, les précautions qu'ils prennent, finalement c'est prendre beaucoup des risques pour pas grand-chose et des années de placard à la clé. Mes frangins sont devenus des braqueurs. Quand ils se sont fait sauter pour les braquages en série qu'ils avaient commis il y a cinq, six ans, on m'a d'office suspecté d'avoir commandité toutes ces opérations. Il y a des choses qui vous collent à la peau.

Non, décidément je préférais mon mode opératoire : on flaire le bonhomme, on l'approche, on discute, on le séduit, on trouve la faille et on l'implique. C'est comme ça qu'on s'est mis en mèche avec des camionneurs, des routiers, des magasiniers qui nous rencardaient sur leurs marchandises. On envoyait des hommes braquer les camions sur les aires de repos en saucissonnant [5] et tabassant le conducteur : il fallait au moins ça pour ne pas trop éveiller les soupçons sur notre taupe, parce qu'il est toujours le premier suspecté et sera surveillé durant un certain temps. Le plus souvent, tout était organisé de telle sorte que sitôt le camion fait et déchargé, on avait déjà des acheteurs pour les marchandises. Ce genre de boulot me bottait parce que c'était propre et qu'il n'y avait pratiquement jamais aucun souci. Pour toutes les affaires auxquelles j'ai participé ou que j'ai montées, on n'avait pas inventé la poudre : tout existait avant nous ; nous avions juste changé les modes opératoires

---

5 Saucissonner : attraper, attacher, séquestrer.

après avoir pris le temps d'observer et d'analyser la situation. Limiter les risques, c'était une devise de la maison.

Dans mon secteur, les flics se doutaient plus ou moins de ce que je trafriquotais mais vous connaissez la chanson : pas vu pas pris. Et puis, je bougeais tout le temps, d'un département à un autre, et mes associés variaient aussi souvent. Je ne m'éternisais jamais plus de quelques mois dans un biz, en tout cas je n'y restais pas assez longtemps pour être catalogué dans un genre précis, ni pour que, une fois une information ouverte sur des activités illicites, on puisse affirmer que j'en étais un des cerveaux.

Un jour, un flic de Corbeil m'a dit, en garde à vue : « Tu es malin, Lamence, c'est bien. Mais tu sais que j'ai presque failli t'avoir sur un braquage. » Cela m'a fait sourire et lui aussi. En règle générale, j'avais de bonnes relations avec les policiers. On se disait même bonjour mais chacun son job. Il y avait une forme de respect entre nous et c'était très bien comme ça. Les policiers auxquels j'avais affaire, c'était des policiers qui avaient l'âge de mes parents. Un âge de raison. Aujourd'hui, les policiers ont pratiquement l'âge des mecs qu'ils arrêtent. À l'époque, les policiers n'étaient pas forcément nos amis mais ce n'était pas nos ennemis. Ils faisaient leur boulot et nous on faisait le nôtre. C'est une question d'hommes. Il y a des connards dans la police comme partout. Mais il y a des flics qui font bien leur boulot. Moi je faisais le mien. J'ai joué, j'ai perdu. C'est le jeu du gendarme et du voleur : on sait que le gendarme arrêtera peut-être le voleur mais il le respecte parce qu'il se dit qu'il a choisi un chemin et qu'il l'assume. Il y a des policiers à qui je serre la main, il y a un respect. Ils ont l'habitude de fréquenter les voyous, les truands, les voleurs. Ils respectent plus quelqu'un qui mène son affaire, qui n'emmerde personne parce que c'est la voie qu'il a choisie, que le petit connard qui les fait chier continuellement pour des broutilles.

Les affaires marchant bien, je me suis fait plaisir en m'offrant un cabriolet, une Mercedes SL verte avec intérieur en cuir. Je l'ai mise sur le nom d'un pote clean. Je l'ai sortie une fois, un soir à Corbeil. Mais comme on était dans le collimateur des flics à cause des voitures et que les autres aux Tarterêts continuaient à carburer plein pot, je l'ai boxée dans le Nord, à Amiens, où ma mère habitait et où j'avais des affaires avec mes potes gitans. J'avais tout pour être heureux : de l'argent, le respect, des plans, des caisses, ce que certains appellent la belle vie.

Mais je commençais à me poser des questions sur la vie en général, sur moi, sur mon avenir, sur mes véritables aspirations, mes attentes. Je crois que j'étais en train de réaliser que peut-être finalement tout ça ne me disait pas plus que ça, que cette vie ne me correspondait peut-être pas ou plus. Peut-être que j'étais en train de changer. Je voulais prouver que j'étais capable de faire autre chose. Il me fallait passer à autre chose car, pour moi, le défi précédent était consommé. J'avais l'impression d'être emprisonné dans la sphère qui était mon monde, ce milieu dans lequel j'avais évolué jusque-là, où je m'étais fait. J'en avais fait le tour, je m'y sentais à l'étroit. J'avais besoin de respirer, d'évoluer autrement, d'être au contact des autres, ceux de l'extérieur, ceux qui n'étaient pas comme nous, qui n'étaient pas issus de notre moule mais qui avaient tant à m'apprendre. Il fallait trouver une nouvelle direction, donner un nouveau sens à ma vie en évitant les pièges. Les intentions étaient là mais les mettre en œuvre était une autre affaire, qui dépend des possibilités que l'on se donne et de celles que l'on vous laisse. Le changement est un processus long, difficile et hasardeux. Alors, je continuais à prospérer dans mon petit monde en attendant l'impulsion, le stimulant qui me projetterait ailleurs. Pour le moment, j'étais à Corbeil, aux Tarterêts.

7

Tarterêts, Montconseil

Les bandes, les quartiers
Les amis d'hier devenus ennemis d'aujourd'hui
Il se trame des machinations
Des haines sont couvées
Des plans échafaudés
Les instigateurs fomentent
Des gamins sont excités, poussés, manipulés.
Pourquoi ?

Aux Tarterêts, j'étais avec mes potes, je les aimais bien. Quand on passe du temps ensemble et qu'on partage des choses, ça crée forcément des liens. Ces mecs avaient des couilles, mais ce n'étaient pas des bagarreurs. À force de foutre la merde, de voler toutes les voitures qu'ils pouvaient et de cambrioler à tout-va, bien des fois ils ont eu des comptes à rendre aux mecs de Corbeil ou de Grigny qui étaient des anciens, comme moi. Avant que je n'arrive au zoo, les contentieux se réglaient par un remboursement en espèces et par quelques paires de baffes ou bien il fallait remonter et remettre en état une voiture désossée.

Ensuite, les choses ont changé. C'étaient mes potes, j'ai donc dû les défendre et leur apprendre à se défendre parce que tout le monde les détestait : c'étaient des petits cons qui n'hésitaient pas à voler même leurs voisins ou des gens qu'ils connaissaient depuis toujours. Dès qu'il y avait un problème, on m'appelait. La plupart du temps, ça se réglait tranquillement. Par exemple, ils volaient la voiture qu'il ne fallait pas à

Grigny, celle d'un dealer, apprécié, qui avait des arrières. Ils la démontaient. Les mecs de Grigny se renseignaient et déboulaient dans le quartier. Ils étaient en panique. On m'appelait ; je remontais à La Grande Borne et je réglais le problème : ils restituaient la voiture en pièces détachées. Petit à petit, tous ces mecs autour de moi ont pris de l'assurance. Je n'interférais pas trop dans leurs affaires, sauf en cas de véritable problème. Si l'un deux tombait, c'est moi qui donnais l'argent pour payer les avocats et aider les familles en cas de besoin. S'il y avait des problèmes à régler pour eux à l'extérieur, je faisais bouger les autres pour que ce soit fait rapidement. On s'occupait aussi d'envoyer des mandats. Pendant ce temps, j'étais constamment en déplacement, m'occupant de mes propres affaires qui, elles, étaient beaucoup plus lucratives. Plusieurs éléments ont contribué à faire évoluer la situation : l'organisation de bandes de cités, l'arrivée de Dassault à la mairie de Corbeil en juin 1995, qui a attisé selon moi les rivalités entre cités, mes propres affaires avec certains de mes associés et une histoire d'amour.

La chasse aux dealers

En 1995, une petite guerre a commencé entre mes potes et les toxicomanes. Aux Tarterêts, en ce temps-là, le haut, du lycée au marché, était à nous et le bas, jusqu'à la gare, était aux vendeurs de came – coke et héro –, des Turcs principalement, et à leurs clients.

Tout a commencé avec Rek's, toujours chercheur d'embrouilles, qui a fait rappliquer tout le monde pour un différend avec des toxicos. Je revenais de trois jours passés sur Paname et en Belgique quand la situation est venue à mes oreilles. Les choses en étaient déjà à une petite guéguerre entre les mecs du quartier et les toxicos. Comme à mon habitude, je me suis joint à la partie. On les chassait pratiquement tous les jours. Ces pauvres bougres n'étaient même pas capables de se défendre ; c'était plus une punition qu'autre chose. Il n'y avait là aucun mérite. Pourtant, certains mecs de chez nous semblaient s'être pris au jeu et affichaient haut leur fierté d'en foutre à ce type d'adversaires. C'était minable. Après quelques jours de ce régime, les toxicos ont fini par déserter le coin, laissant place nette.

Ensuite, je ne sais pas qui a lancé l'idée de mettre l'accent sur les dealers pour éradiquer le problème. Je trouvais que c'était une perte de temps et je n'avais pas que ça à faire. Les meilleures idées partent souvent d'un bon principe mais, bien souvent, en cours de route, les événements ou les gens les pervertissent et hop, un nouveau scénario apparaît. Quelqu'un m'a susurré à l'oreille que ces dealers devaient avoir pas mal d'argent. Ils tenaient pratiquement tous les quartiers de la ville avec leur dope. La concurrence était quasi nulle et le gramme de coke était à 800 francs ; et ils en débitaient des doses [1]... Mais pour mener à bien l'opération, il fallait des renseignements précis. En attendant, le nettoyage continuait, histoire de maintenir la pression. Finalement, on a ciblé le caïd présumé de toute cette petite organisation. Il roulait toujours en caisse avec trois de ses acolytes ; ils fréquentaient le même café, allaient pratiquement toujours dans les mêmes lieux. Un de nos mecs a scotché ses petites habitudes pépères. Encore un qui croyait que le monde était

---

1 Richard Bousquet, ancien commissaire de police, décrit lui aussi cette « chasse aux dealers » qu'il interprète du seul point de vue de la concurrence : « Plusieurs épisodes de "chasse aux dealers" se sont succédé depuis trois ans. Bénéficiant d'un fort capital de sympathie susceptible de rallier les résidants de bonne foi, ces actions qui ont souvent permis de piéger les médias et les élus répondent en réalité à de simples motifs économiques. Elles ont vocation à protéger la chasse gardée qu'est le quartier contre toutes les incursions d'autres bandes ou de dealers isolés », Richard BOUSQUET, *Insécurité, nouveaux risques. Les quartiers de tous les dangers*, L'Harmattan, Paris, 1999, p. 178.

à lui et que rien ne pourrait lui arriver : je me suis dit qu'il faudrait que je fasse attention à ne pas commettre ce genre d'erreur.

Un soir, coup de téléphone, l'oiseau vient de quitter son nid et il se dirige vers la rue Saint-Spire à Corbeil. Elle est en sens unique. Cela tombe bien. En moins de deux, on rapplique dans la rue en question à une petite dizaine et on attend que le colis se pointe sur l'itinéraire. Au bout de quelques minutes, le voilà. On lui barre la route et, en moins de deux, toutes les portes sont ouvertes, les passagers extirpés du véhicule et passés à tabac. Jusque-là tout va bien. C'est pas mal pour une opération avec des novices dont la plupart ne connaissent pas les vrais dessous de l'affaire. Jusqu'à ce qu'un des dealers sorte son flingue et défouraille. Et hop, en moins de deux, tous mes types s'évaporent comme de la fumée. J'avais oublié qu'ils n'étaient pas prêts pour certaines situations.

Le mec continue à tirer dans tous les sens et nous, on se camoufle comme on peut. La scène est comique : certains se cachent derrière ou sous des voitures ; d'autres ne s'arrêtent plus de courir, tout ça pour une seule arme. Je suis mort de rire, un peu vert quand même. Mais pourquoi n'a-t-on pas pris d'armes ? Les dealers remontent en catastrophe dans leur caisse et démarrent en trombe. Alors, dans une poussée d'adrénaline, je m'élance et je m'agrippe à la portière en essayant de saisir le volant pour planter la voiture. À ce moment précis, je ne pense plus à l'argent mais ces mecs m'énervent. Au bout d'une dizaine de mètres, je lâche tout et je m'éclate par terre. Ça fait mal ; je ne rigole plus. L'affaire a complètement foiré. Après ça, les Turcs sont devenus superméfiants et le grossiste a déménagé hors de Corbeil. De mon côté, j'ai passé moins de temps aux Tarterêts, beaucoup plus occupé à mes propres affaires. Pour moi, les choses marchaient bien : je n'avais pas à me plaindre.

Il s'est passé une chose que je n'avais pas prévue, d'ailleurs personne ne l'avait vue venir. Après le coup du nettoyage des toxicos, presque tout le quartier s'est rallié à ce délire. Les gens que j'avais formés, ceux qui traînaient rue de la Mort [2], ont commencé, pour tout et rien, à la moindre histoire, à débouler à Saint-Germain-lès-Corbeil, Soisy-sur-Seine, Mennecy, s'en prenant à tout le monde, sous des prétextes bidons. Dans ces villes, ils ne rencontraient pratiquement aucune résistance. C'étaient principalement des petits Blancs, pas violents pour un sou. Cette prise de pouvoir leur assurerait plus tard des profits générés par les trafics de drogue qu'ils mettraient en place.

Dans l'immédiat, les jeunes des quartiers se testaient au cours des différents tournois de foot inter-quartiers. C'était à celui qui impressionnerait le plus l'autre ou crierait le plus fort, comme le font tous les mômes, rien de bien grave jusque-là. Mais en sous-main, il y avait des mecs plus âgés, plus vieux que moi, qui n'avaient aucune aura, qui leur soufflaient : « Niquez-les, mais niquez-les, c'est des bouffons. » Ceux-là en profitaient par intermédiaire. C'est comme ça que ça a démarré entre Montconseil et les Tarterêts.

À Montconseil, la plupart des mecs, les petits comme les grands, étaient plutôt du genre tranquille, pour la plupart des bosseurs, des étudiants ou des mecs qui faisaient leur petit bizness sans chercher d'accroc. De l'autre côté, aux Tarterêts, avec une population très importante, il y avait un taux de chômage assez élevé, notamment chez les jeunes, et beaucoup avaient depuis longtemps déserté les bancs de l'école. La situation était donc tout à fait propice à un dérapage : l'explosion à venir était prévisible.

---

2 On l'appelle ainsi parce que c'est le dernier chemin que va emprunter ta voiture volée avant d'être complètement désossée.

Règlements de comptes

Les choses ont commencé à déraper quand, en 1996, mon associé du moment, Mohammed, interpellé pour des vols de voitures, est passé à table et nous a balancés. J'ai attendu que les premiers mecs arrêtés sortent de garde à vue pour voir ce qui avait été dit. C'était sans équivoque : Mohammed avait bien parlé en m'impliquant. Je suis allé voir notre avocat, je l'ai payé. J'ai récupéré un maximum d'argent que j'ai mis de côté. J'ai mis le reste de mes affaires en ordre et confié tout ce qui était drogue et armes à Rek's. Il gérait les affaires courantes à ma place. Et je me suis rendu. En comparution immédiate, Mohammed a écopé de six mois et moi de huit. Heureusement, parce que moins d'un mois plus tard, lors de travaux, ils ont trouvé le garage avec des carcasses et des voitures en état. Mais comme nous étions déjà jugés, cela ne changeait rien pour nous.

On a fait notre temps à Fleury. Moi j'étais au bâtiment D3 et lui en face, au D2. Une chance pour lui, je ne lui aurais pas fait de cadeaux. Mohammed m'écrivait en s'excusant constamment. Quand il est sorti, il m'a envoyé des mandats. Aux Tarterêts, on avait un rituel : ceux qui sortaient étaient attendus à la sortie par les autres et une fiesta s'ensuivait. Quand ce fut mon tour, je n'ai prévenu personne et quand je suis repassé au quartier, c'était pour claquer Mohammed. On ne s'est plus reparlé mais le problème restait entier entre nous.

Pendant mon séjour en prison qui a duré six ou sept mois, pas mal de monde m'avait écrit, surtout une fille que je ne connaissais pas, Aurélie, la sœur de mon pote Jérôme. On s'est écrit jusqu'à ma libération. Je ne l'ai pas vue tout de suite à ma sortie. J'ai d'abord connu son petit frère, Mathieu. Je l'aimais bien ce petit, lui et son pote KR. Je leur donnais de l'argent de poche. Quand ils voulaient sortir avec leurs copines, compte tenu des petits services qu'ils me rendaient, ils savaient qu'ils pouvaient me demander.

Un jour, j'étais planté rue de la Mort. Je vois une voiture débarquer et une fille blonde, grande et mince en sortir. Tout le monde la regardait. J'ai demandé son nom à KR. C'était la sœur de Jérôme, Aurélie. Elle a dit bonjour, rapidement, à ceux qu'elle connaissait. Elle cherchait son jeune frère, Mathieu, qui avait fugué pour traîner au zoo avec ses potes. J'ai parlé un peu avec elle et je lui ai dit de ne pas s'inquiéter. Je parlerais à Mathieu pour qu'il rentre chez ses parents ; je le verrais certainement dans la journée. Par la suite, Aurélie et moi nous sommes revus à plusieurs reprises avant de sortir ensemble. Elle avait une fille de huit ans, elle vivait avec quelqu'un, mais ça ne se passait pas bien. J'étais encore en colocation aux Tarterêts. On se retrouvait là, Aurélie et moi. Au fur et à mesure, nous sommes devenus de plus en plus proches, parlant même d'avenir commun.

Peu de temps après, toujours en 1996, je suis retombé pour une affaire d'escroquerie pour laquelle j'ai écopé de quatre mois de prison. Aurélie venait régulièrement me voir au parloir. Durant ma détention, elle a décidé de quitter son ami pour s'installer avec moi. Je les ai donc fait aménager, elle, sa fille et son petit frère, dans mon appartement des Tarterêts avec ma colocataire. Elle voulait que je change de vie, qu'on parte loin de toute cette merde. Les choses commençaient à se préciser avec elle et je n'étais pas contre. Seul point d'ombre, l'assentiment de sa famille, surtout celui de son frère Jérôme qu'elle aimait particulièrement. Il semblait exister entre eux une relation plus maternelle que fraternelle – elle avait élevé ses frères quasiment seule. Son père était absent en raison de ses déplacements professionnels et sa mère illettrée. Pendant que j'étais en prison, son frère et ses potes lui prenaient la tête avec notre relation. Cela m'exaspérait car personne ne l'ouvrait quand j'étais là. Je peux comprendre qu'on réagisse comme cela dans un quartier où tout est exacerbé. Mais il faut savoir faire la part des choses et ne pas se laisser emporter par les humeurs des uns et des autres, surtout pour des litiges personnels. Et puis, j'avais la réputation d'être un salaud, quelqu'un de mauvais, cela ne me servait pas. Jérôme était inquiet pour sa sœur. Mais nous avions des sentiments l'un pour l'autre, c'était évident.

À la demande d'Aurélie, j'ai écrit une lettre à son frère qui était aussi en prison. J'étais à Fresnes, lui à Fleury. Je lui ai écrit pour lui expliquer que son attitude n'était pas celle d'un frère qui prétendait aimer sa sœur. Tout ce qu'il pouvait me reprocher n'excusait en rien son attitude vis-à-vis d'elle qui avait toujours été là pour lui. Elle ne méritait pas ce qu'il était en train de lui faire : l'empêcher de construire sa vie. Aurélie m'a dit qu'il n'avait pas apprécié ma lettre. Il n'admettait pas d'être confronté à la vérité. Il avait peut-être peur de perdre ce lien qui l'unissait à sa sœur. Mais loin de moi l'idée de les séparer. Bien des fois, la façon dont les gens perçoivent les choses peut expliquer mais n'excuse pas leurs comportements. En l'occurrence, c'était le cas.

À ma sortie de prison, je voulais me ranger, trouver un appartement pour que nous puissions nous installer ensemble. Dans le même temps, j'avais des comptes à régler avec mes potes au sujet de mes affaires et sur des propos qu'ils avaient tenus sur mon compte durant mon absence. Pour régler tout ça, j'ai commencé par aller chez trois d'entre eux, à six heures du matin, pour les éclater. Quelques jours plus tard, un mec des Tarterêts m'informe que Jérôme et Mohammed se trouvent à l'hôtel Formule 1, en bas des Tarterêts, où ils ont passé la nuit. Je débarque à l'hôtel à six heures du matin. Je frappe à la porte. Mohammed m'ouvre.

– Il est là Jérôme ?

– Il dort.

Je rentre dans la chambre et je l'observe pendant quelques instants en train de dormir comme un bébé. Je suis partagé entre le désir de le frapper tout de suite et celui de discuter, mais c'est le frère de la femme que j'aime. Mohammed secoue Jérôme. Il se réveille, surpris. Je lui dis de s'asseoir, quant à Mohammed, je lui ordonne de sortir. Il s'exécute et je reste discuter avec Jérôme de son comportement vis-à-vis de sa sœur, et de ce qu'il reproche à notre relation. Je lui rappelle que si je suis une crapule, pas assez bien pour elle, il ne doit pas oublier qu'il n'est pas mieux que moi. Son seul avantage, dans cette histoire, est d'être le frère d'Aurélie, ce qu'on ne peut pas changer. J'en profite pour lui rappeler que, tout salaud que je suis, c'est à moi qu'il fait appel quand il a des embrouilles qu'il n'arrive plus à gérer ou quand il est en prison et qu'il faut payer les avocats. Il n'a plus grand-chose à répondre. Je repars, en rappelant à Mohammed que je m'occuperai de lui plus tard.

Je monte aux Tarterêts, rue de la Mort. Je retrouve un pote de Grigny qui m'attend.

– Alors ?

– Je l'ai vu, j'espère qu'il est intelligent. Tu peux repartir.

– Tu es sûr ?

– Pas de problème, tu peux y aller.

Il s'en va. Je m'appuie contre une voiture et j'attends. Il est sept heures du matin, les Tarterêts sont déserts. Je viens de sortir de prison et je suis là, seul, en train de penser à des choses et d'autres. C'est alors que je vois mes deux loustics débarquer avec un fusil à pompe qu'ils essaient de monter, en vain. Je les regarde avancer sur moi ; ils sont grotesques. Mohammed tente de me donner un coup avec le canon du fusil que je bloque avec mon avant-bras. Je le frappe et tous deux se sauvent en courant. Là, je commence à être énervé. Mais je les attends. Ils reviennent au bout de dix minutes.

Cette fois, le fusil est monté, ils le chargent, Jérôme tire en l'air.

– Bon, écoutez-moi bien, je leur dis, je vais chercher mon fusil, je reviens vous tirer dessus.

Et je repars en marchant tranquillement. Je l'entends recharger l'arme derrière moi, je me retourne et je l'observe. Il tire à nouveau, mais toujours en l'air. Je fais une moue agacée puis je tourne le dos et continue mon chemin. J'arrive chez mon ami Noël et je lui raconte l'histoire. J'appelle mon pote le Corse à Évry. Pendant ce temps, Mohammed et d'autres sont arrivés, à quatre dans une voiture. Je les interpelle : « Hé, venez, venez, venez ! » Mais ils démarrent en trombe, ils se sauvent. Jeff le Corse arrive, accompagné de Shai. On retourne tous rue de la Mort et on les cherche dans les Tarterêts. De leur côté, ils rameutent du monde, ils appellent Rek's et tous ceux qui ont quelque chose à se reprocher, ceux qui savent que je vais les allumer ou que j'ai déjà allumés. C'est une espèce de coalition contre moi. Il y a douze mecs et deux fusils.

Dès qu'on les voit, on commence à les charger, et ils détalent. Dans ma course, le premier que je rattrape, c'est Rek's. C'est le dernier du groupe. Il est petit, son fusil est long, il a du mal à courir. J'arrive à peu près à deux mètres de lui ; c'est une bonne distance pour le balayer, il va s'éclater par terre. Mais à ce moment précis, sentant que je suis derrière lui, il se retourne dans un mouvement subit, réalise que je suis bien là et tire. Je suis touché. Je tombe. Il me regarde et tire à nouveau une balle dans ma jambe. Mon pote l'attrape. Il l'éclate. Il attrape le fusil, lui pète le manche dans la gueule. Ensuite, on appelle les pompiers, je suis encore conscient, on m'emmène et je m'évanouis en cours de route. Ils me mettent un masque, je perds connaissance. On arrive à l'hôpital, ils me branchent, on m'opère.

Quand je me suis réveillé, j'ai respiré, j'ai regardé si tout fonctionnait. J'ai bougé un doigt, une main, mes pieds. Ça allait. Je ne pensais plus qu'à une seule chose : il va falloir guérir et éliminer tous ces gars. Et puis j'ai pensé à Aurélie. Elle est venue me voir quelque temps après ; elle pleurait. Je lui ai dit que ce n'était rien du tout, qu'ils n'avaient même pas fait exprès de me toucher, qu'elle ne s'inquiète pas, tout irait bien.

Durant mon séjour à l'hôpital, beaucoup de gens sont venus me voir : des amis, des proches, des jeunes de Montconseil que je ne connaissais pas, des gens des Tarterêts, le petit frère d'Aurélie, des parents. Des policiers aussi pour que je fasse une déposition – mais j'ai refusé de dire quoi que ce soit, je préférais régler mes comptes seul. Beaucoup des gens des Tarterêts venaient me dire qu'ils n'étaient pas impliqués dans cette affaire et qu'ils ne voulaient pas de problèmes. Pour ma part, je ne faisais pas d'amalgame, je savais à qui m'en prendre. Des potes de Grigny sont venus me proposer leur aide. Je devais avoir un problème d'ego car je pensais pouvoir tout régler seul. Après une première opération, je suis sorti de l'hôpital au bout de deux semaines pour y être reconduit quelque temps plus tard pour une seconde opération. Résultat des courses, ma vengeance attendrait.

Après mon hospitalisation, Aurélie, qui était constamment à mes côtés, m'a convaincu de nous éloigner. Elle voulait changer de vie, partir avec moi et tout recommencer. J'étais partagé entre mon désir de vengeance et l'envie de construire une vie avec elle, d'autant plus qu'elle avait un enfant. Mes amis m'ont aussi conseillé de partir quelque temps car, de toute façon, dans mon état, je ne leur étais d'aucune aide. Je l'ai fait. Je suis parti pour elle. Nous sommes allés nous installer chez ma mère à Amiens. Tout s'y passait très bien. Nous avons immédiatement scolarisé la petite afin qu'elle ne perde pas ses repères. Le fait d'être avec d'autres enfants à la maison lui faisait le plus grand bien. Nous avons également entrepris des démarches pour obtenir un appartement et nous projetions de nous marier. Mais, finalement, la pression de la famille a été tellement forte pour Aurélie qu'elle est repartie vers eux. J'ai eu un sentiment de trahison. C'était la première femme avec laquelle j'avais réellement envisagé de construire quelque chose. C'était une déception de plus. Cette relation aurait pu apporter un tournant décisif dans ma vie et changer beaucoup de choses mais c'était de nouveau un raté. Je pense que le destin n'en avait pas fini avec moi.

Tarterêts/Montconseil

Je suis retourné à Corbeil m'enfoncer à nouveau dans les embrouilles. On se rendait pratiquement coup pour coup d'un quartier à l'autre. Mais entre temps, en 1995, Serge Dassault, le grand industriel, avait gagné les élections municipales. Pour moi, cela a contribué à faire empirer et à généraliser les problèmes de quartiers. Ce qui passait pour un petit conflit est rapidement devenu une guerre de quartier contre quartier puis ville contre ville pour enfin embraser tout le département du 91. Aux Tarterêts, il y avait un éducateur qui avait bossé avec Dassault depuis une quinzaine d'années. Cela faisait un moment que Dassault essayait d'avoir la mairie de Corbeil et cet animateur était dans son équipe. Les Tarterêts font partie du plus grand canton de Corbeil, il y avait un enjeu électoral. Ils étaient donc bien placés. Tous les avantages ont été pour eux. Aujourd'hui cet éducateur est P-DG d'une boîte de sécurité ; il a de gros contrats avec la Star' Ac, avec M6. Il a acheté une grosse baraque dans le 91 et il semble avoir des problèmes avec la justice pour ses contrats avec la ville.

Aux Tarterêts, ils étaient surexcités ; ils n'étaient pas particulièrement dangereux mais ils ne se sentaient plus. Ils venaient, ils tabassaient des gens, des gens tranquilles, qui travaillaient.

On a assisté à des scènes de violence, par exemple des jeunes clairement identifiés entrant dans des maisons de quartier lors de réunions, armés de fusils, des expéditions punitives dans les lycées, des coups de feu tirés en pleine rue de véhicule à véhicule. De notre côté, nous ne comprenions plus très bien ce qui se passait. Devant cette situation, on a pris une décision radicale, celle d'en finir avec ces mecs une bonne fois pour toutes. Un soir, on a disjoncté le transformateur de Montconseil pour le plonger dans le noir. Ensuite, on est monté aux Tarterêts allumer des mecs pour les forcer à descendre à Montconseil. Là, on les attendait. Nous étions douze armés de huit fusils quadrillant l'un des accès principaux de la cité. Nous les avons attendus durant plusieurs heures, tapis dans les buissons. Ils ne sont pas venus, pour leur plus grand salut. Nous avons appris que quelqu'un de chez nous avait balancé.

La violence montait. En 1996, il y a eu des émeutes, des bus brûlés, des affrontements avec la police. Les habitants de Corbeil avaient le sentiment qu'il n'y avait pas de vraie réaction malgré la recrudescence des voitures brûlées, des appartements cambriolés, des cassages en règle et des agressions en série. On avait presque l'impression que toute l'attention de la municipalité allait aux Tarterêts, que ce quartier était le seul qui avait des problèmes. Les jeunes des Tarterêts bénéficiaient de tous les avantages que pouvait leur offrir la municipalité : vacances gratuites, projets à profusion, aides en tous genres. Ceux de Montconseil avaient l'impression que plus on cassait, plus on était récompensé. Alors, c'est ce qu'ils ont fait eux aussi [3].

---

3 Richard Bousquet décrit cette escalade de violence entre quartiers. Il cite notamment une bagarre opposant « un groupe d'une soixantaine de jeunes du quartier des Tarterêts, armés de battes de base-ball, de couteaux et de fusils à pompe » avec ceux de Montconseil au cours de laquelle un jeune est blessé d'un coup de couteau, le 3 septembre 1996. Le 15 septembre 1996, une expédition punitive au lycée du quartier Montconseil est conduite par une quarantaine de jeunes venus des Tarterêts. Cette escalade, selon l'auteur, se déroule dans un climat de tension très forte avec la police. Richard Bousquet, *Insécurité, nouveaux risques*, *op. cit.*, p. 185.

Je venais d'avoir vingt-quatre ans. En même temps que j'étais mêlé de près à toutes ces histoires, j'avais commencé à m'intéresser au monde associatif depuis un an environ. Je pense que cela me correspondait : j'aimais aider les autres et je comprenais un peu comment fonctionnait le monde politique. Avec quelques amis, nous avons eu l'idée de créer une association. Nous n'étions pas conscients des enjeux politiques. Nous nous sommes mis à travailler sans savoir qu'il y avait des élections municipales à ce moment-là. Comme je ne me suis jamais occupé du monde politique, je ne savais pas ce qui se passait dans la ville. Mais à l'arrivée de Dassault à la mairie de Corbeil en 1995, ça a tout changé. Ils ont supprimé les subventions à certaines associations. Et il est rentré dans notre vie à cause de toutes les histoires qui ont suivi.

Nous, on bossait pour les gens de chez nous, c'est tout. Nous avons monté notre association. Comme il en existait déjà une à Montconseil, l'Association des jeunes du quartier de Montconseil, j'ai fait une sorte de petit coup d'État pour en prendre la tête, virer le président et mettre des gens compétents qui avaient conscience des vrais problèmes et étaient capables d'apporter des solutions. Les mecs qui étaient là avant étaient des gamins : pour eux, l'association était synonyme de vacances et ils n'obtenaient rien de concret.

J'ai commencé par repérer dans le quartier tous les jeunes qui avaient des diplômes et j'ai été les voir chez eux. Beaucoup ont été surpris : ils n'auraient jamais pensé que je viendrais leur parler. Je leur ai expliqué mon projet et ils ont été emballés. On a commencé à bosser ensemble, à trois-quatre avec un jeune étudiant qui est plus tard devenu conseiller municipal de Dassault à Corbeil, avec Leila, la sœur d'un de mes amis – par la suite, elle s'est retirée sans doute parce que les frères n'aimaient pas que les filles soient avec des mecs. J'ai travaillé un peu avec un de mes potes étudiants et avec

Fredo qui, lui, avait toujours été dans l'animation à Corbeil, son expérience nous a été très utile. En outre, je bénéficiais des conseils du directeur de la maison de quartier.

On a commencé à élaborer un tas d'idées pour trouver des animations qui correspondent vraiment aux attentes des jeunes. Le premier projet que nous avons mis en place a été le nettoyage du haut du quartier de Montconseil par un groupe de jeunes avec la collaboration du bailleur, Le Logement français. J'ai appelé des journalistes ; je savais déjà que, chaque fois que je faisais quelque chose, il fallait ramener les journalistes, de façon à faire connaître l'association. Par la suite, nous avons organisé des cours du soir à la maison de quartier ; on aidait les jeunes à monter des projets, à faire leurs CV. En fait, je faisais un petit boulot d'animateur bénévole. Compte tenu de toutes les embrouilles, beaucoup de jeunes ne pouvaient plus aller à l'école à cause de la tension qui régnait et il fallait proposer une alternative à cet échec. Les responsables de la maison de quartier de Montconseil m'ont tout de suite mis un bureau à disposition, avec un téléphone et avec une permanence le mercredi. Tout cela était complètement officieux mais j'avais un bureau, le téléphone, l'accès à la photocopieuse. J'avais ma propre équipe pour travailler.

Plusieurs élus ont essayé de se rapprocher des jeunes de Montconseil. Le maire adjoint à l'Économie et à l'Emploi a pris contact avec moi. Il voulait qu'on travaille ensemble pour aider les jeunes à monter des entreprises. Il m'avait acheté un bip pour pouvoir me joindre facilement, à tout moment. J'apparaissais comme la personne incontournable. Ce n'était pas dit explicitement mais il fallait que je sois là quand il venait dans le quartier. C'est évident qu'ils avaient peur : l'élu à la Jeunesse s'était fait brûler et retourner sa voiture lors de sa venue à Montconseil, et il avait été violemment pris à parti. La tension était à son comble et les jeunes du quartier voyaient tout ce qui représentait la mairie comme des vendus. On m'a prévenu de l'incident et je suis intervenu. Nous avons discuté avec l'élu qui m'a assuré que nous nous verrions rapidement pour trouver ensemble des solutions. J'en ai parlé avec mon groupe de travail et quelques jeunes qui étaient réticents. Mais j'ai su les convaincre de prendre la peine d'écouter ce que la mairie avait à nous proposer. En attendant, nous avons fait réparer le véhicule de l'élu et on lui a rapporté. Quelques jours après, il a souhaité revenir à Montconseil. Nous avons organisé une réunion où tous les jeunes étaient présents, réunion au cours de laquelle ils nous ont présenté leur politique pour la ville, pour les quartiers. Après cela, il est devenu notre interlocuteur municipal privilégié. Il m'avait donné son numéro de téléphone. Il m'appelait personnellement.

Quand je faisais des projets et que j'avais besoin de matériel, je passais directement par les maires adjoints et ils appelaient les services. Un jour, j'ai appelé le responsable de l'animation pour un projet mais il m'a répondu : « Comme tu as des relations, appelle-les directement. » Je me suis ainsi rendu compte qu'on était dans un système particulier à Corbeil mais qui n'allait pas aussi loin à Montconseil qu'aux Tarterêts. Les projets que nous présentions à Montconseil n'aboutissaient pas alors que, dans le même temps, aux Tarterêts, l'Association des jeunes percevait des subventions pour différents projets servant des fins individuelles, totalement pris en charge par la municipalité.

J'ai travaillé quelques mois pour Le Logement français comme gardien à Montconseil. Le président de cette association de l'époque y travaillait également. Je faisais en sorte qu'il n'ait pas de problèmes parce qu'on était dans le cadre du travail. Il me racontait qu'il se faisait financer des vacances à Atlanta aux États-Unis, un studio de musique qui avoisinait les 800 000 francs. Je me suis rendu compte que c'étaient les jeunes les plus violents qui se retrouvaient en vacances à Atlanta. Il m'a proposé de monter un projet commun pour envoyer les jeunes des Tarterêts et de Montconseil en vacances. J'ai accepté. J'ai commencé à monter le projet en expliquant la démarche pédagogique. Un jour, je reçois un coup de téléphone du maire adjoint à la Jeunesse qui m'annonce qu'il donne 30 000 francs pour ce projet mais quand j'ai vu le projet qui avait été déposé par le président de l'Association des jeunes, je suis resté par terre : c'était trois lignes écrites avec des fautes d'orthographe d'un môme de six ans. Je voulais bien profiter d'un système, mais pas passer pour le dernier des crétins. Il faut un minimum de forme. Nous, on travaillait, on apprenait à faire des budgets, à constituter correctement les dossiers, mais les exigences n'étaient pas les mêmes pour tous : le président de l'Association des jeunes est devenu président de l'Association des musulmans aux Tarterêts. Aujourd'hui, il a un pavillon.

Fin 1996, alors que je travaillais dans le monde associatif, j'ai été convoqué pour trouble de l'ordre public. Un dossier avait été monté contre moi. Je suis passé en jugement. Je ne savais pas d'où cela venait, je ne comprenais pas. Cela ne pouvait être que politique. On m'avait bien arrêté au début des embrouilles mais, depuis quelques mois, j'étais vraiment passé à autre chose. Le responsable de l'animation sur la ville m'avait proposé de travailler avec la ville. Mais il n'a jamais donné suite ; apparemment, ma réputation faisait peur. J'ai été interdit de résidence dans le 91. Mon avocat a trouvé le moyen de faire sauter cette interdiction mais mon expulsion était programmée.

La dernière de mes initiatives a été un projet avec l'armée. On a organisé trois jours de présentation des métiers de l'armée dans une base militaire. En prison, j'avais fait un stage à la base 110 à Creil, une base aérienne, et, suite à ce stage, on avait passé une ou deux semaines à Saint-Cyr.

J'avais rencontré l'initiateur du stage, un amiral avec qui j'avais repris contact. Le but de cette journée citoyenne était d'informer des jeunes qui pouvaient être intéressés par les métiers de l'armée. On a monté cette journée, mais elle s'est réalisée sans moi.

Entre-temps, j'ai été expulsé.

8

Le Congo, la guerre

Nous sommes dans le système de l'enfer
Le feu est allumé mais nous ne brûlons pas
Trop de problèmes en Afrique
Les sincou se tuent les uns les autres

Un matin de janvier 1997, quatre heures, quatre heures et demie, j'accompagne un pote à l'aéroport pour aller chercher sa mère. On sort à Savigny prendre de l'essence et on emprunte la nationale 7. On se fait contrôler par une voiture de police. C'est un contrôle de routine mais je finis au commissariat de Juvisy. Dans la matinée, une escouade de police vient me chercher, une bonne quinzaine de flics. Bien encadré, on me transfère au tribunal d'Évry.

Ça se passe dans une petite salle en sous-sol, pas dans un tribunal ordinaire. Je passe devant un juge qui me signifie que le ministère de l'Intérieur demande mon expulsion du territoire français pour trouble à l'ordre public. Il donne la parole à deux représentants du ministère, un homme et une femme. La femme développe les chefs d'accusation justifiant le trouble à l'ordre public pour des faits datant de la période où j'étais encore mineur. J'écoute attentivement, j'essaie de comprendre. Elle me demande si j'ai des papiers. Je réponds que j'ai une carte de résident encore valable cinq, six ans. Elle me demande si je l'ai. Je réponds que je ne l'ai pas sur moi. Le juge dit : « Si vous avez une pièce d'identité, on appelle votre famille pour qu'elle l'apporte et si on vous l'apporte, vous êtes relâché. Vous pouvez faire appel avec votre avocat. » Il considère donc que je ne suis pas expulsable immédiatement.

En sortant, j'entends un flic qui suit l'affaire depuis Juvisy parler au téléphone : « Vous ne le relâchez pas. » Tout devient limpide : des gens veulent me faire partir. On me ramène au commissariat de Juvisy, toujours sous bonne escorte. À aucun moment, il ne m'est notifié que je suis en rétention administrative, mais je ne suis pas dupe. Vers vingt et une heures, je m'adresse à un policier à la relève : « Excusez-moi, je viens de comprendre que je suis en rétention administrative. Dans ce cas, j'ai le droit de passer un coup de téléphone. » Et il me laisse téléphoner. J'appelle mon père et je lui explique la situation. Mais je fais l'erreur de lui demander de porter ma pièce d'identité. Je n'aurais jamais dû faire ça, j'aurais dû appeler mon avocat ou une éducatrice avec laquelle je m'entendais bien et qui m'avait pas mal aidé. Je retourne dans ma cellule. Quand le commissaire arrive dans la nuit et apprend que j'ai téléphoné, il engueule le policier. Et en moins de cinq minutes, on me met dans une voiture, on me sort en catastrophe avec les gyrophares et on m'emmène au commissariat de Savigny. En sortant, je croise mon père qui nous hèle, mais les flics accélèrent. C'est là que j'ai compris ce qui se passait.

À Savigny, le commissaire vient me voir gentiment et m'annonce que je suis en rétention. J'ai quand même passé quarante-huit heures sans aucune information. Il me propose à boire et à manger. Je refuse et on reste là. Je suis attaché à un radiateur toute la nuit. Il fait super-chaud, je suis en train de cuire. Finalement, ils viennent me chercher et ils m'emmènent dans un centre de rétention à l'aéroport de Roissy. Là-bas, j'attends encore environ une demi-heure. Des flics arrivent avec un autre commissaire ; ils me mettent du sparadrap aux genoux, aux poignets et ils me portent comme un vulgaire paquet. Je regarde le commissaire dans les yeux. Il me dit : « Excusez-moi ; on fait notre boulot. » Je lui réponds : « Fais ce que tu as à faire. »

On me met dans une camionnette qui fonce sur les pistes de l'aéroport ; on passe sous des avions. Je suis allongé par terre. Il faut toujours qu'il y ait un flic con. Un inspecteur, certainement raciste, pose le pied sur moi. « Ce matin, on en a expulsé des comme lui », et il me regarde. Je le fixe. Et je lui fais : « Tu es content ? » Ils me mettent dans l'avion, en pleine nuit. Je m'assois. Le commandant de bord s'inquiète de savoir s'il n'y aura pas de problèmes. On se regarde. Je pense qu'au fond, il n'aime pas ça. On me met au fond de l'avion, les policiers ferment les rideaux. J'entends les passagers arriver, s'asseoir et l'avion s'apprête à décoller. Ils me bloquent la nuque pour m'immobiliser, me mettent la main sur la bouche : impossible de bouger, impossible de crier. Je regarde toujours celui qui est en face de moi. Il me fait : « On est désolé » et baisse les yeux. Moi, je le regarde et je ne lui réponds pas. L'avion décolle, ils me détachent. Je suis parti [1].

---

1 Richard Bousquet décrit ainsi les réactions des jeunes de Corbeil à l'expulsion : « Le 18 janvier 1997 : deux jours après la reconduite à la frontière du délinquant congolais multirécidiviste et instigateur de rixes entre jeunes de Montconseil et des Tarterêts, les jeunes de Montconseil provoquent des incidents dans leur quartier et lapident les véhicules de police. Deux jours plus tard, une délégation se présente au conseil municipal pour demander des explications au maire de la commune, M. Serge Dassault », Richard Bousquet, *Insécurité, nouveaux risques, op. cit.*, p. 186. Par ailleurs, la presse fait largement écho à cette expulsion : Dominique Bayle-Siot, « Un meneur de Montconseil expulsé de France », *Le Parisien*, 23 janvier 1997 ; Michel Seuart, « Le meneur de bande expulsé de France », *Le Républicain*, 23 janvier 1997 ; Olivier Bertrand, « Expulsé des cités de la Haine », *Libération*, 6 février 1997.

Le bled

Arrivé au Congo, on m'a descendu. Le consul était là. Des policiers congolais ont demandé qu'on m'enlève les menottes. Je crois que les deux flics ont eu peur parce que j'aurais pu les frapper. Je leur ai serré la main : « Bon allez, salut les mecs » et je suis parti. Après, les Congolais ont pris le relais. Ils m'ont emmené dans un poste. C'étaient des policiers véreux qui voulaient de l'argent pour me rendre mon passeport. C'est l'Afrique. Ils m'ont laissé appeler ma tante. Au bout d'une heure environ, elle est arrivée. Je ne l'avais vue qu'une seule fois dans ma vie mais j'ai reconnu son visage. Elle était avec un de mes cousins que je ne connaissais pas.

L'aéroport de Brazzaville est un petit aéroport. Quand je suis sorti, on a marché cinq cents mètres et là, j'ai vraiment vu que j'étais au bled. Il faisait chaud, une chaleur étouffante ; il y avait du monde partout dehors, du bruit, de la musique, plein de petits stands, des marchands qui vendent n'importe quoi à la lumière de la bougie. Je les regardais et c'était étrange. Et surtout, le plus étrange, c'est que tout d'un coup j'ai vu plein de Noirs comme moi, partout. C'était un monde où il n'y avait que des Noirs, c'était bizarre. Ma tante m'a dit qu'on allait prendre le bus. J'ai vu une camionnette et, à ma surprise, c'était le bus. J'y suis monté ; il y avait la musique à fond, de l'ambiance. Je me suis assis ; sous mes pieds, la tôle était rouillée, avec un trou. C'est la première image que j'ai eue de l'Afrique, ses odeurs, ses bruits. Je me suis dit : « Bon, eh bien je suis au bled », et puis : « Il faut que je revienne, il faut que je rentre. »

À Brazzaville, les routes sont cabossées, certaines sont goudronnées mais avec du sable partout, des trous dans le bitume. D'autres sont en terre. C'est construit n'importe comment là-bas. Il y a de belles maisons qui cohabitent avec des maisons horribles. Je suis arrivé à la nuit, dans la maison de famille, celle de mon grand-père où habitent mes deux tantes et leurs enfants. C'est une espèce de mansarde, une maison pas finie. Il y a des souris. Ils n'ont pas d'argent du tout, les pauvres. Ma tante était très gentille et généreuse. Le lendemain, j'ai vu ma grand-mère. J'étais arrivé avec ce que j'avais sur moi. J'ai gardé les mêmes fringues pendant deux semaines. Ma tante voulait m'en acheter, mais je ne voulais rien parce que je voyais qu'ils n'avaient rien.

J'ai passé deux semaines dans la maison, sans pratiquement sortir. Je dormais toute la journée. Je ne sortais qu'à la nuit. La nuit, c'est une autre ambiance, plus chaleureuse. Peut-être parce qu'il fait moins chaud, peut-être parce qu'il y a des petites lumières à gauche à droite et surtout, on ne se rend pas compte de l'état réel de délabrement. J'ai attrapé le paludisme et j'ai été malade à en crever pendant deux semaines. Ma tête tournait, j'avais envie de vomir, j'étais super-mal. Ma tante me donnait des cachets mais cela ne faisait pas d'effet. Finalement, on m'a perfusé et je m'en suis sorti. J'aurais pu en crever. Mes potes me téléphonaient pour me dire ce qui se passait dans l'association. Les activités continuaient. Je les ai encouragés à aller jusqu'au bout du projet que j'avais monté avec l'armée. J'avais l'impression d'avoir tout raté. Je ne voyais pas de perspectives, pas d'avenir. J'aurais pu me suicider, refuser de combattre.

J'ai commencé à m'adapter, cela allait un peu mieux. J'ai commencé à sortir, à voir des cousins, des gens que je ne connaissais pas, des tantes qui habitaient ailleurs dans le quartier. J'ai passé beaucoup de temps à visiter les uns les autres, à essayer de comprendre les familles africaines. Il y a des gens qui ne font pas partie de ta famille, mais bon, c'est comme la famille. Il a fallu remettre tout cela en ordre et puis voilà, on se crée des activités. Certains m'appelaient « le Français ». On se parlait mais on ne se comprenait pas vraiment. Et puis, certains ont commencé à me faire des remarques, ils croyaient que j'étais venu en vacances, que j'allais repartir. C'est ce que ma tante avait dit. Mais ils voyaient que je ne repartais pas, un mois, deux mois, et ils ont commencent à dire du mal. Au départ, je ne faisais pas trop attention mais après, j'ai commencé à les remettre à leur place. Il m'a fallu un grand temps d'adaptation pour comprendre la mentalité des gens.

Au bled, à trente, trente-cinq ans, tu restes encore un petit con, un gamin, parce que tu ne travailles pas, tu n'es pas indépendant. Le pire, c'est que les parents font tout pour empêcher les jeunes d'évoluer. Les jeunes sont obligés de quémander, de se taire, jusqu'à ce qu'ils pètent les plombs et finissent par voler leurs parents. Et les jeunes filles les plus démunies sont obligées de se prostituer pour manger, s'habiller. C'est malsain, c'est la misère. C'est ça, la réalité de l'Afrique. L'Afrique, c'est bien pour les Blancs, parce que quand tu es blanc, tu as de l'argent, ou bien pour les Noirs qui ont de l'argent. Mais pour les Africains, c'est déjà le commencement de l'enfer.

La guerre

Quand la guerre a éclaté, c'était vraiment le bordel, c'était la guerre [2]. J'avais deux options. La première,

---

2 La guerre civile éclate au Congo en juin 1997. Sur fond d'enjeux pétroliers, elle se déroule dans un contexte d'instabilité à l'échelle de cette région d'Afrique marquée en particulier par le génocide rwandais et des tensions politiques internes. Elle oppose les partisans du président Pascal Lissouba et ceux de l'ancien président Denis Sassou-Nguesso, revenu au Congo dans la perspective des élections présidentielles initialement prévues en juillet 1997. Avant de se généraliser et de se structurer autour d'un front, la guerre est précédée de multiples affrontements qui opposent les milices « Cobras » de Sassou Nguesso aux « Ninjas » de Kolélas, maire de Brazzaville, et aux « Zoulous » de Lissouba. La guerre dure quatre mois et demi,

me barrer avec tout le monde, au fin fond de la forêt, dans les villages. Mais beaucoup de gens étaient armés ; les armes avaient été distribuées à Brazzaville, dans tous les quartiers nord, et elles arrivaient aussi dans les ports et dans les villages. Là-bas, il n'y avait pas forcément à manger pour tout le monde ; les gens rackettaient ; il y avait des viols. Il arrivait que ce soit les gens d'un même camp qui se fassent de la misère entre eux. Nous, on était des gens du Nord. En fait, je suis moitié-moitié mais on était considéré comme des gens du Nord.

La deuxième option, c'était de rester et de faire la guerre. Je suis resté et j'ai fait comme les autres, j'ai défendu ma peau. J'ai pris les armes avec mes cousins.

J'étais dans un petit groupe ; on était une dizaine. Il n'y avait pas de commandants, de gens qui donnaient des ordres. C'était une guerre désordonnée. Les groupes se créaient par affinités, les gens du quartier, les copains. On était chargé de défendre les terrains qu'on occupait. Ce n'était pas une guerre conventionnelle. Des gens se tiraient dessus à distance, avec des armes lourdes, des camions lance-roquettes BM21 ; ils bombardaient dans tous les sens. De temps en temps, il y avait des tentatives de percées, mais sans réelle avancée. C'était une guerre de position ; une ligne de front en fait, entre nous, les nordistes, et les sudistes. Les sudistes étaient en hauteur. Ils avaient des armes lourdes, ils avaient de l'argent, ils avaient le pouvoir, ils avaient le nombre également parce qu'ils étaient plus nombreux que nous, ils avaient tout. Ils représentaient 60 % de la population. Mais ils connaissaient mal le maniement des armes qu'ils venaient de recevoir ; ils n'avaient pas de formation militaire. Aucun camp n'arrivait à percer. Cela a duré

jusqu'à l'entrée à Brazzaville des troupes angolaises qui viennent soutenir Sassou-Nguesso.

pendant cinq mois. Ce qui a tout fait changer, c'est l'accord de Sassou avec les Angolais – il faut dire qu'ils avaient trente ans de guerre derrière eux [3].

Certains soldats sont de vrais criminels. Ils tuent pour rien, pour un nom à consonance du Sud, pour une gueule qui ne leur revient pas. Il y avait beaucoup de pillages. Les gens se nourrissaient comme ça. Ou bien ils revendaient. Tout d'un coup, on a vu des nouveaux riches qui avaient beaucoup d'argent. Tout est devenu très cher : une boîte de lait qui pouvait coûter 1 franc 50 d'ordinaire coûtait 100 francs pendant la guerre. Il y avait des gens qui traversaient pour aller à Kinshasa de l'autre côté, au Zaïre, et qui y dépensaient beaucoup d'argent.

J'ai vu des cadavres dans ma vie, mais là, c'était de la folie. Je m'en souviendrai toujours. Certaines images sont gravées dans ma mémoire. Je me souviens d'une femme, quand la guerre a commencé, aux tout premiers coups de feu. Ça tirait dans tous les sens, c'était en plein après-midi, il y avait plein de gens dehors qui couraient ; beaucoup sont morts en fuyant avec leurs bagages. Il y avait des gamins qui étaient encore à l'école, des gens qui sortaient du boulot. Il y avait des balles perdues, beaucoup de morts civils et on ne peut pas dire que c'est toujours les gens d'en face qui les ont tués. Et ça tirait dans tous les sens, avec des obus. Cette femme courait avec son gosse près de la parcelle de mon grand-père. Elle courait, et un bonhomme l'appelle « Madame, madame, madame ! » Mais elle continuait à courir. « Madame, madame ! » Elle s'est retournée, elle ne tenait plus que le bras de son fils. Je me souviens aussi d'un gosse, en tenue d'école, mort devant un magasin. Il avait huit, dix

---

3 L'entrée des combattants angolais, suite aux tractations menées par Sassou-Nguesso à Pointe-Noire en octobre 1997, marque la victoire définitive de ce dernier.

ans, et encore son sac d'école sur le dos. Plein de gens sont morts comme ça. Un de mes cousins s'est fait tuer pour une embrouille de pillage. Avec ses potes, ils se disputaient leur butin, ils se sont tiré dessus et lui en est mort.

Mon grand-père n'a pas eu de chance non plus ; ils ont bombardé sa maison qu'il avait mis une vie à construire ; il n'y avait plus qu'un gros trou béant à la place, que les gens ont utilisé comme poubelle par la suite. Pépé avait une petite cabane à côté dans laquelle il a vécu avec ma grand-mère et ma tante. Mon oncle a construit une cabane en bois à côté pour loger sa femme et ses enfants. Pépé est mort juste après la fin de la guerre ; il avait un problème de prostate. En temps normal, ce n'est presque rien, une opération aurait pu le soigner. Mais il n'avait pas d'argent, il n'avait plus rien. Je me suis occupé de lui avec ma grand-mère parce que aucun de ses enfants ne le faisait. Je leur ai donné de l'argent, même si je n'en avais pas beaucoup. Mais j'ai dû repartir et il est mort à ce moment-là. Mon petit cousin Marvel aussi est mort, il devait avoir dix ans, il était très malade. Il n'a pas pu se soigner, il n'y avait pas de médicaments. C'était la guerre.

J'ai vu des soldats vider deux, trois chargeurs pour rien. Des gamins de quatorze, quinze ans étaient enrôlés, certains se droguaient, fumaient, ils étaient super-chauds. Un jour, dans un wagon de train, un groupe de soldats se disputaient avec leur lieutenant parce qu'ils pillaient. Alors un soldat a accusé le lieutenant de ne pas être un nordiste. Le lieutenant a dû penser que ça devenait chaud, le soldat semblait prêt à tirer. Il l'a descendu. Le soldat était touché, mais il n'était pas mort. Il était par terre, en train d'agoniser. Alors un de ses potes a descendu le lieutenant et après, il a tiré sur le soldat blessé ; il a descendu son propre pote. On a entendu parler de têtes coupées, de cœurs arrachés pour faire des totems, de mains tranchées. Je n'ai pas assisté à ces scènes, mais on raconte l'histoire de couples surpris alors qu'ils faisaient l'amour. On les obligeait à continuer et on leur tirait dessus. À un moment, dans une de nos positions, j'ai vu un trou de cratère près de la gare. Ils y avaient mis un bus, avec tous ses occupants et ils avaient tiré dedans au bazooka. Ou encore, des gosses de nordistes ou de sudistes englués et écrasés dans du mortier. Les gens étaient devenus fous.

J'ai fait la guerre pendant trois mois. Puis ma mère, qui était déjà venue me voir au début de la guerre, est revenue. Elle m'a fait partir avec elle à Pointe-Noire [4] avec mon beau-père qui était colonel. J'ai pris le train. Le voyage a duré vingt-quatre heures. Cela pouvait prendre deux ou trois jours parce que le train se faisait braquer en route. Des gens se faisaient couper la tête. J'ai eu de la chance, le train ne s'est pas arrêté une seule fois. Il était bondé, les gens assis par terre ou debout, collés, serrés. Il y en avait sur le toit, on appelait cela voyager en PLM, Paris, Lyon, Marseille. On s'est fait contrôler par les nordistes, puis les sudistes. J'avais un seul papier d'identité sur moi, celui qu'on m'avait donné quand j'avais été expulsé, un laissez-passer – en France, on m'avait pris ma pièce d'identité quand mon père l'avait portée au commissariat. Ce laissez-passer était signé par un Madzou, du même nom que moi, un ministre. C'est pourquoi je suis passé sans encombre. Au poste frontière, j'ai vu des gens se faire tuer devant moi. Les plus pervers, les plus sadiques c'étaient les gosses, de quatorze à seize ans. Pour eux, tuer était un jeu, une curiosité.

Je suis arrivé à Pointe-Noire. J'ai retrouvé mon beau-père, un nordiste qui n'avait pas pris parti – c'était un ami intime du président Sassou avec lequel il avait été à l'école militaire. Les gens du Nord l'ont considéré comme un traître. Je ne connaissais pas vraiment mon beau-père et je l'ai découvert

---

4 Pointe-Noire est l'ancienne capitale du Congo, situé sur l'océan Atlantique et à l'embouchure du Congo.

là. Je suis resté à Pointe-Noire environ deux ans, jusqu'en 2000. La vie était plutôt calme, c'était un paradoxe au regard de ce qui se passait à Brazzaville, la guerre, les morts. Mais Pointe-Noire, c'est le pétrole, et les affaires n'avaient jamais aussi bien marché pour Elf. Pendant que les Congolais s'entretuaient, les raffineries tournaient à plein régime.

Ma mère nous a rejoints ; elle avait engagé des démarches avec mon avocat pour que je rentre en France. Les Angolais sont entrés à Pointe-Noire. Le bruit courait que les sudistes avaient creusé une gigantesque fosse commune, qu'ils voulaient exécuter tous les nordistes et les y enterrer avant de se faire tuer eux-mêmes. Quelques jours avant l'entrée des Angolais et des Cobras, c'est-à-dire les nordistes, je me baladais sur les bords du fleuve et je me suis fait arrêter près de la résidence du colonel qui dirigeait les opérations à Pointe-Noire. Je ne savais pas qu'il habitait là. Ses gardes m'ont attaché et gardé dans sa résidence. Ils m'ont ordonné de me mettre à genoux, j'ai répondu que je préférais rester debout. Ils m'ont tous regardé, surpris. Comme je parlais avec un accent, ils ont compris que je n'étais pas d'ici. On a attendu le colonel. Les Africains aiment bien se faire attendre. Quand il est arrivé, il m'a demandé mon nom. Je lui ai dit que j'étais le fils du colonel Poké. J'ai vite réalisé que je n'aurais peut-être pas dû lui dire ça, mais c'était trop tard. Il m'a regardé, pensif. Ma vie aurait pu basculer à ce moment-là. J'ai su après qu'il connaissait mon père, il savait que mon père était nordiste ; il savait qu'il y avait une politique d'élimination des nordistes parce que les sudistes allaient perdre. Mais il a dû se dire que le colonel Poké était très connu. S'il butait son fils, il pourrait lui en vouloir. S'il le laissait partir, c'était un service, je pense. Il n'a pas voulu s'attirer plus de problèmes. Cela aurait été quelqu'un d'autre, il m'aurait peut-être descendu ; mais il m'a laissé partir.

Les Angolais sont entrés à six heures du matin. Je m'en souviens, je ne dormais pratiquement jamais. À quatre heures, j'ai vu les ministres qui habitaient en face de chez nous détaler avec leurs familles. Vers sept heures du matin, il y a eu une distribution d'armes à tous les jeunes. Je suis allé voir. Je me suis baladé partout, je suis rentré dans les casernes. J'ai vu des bataillons, des camions qui partaient pour faire une ligne de front. J'avais un Lacoste vert, ça faisait tenue militaire. Les soldats me demandaient des renseignements, si j'avais vu tel ou tel groupe et je les envoyais dans la direction opposée. Je transmettais les renseignements à mon beau-père qui les transmettait aux nordistes. Lui et moi, on ne s'était pratiquement jamais parlé et tout d'un coup, il m'a regardé, il m'a vu différemment parce que je mettais ma vie en jeu.

Quand les Angolais sont entrés, j'ai enlevé mon survêtement parce qu'ils descendaient tout ce qui était en treillis. Ils tiraient des roquettes, à la kalach, ils pillaient des voitures, ils n'ont rencontré pratiquement aucune résistance. Quelques personnes se sont fait braquer leur voiture et se sont fait tuer dans la rue. J'ai vu un mec se faire braquer son 4 × 4 par des petits jeunes qui l'ont descendu, juste à côté de moi. Je ne pouvais rien dire. Mon voisin, un lieutenant sudiste, s'est fait tuer juste derrière la résidence où nous habitions. C'est moi qui ai découvert son cadavre. J'ai entendu des rafales ; je me suis approché ; je me suis accroupi ; je l'ai regardé ; il portait des baskets avec sa tenue militaire. Je suis allé prévenir mon beau-père. Peu de temps après, j'ai rencontré sa femme à plusieurs reprises ; nos regards se croisaient. Ils venaient d'avoir une petite fille. Qu'allait-elle devenir ? En Afrique, tout peut être mis en question. Tout est incertain, éphémère. Privée de son mari, et sans soutien, elle risquait de tomber dans la prostitution pour simplement survivre.

Mon beau-père était en danger. Il s'est fait faire un visa par un membre de sa famille, ancien ministre, et il est parti en catastrophe. Je me suis retrouvé seul. J'ai eu la sensation, pour la première fois, d'être complètement livré à moi-même. Je suis resté trois jours à manger des papayes, des mangues, du pain rassis, tout ce que je pouvais trouver. Je me suis résigné à retourner voir les gens de ma famille : ils savaient que mon beau-père m'avait laissé, que j'étais seul. Cette situation était gênante, on en parlait peu.

Après la guerre, c'était horrible, c'était presque pire. Rien ne fonctionnait, il n'y avait rien à manger. Les gens se tiraient dessus pour rien. Dans certains quartiers, c'était la loi du plus fort. C'était une guerre pourrie, pour du pétrole. On a dit ensuite que l'ancien président Sassou voulait reprendre le pouvoir à Pascal Lissouba mais en fait l'enjeu véritable, c'était le pétrole. Ce n'était pas ma guerre. Je ne m'y suis pas investi, j'ai juste cherché à survivre, sans plus.

Les choses ont repris et j'ai pu m'occuper de mes papiers. La décision d'expulsion avait été annulée par la justice mais je n'avais pas de visa pour entrer en France. La femme du consul, elle-même vice-consul, m'a aidé. Cela m'a pris un an. On a fini par sympathiser. Un jour, elle m'a demandé : « Vous voulez retourner en France mais pour faire quoi ? C'est chez vous ici. » Je lui ai répondu : « Vous allez m'excuser mais si on vous prenait, à cinq ans, l'âge auquel je suis arrivé en France, on vous débarquait au Japon, vous grandissez là-bas, jusqu'à vingt-cinq ans, et tout d'un coup on vous renvoie en France, où est-ce que vous vous sentiriez chez vous ? » Elle n'a pas répondu mais son silence était clair.

Elle m'a demandé de faire une lettre où je racontais ce qui s'était passé. Je l'ai faite. Deux mois plus tard, elle m'a annoncé qu'elle allait me faire un visa de deux ans. Et quelques jours après, elle me rappelle. J'ai vu sur son visage qu'elle était paniquée. Elle m'annonce que ce ne sera pas possible. Je me suis dit que cette fois, c'était fini. Mais elle m'a de nouveau rappelé quelques jours plus tard et m'a donné un visa d'un mois. Et là, il fallait faire super-vite. Je suis parti comme ça. Je serai resté presque trois ans en Afrique.

9

Retour d'Afrique, trouver une place

On veut des solutions
Des vraies, radicales
Qui règlent les problèmes
En profondeur pas à la surface.

Premier avril 2000 : me revoilà en France. Je revois encore la scène. Je débarque à l'aéroport de Roissy habillé de ma petite veste de costume, mon pantalon à pinces et mes petites chaussures. Je croise des policiers qui contrôlent les passagers à la sortie du sas et je me dis : « C'est foutu, ils vont encore m'arrêter. » Mais lorsque que j'arrive à leur niveau, ils ne font pas attention à moi ; je passe au milieu d'eux sans problèmes.

Je traverse l'aéroport et j'aperçois mon beau-père et ma mère, heureux de me revoir. C'est incroyable, je suis rentré, enfin. C'est l'aboutissement de tant d'efforts et d'un si long périple. Maman est fière de moi, de ce que j'ai pu endurer sans jamais abandonner. Elle me le disait souvent quand j'étais encore là-bas : « Tu es fort mon fils, tu en a vu d'autres, tu surmonteras ça aussi. » On monte en voiture et on part, direction Amiens. Sur le trajet, j'observe : tout paraît nouveau et paisible, loin du tumulte de l'Afrique. Je pense aux amis restés là-bas, à l'ambiance, à la famille, à des instants de connivence, des bons et des mauvais moments. Tout cela est déjà loin mais tellement présent ; cela fera à jamais partie de ma vie.

Changer de vie, un pari difficile

Je me suis reposé quelque temps à Amiens où mon père, sa femme et mes frères Lionel, Laudray et Léonce sont venus me voir. J'étais très content de revoir mes frangins, ils avaient tellement grandi, c'était des hommes maintenant.

J'ai entamé des démarches pour régulariser ma situation, essayer de récupérer mon titre de séjour et recommencer ma vie. Je me suis donc rendu à la sous-préfecture du coin et j'ai remis les documents que j'avais en ma possession, attestant l'annulation de mon expulsion. Mais lorsque je leur ai relaté mon parcours, ils ont paru égarés et paniqués. Du coup, je me suis dit qu'il serait préférable d'aller à la préfecture de l'Essonne et je suis donc revenu dans le 91, à Évry, où mon père et sa petite famille avaient déménagé.

Il fallait parer au plus urgent, régler ma situation administrative. J'ai été aidé dans mes démarches par deux amis : Patrick, un éducateur que j'avais rencontré plusieurs années auparavant au Plan et avec qui j'étais resté en contact, et Jacques, un élu Vert de Corbeil que m'avait présenté Patrick. Je ne m'étais pas rendu compte que j'avais un visa aussi court. Dans mon esprit, j'avais un visa de trois mois. C'est en allant à la préfecture de l'Essonne pour demander la restitution de ma pièce d'identité que nous nous en sommes rendu compte, Jacques et moi. Néanmoins, munis de ce document, nous nous sommes présentés à la préfecture où on m'a signifié que, mon visa étant périmé, il me fallait revenir avec un visa valide. C'était de nouveau le parcours du combattant.

Jacques et Patrick ont commencé à remuer ciel et terre pour savoir à qui s'adresser. Tout le monde semblait nier mon expulsion, elle ne figurait dans aucun dossier. C'était fou. Tout ce que j'avais enduré, l'expulsion, la guerre, la perte des miens durant ce conflit, le harcèlement, tout cela était complètement nié. J'étais abruti, complètement sonné par ce que je venais d'apprendre. Jacques m'a conseillé de rentrer à Amiens pendant que lui, de son côté, chercherait à rencontrer le préfet pour en savoir plus et essayer de dépatouiller la situation. Je suis donc reparti à Amiens.

Une semaine plus tard, lorsque je suis revenu à Évry, j'avais reçu une lettre au domicile de mes parents, m'informant que j'étais interdit de tous les départements d'Île-de-France, de trois départements du Sud de la France et, pire, du département où habite ma mère, la Somme. J'ai vu cette décision comme une volonté manifeste des autorités de m'empêcher de me réinsérer ou plutôt de me mettre dans une situation de précarité totale pouvant me pousser à commettre des infractions pour survivre. Après avoir fait le point de la situation, je me suis donc établi dans l'Oise, à Creil. Néanmoins, l'interdiction de résidence dans tous ces départements ne m'interdisait ni d'y séjourner, ni d'y circuler. Heureusement, car toute ma famille habitait dans l'Essonne ; nous aurions été au comble de l'arbitraire. Voilà comment je me suis retrouvé dans une situation administrative absurde. Tout cela parce que le petit paria banlieusard dont on croyait s'être définitivement débarrassé en l'expédiant en Afrique, en pleine guerre, avait réussi non seulement à survivre mais à revenir en France.

Jacques, à force de persévérance, a réussi à obtenir qu'on me restitue ma pièce d'identité. Pour cela, nous nous sommes rendus à Beauvais, où j'étais censé résider. Cela a pris à peine quelques minutes. Ce petit morceau de plastique de rien du tout était synonyme d'une vie qui reprenait là où on l'avait interrompue.

Je voulais rompre avec mon passé. C'est dur quand, quoi qu'on fasse et quoi qu'on dise, on vous voit toujours en fonction du passé. C'était si simple de basculer à nouveau, de replonger, de reprendre mes affaires, de regagner de l'argent prétendu facile. Paradoxalement, c'est durant cette période qu'on m'a proposé le plus d'affaires, que ce soit des trafics ou autres. Et pour me convaincre, j'avais droit à toute la panoplie : on m'invitait au restaurant, on me proposait une voiture, de l'argent, etc. Je refusais, je voulais passer à autre chose. Ce choix m'a amené à vivre dans un dénuement quasi total pendant deux ans. Ma famille n'est pas riche, c'est une famille nombreuse, elle ne pouvait pas beaucoup m'aider.

Mon petit frère Lionel m'aidait financièrement ainsi que mon pote Amadou, ils ne voulaient pas que je rebascule. Au sein de la famille, les conflits ont éclaté entre mon père et ma belle-mère. J'ai compris que j'étais indésirable à la maison. Je me suis cassé et j'ai ouvert un squat dans le quartier des Pyramides à Évry. Je m'y suis installé pendant trois ans jusqu'en 2003. Pendant deux ans, il n'y a pas eu de problème puis nous avons eu un ordre d'expulsion. Lorsque j'ai récupéré mes papiers, j'ai pu recommencer à chercher des petits boulots. Et, entre-temps, j'ai rencontré ma future femme, Faïza.

Faïza

Quand je suis revenu d'Afrique, je me sentais prêt à fonder une famille. Je voulais passer à autre chose. Mais je ne cherchais pas. Ça viendrait comme ça viendrait. Un dimanche, en juin 2001, je n'avais rien à faire, je suis allé me balader avec mon pote Éric à Paris. Éric est un des mecs qui se sont battus aux Pyramides contre les Tarterêts et Grigny avec mes frères, mes cousins, nous sommes tous restés très proches. Au retour de Paris, le train s'est arrêté à Juvisy, il fallait attendre une demi-heure pour avoir le train suivant. On est descendu à la gare de Juvisy pour se balader.

Et là, je l'ai vue ! Elle attendait à un arrêt de bus. Je l'ai trouvée charmante et j'ai dit à mon pote, en rigolant, que j'allais lui parler. Comme je suis plutôt réservé, il m'a mis au défi de le faire. Sans ce défi, je n'y aurais pas été. Je me suis avancé mais je ne savais pas quoi lui dire. Deux mômes passent, deux petits Renois qui devaient avoir sept, huit ans. Elle les voit arriver, elle sourit, et eux rigolent. Et tout de suite je fais : « Ah ! ça va ! » Et je commence à leur parler, à les interpeller, je leur donne des noms. Elle rigole parce qu'elle voit bien que je ne les connais pas. En fait, c'étaient deux mômes dont elle s'occupait dans l'animation à Athis-Mons. Je parle avec eux, je rigole et après je commence à parler avec elle. On a parlé quelques secondes, elle était morte de rire, parce qu'elle est vachement souriante, Faïza. Puis, au bout d'un moment, je lui dis :

– Bon ben, écoute, donne-moi ton numéro.

Elle me l'a donné.

– Tu es sûre que c'est le bon ? Parce qu'il y a beaucoup de meufs qui donnent des faux numéros.

– Non, non, je t'assure.

– Bon, je t'appelle.

Je suis parti. On s'est appelé pendant un mois. Puis elle est partie en vacances dans sa famille, pendant tout le mois d'août. Quand elle est revenue, finalement, on s'est vu. Je l'ai invitée au restaurant, on est allé se balader, on est sorti ensemble. C'est là que ça a débuté. Elle est devenue ma femme. Elle venait me voir de temps en temps quand elle quittait le boulot ou bien j'allais la voir. Elle habitait avec sa sœur. C'était ma bouffée d'air frais. Avec elle, j'oubliais les tracas de la vie. C'était une période assez obscure, les problèmes de papiers, des conflits familiaux, un appartement squatté. J'avais l'impression que ça n'avançait pas, je me disais que j'allais rater ma vie, devenir un pauvre type. Il y avait la pression du ministère de l'Intérieur et de la police. Je ne pouvais rien faire, je ne pouvais pas gagner d'argent. Ou je tenais le coup et j'arrivais embrayer sur autre chose, ou je pétais un plomb et je repartais dans ce que je faisais avant.

J'ai fait le choix de tenir le coup, encore. Je n'avais pas d'argent mais je me suis débrouillé pour en avoir quand je sortais avec elle. De son côté, elle avait quitté ses parents dans le Sud pour s'installer chez sa sœur en région parisienne. Elle travaillait ; les choses allaient assez bien pour elle. Elle avait une vie et moi pas. Quand on a commencé à se fréquenter, sa sœur qui bossait sur Évry a entendu parler de moi. Elle a dit à Faïza que j'étais un type dangereux et lui a conseillé de cesser de me voir. Mais je lui avais déjà tout raconté sur mon passé. Elle était certainement la personne qui me connaissait le mieux. Quand sa sœur lui a parlé de moi, Faïza avait fait son choix et souhaitait rester avec moi. Elle a toujours été là pour moi. Elle ne m'a jamais posé de questions, elle m'a toujours fait confiance malgré les difficultés que je traversais. J'allais la chercher à la sortie du boulot, on parlait d'avenir. Quand j'ai eu mes papiers, j'ai commencé à bosser comme concierge dans les cités universitaires, puis comme agent de sécurité dans la société d'un ami, comme concierge à nouveau pour un groupe immobilier sur les Champs-Élysées. Je me suis renseigné pour obtenir un appartement. Nous sommes passés par une association qui aidait les jeunes. Elle a d'abord obtenu une chambrette, puis un studio.

Un jour, on s'est engueulé, je ne sais plus trop pourquoi. Elle m'a dit : « Je vais chez ma sœur. » Arrivés devant chez sa sœur, on s'engueule à nouveau et tout d'un coup, elle me dit : « Je crois que je suis enceinte. » J'ai soudain réalisé qu'on s'était engueulé parce qu'elle avait peur de me le dire. Je n'ai pas compris, j'étais super-content. On a fait comme tout le monde, on a attendu la naissance de notre petit bout, on a acheté ce qu'il fallait et, en août 2003, Réda est né. On est allé ensemble à l'hôpital, ça a duré huit heures. J'ai assisté à la naissance de mon fils, j'ai coupé le cordon, je l'ai lavé avec l'infirmière. C'était un bonheur, on était transporté. Un an après, on a obtenu un appartement dans lequel je vis encore. Aujourd'hui, Réda a cinq ans, il nous réclame un petit frère. Ma femme et mon fils représentent la plus grande réussite de ma vie. Si je n'avais pas rencontré Faïza, je ne sais pas ce que je serais aujourd'hui. Elle est ma bouffée d'oxygène, mon étoile, ma moitié et mon fils l'autre. À eux deux, ils représentent le meilleur de ce que je suis et de ce que je peux offrir. Pour eux, rien ne pourra jamais m'entraver.

Grand frère

À mon retour d'Afrique, je suis arrivé aux Pyramides en plein conflit entre quartiers avec les jeunes de Grigny et de Corbeil. Les Pyramides, La Grande Borne, les Tarterêts, c'est ce qu'on appelle ici le « triangle des Bermudes ». Après mon expulsion, les embrouilles de Montconseil/Tarterêts avaient continué et s'étaient amplifiées. Les mecs des Tarterêts avaient pris un net avantage du fait de leur nombre et de la protection dont ils bénéficiaient. Ces histoires de quartier ont petit à petit débordé sur la ville d'Évry puis sur Grigny. Cela rendait la situation explosive et compliquée. Trois quartiers étaient concernés au départ puis d'autres sont entrés dans le jeu, comme La Nacelle à Corbeil, les Épinettes et le Canal à Évry.

Ensuite, le bizness a pris le pas car quand on fait du bizness, il n'y a plus trop d'histoires. Les Tarterêts évitaient de se retrouver face à face avec La Grande Borne parce que c'était chaud, ils évitaient de se rentrer dedans. Leur grand problème, c'était les Pyramides. Au départ, aux Pyramides, les Arabes étaient majoritaires ; ils se sont fait écraser rapidement. Mais, juste avant que j'arrive, tous les petits Noirs, des Zaïrois pour la plupart, des gamins de quinze ans et quelques Rebeus en ont eu marre et se sont rebellés. La tension est montée. Il y a eu un mort, Sinan [1], un jeune des Tarterêts s'est fait tuer.

Un jour, les mecs des Tarterêts ont fait une descente aux Pyramides. Ils sont arrivés sur un terrain désert, ils n'ont trouvé personne ; ils ont mis deux-trois baffes et ils sont repartis à pied en direction de l'Agora. Mais les mecs des Pyramides leur avaient tendu un guet-apens. Quand ils sont passés sur la dalle, ils se sont engagés sur le pont qui donne sur la rue Desaix, ils se sont fait prendre des deux côtés du pont. Ils se sont fait tirer dessus, courser. Ils ont couru vers l'Agora et le commissariat. Après cela, ils ont arrêté leurs descentes : leur suprématie commençait à être remise en cause.

J'ai débarqué dans cette atmosphère. Mes frères et mes cousins étaient dans les embrouilles avec les mecs du quartier. J'ai essayé de rester en dehors de tout cela. J'étais plongé dans mes affaires de régularisation avec Jacques. Mais souvent, j'allais faire mes courses à l'Agora. Les mecs des Tarterêts y venaient encore, ça se frittait. J'observais, mais je ne m'en mêlais pas. Force est de constater que les mecs des Tarterêts et de Grigny venaient foutre le bordel. Aux Pyramides, c'étaient souvent des petits Zaïrois qui se battaient ;

---

1 Sinan, un jeune de dix-sept ans habitant les Tarterêts, est mort le 9 mars 1998. *L'Humanité*, 11 mars 1998 : « Après la mort de Sinan à Évry : l'hommage de toute une jeunesse qui refuse la violence. »

ils étaient dépassés mais ils tenaient le coup. Il s'agissait de mes frères et de certains de mes cousins.

D'un côté, il fallait réagir parce que si tu ne réagis pas, tu te fais complètement écraser. Mais de l'autre, il fallait discuter, il fallait expliquer à tous ces petits qu'ils devaient aller à l'école. Il fallait expliquer que cette situation n'était pas une fatalité, que ce n'était pas quelque chose qui allait durer indéfiniment, que dans ces embrouilles, ils allaient perdre deux, trois ans. Et après, comme beaucoup avaient déjà arrêté l'école, que feraient-ils ? Le temps de se remettre à flot, d'essayer de sortir de cette brume, de retrouver leurs marques, ils perdraient encore un ou deux ans. Il ne fallait pas qu'ils deviennent comme certains dans le quartier, des alcooliques, des drogués qui n'ont pas su prendre le virage.

Il était aussi normal qu'ils se défendent. Je ne leur ai jamais dit quoi que ce soit là-dessus ; ils faisaient ce qu'ils avaient à faire. Mais quand ça a débordé trop et que ça devenait dangereux, j'ai été obligé d'intervenir. J'ai joué mon rôle de grand frère. S'il fallait parler, je parlais, s'il fallait frapper, je frappais. J'ai réagi, parce que je ne supporte pas qu'on s'en prenne à quelqu'un de plus faible. À partir du moment où on vient chercher mon aide, je te l'apporte. Avant, elle était brutale ; avec le temps, j'ai appris à écouter, à discuter. J'ai payé des pots cassés pour ça, parce qu'on a continué à me voir comme une espèce de démon. Mais le problème existait avant que je sois là. Je n'ai pas agi comme je l'aurais fait dix ans plus tôt. À l'époque, j'aurais fait la guerre jusqu'à écraser l'adversaire. Là, j'ai essayé de dialoguer.

J'ai rencontré quelques mecs des Tarterêts et de La Grande Borne. Je leur ai dit : « À nous tous, on constitue une force considérable, ce serait préférable de l'utiliser à bon escient. » Je leur ai proposé de monter une association. Je me suis replacé dans la position que je n'avais pas prise quand on est sorti des bandes. Ils ont été emballés. Le plus difficile était de stopper les guerres de quartier. Je n'essayais pas d'empêcher les mecs des Pyramides de se défendre, j'aurais été mal perçu, j'essayais juste de limiter les embrouilles. Je leur demandais s'ils pensaient à l'après. Ils me parlaient de biz, je leur disais que ce n'était pas une finalité, que peu réussiraient. Beaucoup de jeunes avaient des problèmes de papiers, d'appartements, des problèmes familiaux. J'ai fait un peu office d'éducateur parce que je connais du monde, parce que je savais plus ou moins comment faire. J'avais un ami éducateur, un autre producteur, je les envoyais les voir de ma part. Je les ai aussi impliqués dans le monde associatif. Je leur ai toujours dit : « Vous êtes dans une espèce de glu, je comprends que dans ce monde-là vous deviez vous défendre, vous battre, parce que ça se passe comme ça, mais à côté, il ne faut pas oublier qu'il y a la réalité qui reste la même pour tous. Il faut rester le plus proche de cette réalité parce que le jour où on veut sortir de la bulle, à n'importe quel moment, c'est possible de rattraper le train, de s'en sortir. »

Une nouvelle expérience associative

En 2001, j'ai monté une association que j'ai appelée Réseau F, à Évry. On a monté cette association sur la citoyenneté et la réconciliation républicaine, pour essayer de calmer un peu les embrouilles entre les jeunes d'Évry et de Corbeil, d'Évry et de Grigny. On a organisé des tournois de foot ; j'ai fait venir des mecs des Tarterêts à un moment où c'était super-chaud. Cela semblait inconcevable à ce moment-là parce que c'était super-tendu. On a aussi fait venir des mecs de Grigny. On a essayé de créer une amorce de dialogue. Comme je connaissais le système politique, à chaque fois, je faisais venir les médias. L'association s'est fait connaître comme ça. J'ai eu des problèmes parce que certains ont pensé que Réseau F, cela voulait dire Réseau Fight. Mais c'était Réseau Fase, du surnom d'un de mes amis qui était mort dans un accident de voiture avec cinq autres personnes.

La mairie ne voulait pas nous faire confiance. On a fait des demandes de subventions trois années de suite mais on n'a jamais rien eu. Même chose côté conseil général. Mais on a fait avec. On a cherché d'autres collaborations avec McDo, Pizza Hut. On a travaillé avec les responsables de la Croix-Rouge ; j'obtenais des bus de la part de TICE [2] ; on intéressait plein de gens mais la mairie ne voulait rien savoir. Pourtant, quand Manuel Vals, le maire d'Évry, s'est présenté pour la première fois, j'ai organisé des réunions pour lui. Il est venu chez moi lors d'une de ces réunions. Il a gagné les élections en mars 2001 et il nous a oubliés aussi vite. Pire, durant toutes les embrouilles, Évry est passé en zone sensible, a obtenu un grand projet de ville avec Corbeil pour lequel ils ont dit recevoir 100 millions d'euros pour chaque ville. Avec autant d'argent, ils n'ont rien fait pour les jeunes ; ils ont fermé les maisons de quartier, tout est resté centralisé à la mairie. Cet argent, ils l'ont eu à cause des embrouilles des jeunes, mais qu'ont-ils fait pour les jeunes ?

Ensuite, j'ai commencé à bosser avec une association qui s'appelait La Cave, qui soutenait les jeunes pour leurs projets et a mis un bureau et un téléphone à ma disposition. J'ai essayé d'observer et de comprendre ce qui se passait dans le quartier, de faire des choses pour les jeunes. J'ai fait cela pendant huit mois. Je n'étais pas rémunéré. Alors, j'ai pris le large ; il fallait bien vivre.

J'avais des copains à Corbeil qui avaient des connections avec SOS Racisme. J'ai rencontré un membre du Conseil national de SOS, qui s'était mobilisé contre mon expulsion. On a travaillé ensemble pendant quelques temps. Ensuite il

2 Réseau de transport public local.

m'a recommandé d'intégrer SOS et je me suis retrouvé au Conseil national, fin 2002. Je suis resté pratiquement deux ans à travailler avec eux, à organiser des réunions, des manifestations. Mais moi, je travaillais sur Évry. On a motivé les jeunes pour participer à leurs manifestations, éveiller leur conscience politique, leur faire comprendre qu'ils pouvaient entreprendre des choses, maintenant. SOS Racisme est une association qui s'implique beaucoup dans les problèmes rencontrés par les gens issus des banlieues, sur les problèmes de racisme et de ségrégation. Mais c'est une association nationale, qui est amenée à travailler sur tout le territoire français. Dans certains endroits, il faut vraiment être là au quotidien, pour être à l'écoute, pour comprendre, trouver des solutions durables. SOS Racisme organise des manifestations d'envergure pour faire bouger les choses à un niveau politique. C'est bien que cela existe, ça peut être utile, mais leurs réponses ne sont pas tout à fait adaptées à nos problèmes. J'ai aussi l'impression que là-haut, au niveau national, les gens qui sont au bureau de SOS pensent d'abord à leur carrière. Tu apprends tout un tas de choses, par exemple que le président de SOS Racisme, à l'époque, était payé par Universal Music, que finalement, ils sont tous au Parti socialiste, que les gens du bureau sont nommés directement depuis les hautes sphères du Parti socialiste. Cela ne m'a pas plu. Comme d'autres alors, j'ai pris le large.

Le rap, écrire

J'ai aussi essayé d'aider mes frères parce que je voyais qu'ils avaient envie de faire des choses. À l'époque, mes frères avaient quatorze ans et ils voulaient raper. On s'est trouvé l'appartement d'un voisin chez qui on travaillait avec un pote qui était DJ. À mon retour en France, ils avaient le même engouement que moi pour le rap, alors je suis allé en mairie, j'ai cherché des contacts, monté des projets. On a fait de la musique ; mes frères ont commencé à chanter ; j'ai fait office de manager pour eux. On a organisé des concerts, cela a duré pendant presque un an et demi. Je trouvais des financements pour les transports, les tenues. Je leur trouvais des salles. Ça se passait bien. Ça s'est arrêté parce qu'ils n'avaient pas la volonté nécessaire pour aller au bout des choses. Ils ont peut-être eu peur que ce soit quelque chose de trop sérieux. Quand il y a eu de vrais contrats avec une maison de production, ils ont faite volte-face. Je l'ai mal pris mais, après tout, c'était leur choix. J'ai laissé tomber.

J'avais déjà commencé à écrire des textes au moment des embrouilles entre Tarterêts et Montconseil. J'ai commencé à écrire parce que j'étais quelqu'un d'assez fermé, assez froid, en tout cas c'est comme ça que les gens me voyaient, quelqu'un avec qui on ne pouvait pas discuter. Un jour à la gare de Corbeil j'ai rencontré un ami d'enfance, Hubert Koundé[3], qui m'a proposé que je lui fasse lire mes textes. Il les a trouvés très intéressants. Il m'a indiqué comment les protéger, les faire enregistrer. Il m'a encouragé à continuer dans cette voie. C'est ce que j'ai fait, j'ai continué à écrire. Quand j'ai été expulsé, Patrick, mon ami éducateur, a réussi à me joindre et il m'a conseillé de continuer à écrire. Il m'a aidé à corriger les textes mais après, il y a eu la guerre et je suis passé à autre chose. Quand je suis revenu en France, j'ai mis mes textes en ordre, j'ai écrit. Mais comme il n'y avait pas d'opportunité d'en faire quelque chose, je les ai rangés dans un placard.

Je suis tombé dans la déprime, rien ne fonctionnait dans ma vie. Je ne me suis pas laissé aller à la colère mais je me suis

---

3 Hubert Koundé est comédien ; il a joué dans *La Haine* (1994) de Mathieu Kassovitz. Il est aussi auteur dramatique.

enfermé chez moi, c'est un des moments où j'aurais pu basculer. C'était comme si on m'avait ouvert la porte puis on me l'avait refermée à la figure.

Je me suis dit, je suis capable de faire des choses, de faire bouger les gens. J'ai vu qu'il y avait une possibilité avec les médias. J'ai commencé à me servir de mes relations, de mon réseau d'influence pour entrer dans le milieu de la télé, des journalistes. En observant, j'ai compris que le bordel créé par les mecs de quartiers représente une gigantesque pompe à fric. Les gens ne se rendent pas compte, mais ça permet aux journalistes et aux universitaires de faire un bouquin, à l'éditeur de le vendre, ça aide les politiciens pendant les élections et ça permet à la municipalité de récupérer de l'argent parce qu'on passe en zone sensible. Et les grands perdants dans cette histoire, ce sont les mecs qui sont en train de se casser la gueule parce que eux, ils ne comprennent pas ce qui se passe et ne touchent rien ou pas grand-chose.

À partir du moment où j'ai compris cela, j'ai pu moi aussi gagner de l'argent sans plus avoir à foutre le bordel, à menacer, à affronter. Les journalistes n'arrivaient pas à entrer dans les Pyramides, dans les Tarterêts ni à La Grande Borne. J'avais fait quelques reportages avec Yumi Production ; nous avions tourné un film sur le bus 402 [4]. Je m'entendais bien avec des journalistes du *Républicain*, de *Libération* et du *Parisien*. Je me suis rapproché des gens de France 2, France 3, qui avaient besoin d'entrer dans le quartier, pour faire leurs reportages. Je suis devenu pigiste, j'ai commencé à gagner de l'argent. Cela payait bien, même très bien. J'ai négocié mes contrats. Si je faisais trois ou quatre reportages dans le mois, je m'en sortais bien. Pour un reportage, je gagnais entre six cents et mille euros. Les reportages passaient au 13 heures et au 20 heures.

---

4 *La Véritable Histoire du bus 402*, film d'André Van In, Les Films d'ici, 2002.

J'ai essayé de me stabiliser, de gagner peut-être moins d'argent mais d'avoir un vrai contrat, un CDI, pour pouvoir commencer à construire ma vie. Il y avait un poste à France 2. J'étais en compétition avec une petite Beurette de Paris. On ne faisait pas le même type de reportage ; du fait de mes relations, je pouvais faire de gros reportages, parfois des scoops. Elle, c'étaient des petites histoires de quartier. Ils l'ont choisie ; j'ai été un peu dégoûté. Après, j'ai bossé à *Libération* aux services généraux et pour France 2 avec un journaliste qui est ensuite passé à TF1. J'ai participé à des reportages sur les trafics de voitures, sur les filières pour retaper les voitures. J'aurais pu le faire seul. Tout ce qui me manquait, c'était un caméraman, une formation de journaliste. Le journalisme, c'est comme le bizness ; chacun pense à sa carrière. Les gens ne t'appellent que quand ils ont quelque chose à demander.

Aujourd'hui

Malgré toutes ces années, bien que j'aie changé et sois devenu un autre homme, les gens persistent à voir le Lamence d'avant. Certains parce que cela leur rappelle une époque, d'autres parce que cela les arrange et les derniers parce qu'ils ont toujours entendu parler de moi de cette façon. Aujourd'hui, j'envisage pas mal de projets, des choses simples de la vie : avoir un autre enfant, ou deux, et puis me marier officiellement. Mes aspirations sont celles de tout le monde : travailler, gagner de d'argent.

En 2005, j'ai racheté des parts d'une société de communication en difficulté. Ma femme et moi avons pris des dispositions pour que mon fils puisse faire des études. On a toujours un petit schéma dans la tête pour l'avenir de ses enfants. Cela peut ne pas se passer comme prévu ; on va le suivre, le suivre correctement et on fera ce qu'il faut pour qu'il aille à l'école, pour qu'il passe des diplômes intéressants parce que les perspectives d'avenir sont difficiles. On lui expliquera qu'il y a des choix à faire dans la vie et que chacun assume ses choix, qu'il le veuille ou non. On lui transmettra les valeurs que nous avons acquises, pour moi par l'expérience et pour sa mère par transmission, parce qu'elle n'a pas eu les problèmes que j'ai eues, elle a toujours vécu « normalement ». Ces valeurs, c'est le travail. Il faudra qu'il bosse dur. Il n'y a rien qui t'appartient, il faut aller le chercher. Et puis, je lui souhaite d'être plus ouvert que moi, d'être à l'écoute des autres mais de ne pas tout donner aux autres, contrairement à moi. Il aura sa propre vie, ses propres expériences, ses propres choix à faire. Mais au final il fera comme moi, il faudra qu'il les assume, nous devons tous le faire.

Je ne me considère pas comme un chef, ni comme un meneur. J'ai fait ce que j'avais à faire, comme j'avais à le faire, et quand j'avais à le faire, parce qu'on ne m'a pas laissé le choix. Point barre. Je suis rentré dans un système, dans un mode de vie. Dans le monde où je vivais, si je voulais être tranquille, il n'y avait pas d'autre choix que de frapper du poing sur la table. Ce n'est pas une excuse mais si je voulais survivre, il fallait faire ce qu'il y avait à faire. Il y a certaines réactions que j'aurai toujours parce que je devrai me défendre pour protéger les miens, ma famille, ma femme, mon gosse, mes frères ou mes proches.

J'ai perdu beaucoup de temps mais, à part certaines choses, je ne regrette pas mes choix, parce que finalement c'est ce qui m'a permis de me construire tel que je suis aujourd'hui. J'ai choisi de devenir plus sombre que ce que j'étais réellement pour assumer le rôle qui m'était imposé et être capable d'amener mes amis à pouvoir se défendre, à se faire respecter, à exister tout simplement. C'est facile de basculer du mauvais côté mais il est extrêmement difficile d'en revenir : j'en ai fait l'expérience. Les réputations obscures sont comme une seconde peau ; elles vous collent ; on ne s'en débarrasse jamais vraiment. Aujourd'hui encore, quand j'entreprends des choses désintéressées, on s'imagine toujours qu'il y a quelque chose derrière, que c'est sournois, vicieux. Cela m'a coûté à moi, personnellement.

J'ai eu la vie dure, j'ai mené la vie dure à d'autres. Mais je ne me plains pas, d'autres sont morts ou ont manqué le coche.

Ce livre ne cherche pas à faire l'apologie de mon parcours ou de la violence. Il s'agit d'une question de choix dans la vie dans des circonstances données. J'ai été amené à vivre des choses, à faire des choix que j'ai assumés. Ce qui me paraît important, c'est qu'au cours de la vie d'une personne, on arrive à un moment ou à un autre à un point culminant où on se dit : ou je passe le cap et je ne peux plus faire marche arrière, ou je m'arrête là. Pour certains, ça a été tôt, pour d'autres plus tard, pour d'autres encore, jamais. Moi en tout cas, j'ai fait beaucoup de choix et il me semble que je suis arrivé à un moment de ma vie à un point de non-retour. Je me suis dit : « Il faut que je m'arrête, que je passe à autre chose, que je me construise différemment, que je change, personnellement. » C'était le défi : essayer de revenir à la normale.

Je suis un jeune Noir et un mec de banlieue. Ce livre est d'abord écrit à l'intention des jeunes de banlieue, les Noirs, les Arabes, toutes les origines qu'on peut trouver en banlieue. Ce bouquin parle d'unité, de possibilités de faire des choses ensemble, de possibilités de le faire maintenant, tout de suite, sans passer par une vague de violence, de bagarres, sans se tester, s'éprouver et se faire du mal, avant de réaliser finalement qu'il y a bien plus de choses qui nous rapprochent que de choses qui nous divisent. Il n'est pas nécessaire de passer par où je suis passé ou par où les gens de mon époque sont passés pour le réaliser. D'autant plus que les possibilités sont plus grandes aujourd'hui. Ce que je veux leur dire, c'est : ne perdez pas de temps, vous avez des possibilités aujourd'hui que nous n'avions pas, saisissez-les et avancez car votre vie est importante, votre avenir est important pour vous et pour ceux qui vous suivront. Courage, car tous les jours nous gagnons un peu plus en étant reconnus et cette reconnaissance nous donne le respect de nous-même et des autres. Ne vous résignez jamais et ne laissez pas l'adversité ou quiconque vous imposer vos choix. Soyez inventifs et engagés. Ce pays est également le vôtre.

Voyage dans le monde des bandes

Par
Marie-Hélène Bacqué

Cet ouvrage s'achève. Plus que pour d'autres, le point final est difficile à poser. Sans doute parce que la vie dont il est question ici se continue, parce que le travail biographique ouvre des interrogations toujours renouvelées ou encore parce que la collecte de ce récit et son écriture ont appelé une réflexion méthodologique et éthique particulière, réinterrogeant le rapport de la sociologue à son objet, entre engagement et distanciation. Avant d'entrer dans l'analyse, il convient donc de revenir rapidement sur les conditions de réalisation de ce travail, sur quelques choix méthodologiques et sur la relation de la sociologue et de celui qu'on appelle classiquement l'« informateur » dans les manuels de sociologie, qui est ici d'abord auteur du récit de sa vie.

Au point de départ de ce travail, une rencontre ainsi restituée dans les premières pages de mon carnet de bord :

28 décembre 2006.

> J'ai rencontré Lamence pour la première fois ce midi de fin décembre 2006 dans un restaurant indien de Corbeil. Jacques et Patrick avaient organisé le rendez-vous. Nous nous étions déjà rencontrés tous les trois en

octobre pour évoquer un projet de témoignage, éventuellement de livre, à partir de l'histoire de Lamence. J'avais eu cette idée en discutant avec Jacques alors qu'il me racontait son parcours à Corbeil, son expulsion au Congo, les pressions pour le faire revenir et le succès grâce à un vice de forme juridique. Un dossier lourd, m'avait-il dit : « Il a payé, c'est un enfant de la République, je le défends à ce titre. Il est insupportable d'expulser un homme arrivé à l'âge de cinq ans vers son pays d'origine. » Lamence a été un chef de bande redouté en Essonne ; c'est d'abord cela qui a suscité mon intérêt.

Jacques est un élu du groupe Vert de l'opposition municipale à Corbeil-Essonnes. C'est un élu actif et engagé dans sa ville. Lors des dernières élections municipales, il a pris un congé sabbatique de six mois pour faire campagne. La liste Verte, à sa grande déception, a à peine atteint les 8 %. Il dénonce le système mis en place par Dassault, en particulier en direction des jeunes. Il a été objecteur de conscience et a une expérience dans l'éducation populaire. Il est salarié de l'Association pour la démocratie et l'éducation locale et sociale (ADELS), une association engagée pour la démocratie participative ; c'est là que nous nous sommes rencontrés.

Patrick est éducateur à la Protection judiciaire de la jeunesse ; il a connu Lamence jeune et a noué une relation forte avec lui. J'ai appris ce jour-là qu'il est le parrain de son fils et, quand ils se sont embrassés, il y avait du respect et de l'émotion partagés. Patrick est fatigué par la longue dégradation du travail d'éducateur, amorcée selon lui depuis une quinzaine d'années. « Tout ce que nous avons mis vingt ans à construire est cassé. » Il attend la retraite qu'il envisage de prendre dans deux ans, à cinquante-cinq ans.

Nous avions convenu avec Jacques et Patrick que nous ferions ensemble cette proposition à Lamence. Nous étions à peu près d'accord sur ce que nous attendions de ce travail, bien que le projet reste encore très vague : sortir des clichés sur la violence et la banlieue, donner à voir une réalité plus complexe en passant par la parole des acteurs eux-mêmes. Pas de sensationnel.

C'est Jacques qui a présenté notre projet. Nous étions assis autour d'une table ronde, Lamence à côté de moi. Il me lançait des regards de côté, et de temps en temps nos yeux se croisaient. Une personnalité forte, un peu sur la défensive. Un grand et bel homme, un sourire éclatant, une intelligence évidente. Il n'a dit ni oui ni non, a proposé que nous nous revoyions tous les deux pour discuter, m'a demandé combien de bouquins j'avais publiés et demandé à les voir. J'ai senti qu'il voulait me jauger, voir si c'était sérieux. Il m'a demandé si je travaillais seule, a dit que j'avais une tête sympa. Quand je lui ai annoncé que je voulais aussi recueillir d'autres témoignages, il m'a répondu qu'ils donneraient sans doute une image négative de lui mais que ce n'était pas un problème. J'ai répondu que je ne voulais pas juger mais raconter.

Patrick et Jacques ont insisté sur sa liberté de choix, sur le fait que ce n'est pas un choix anodin et que ce travail obligerait à revenir en arrière, à faire un travail sur son histoire, même si ce n'est pas une psychanalyse ou une confession.

Il m'a donné trois numéros de téléphone, je lui ai donné les miens… À suivre.

Je suis sortie très interrogative. Quel type de travail vais-je engager ? Comment à la fois ne pas instrumentaliser Lamence et garder ma liberté de sociologue, ne pas être enfermée dans ses mots à lui et ne pas en faire un objet ?

Écrire un livre à deux voix ? Va-t-il accepter de suivre ce chemin avec une femme ?

Tout nous sépare. Le risque est la naïveté et l'exotisme. Prendre des repères.

Peu de temps après cette première rencontre, Lamence m'a donné son accord ; je lui ai proposé une méthode de travail et quelques principes : en particulier, rien ne pourrait être publié sans notre double accord. Douze entretiens, généralement d'au moins deux heures, se sont succédé à rythme inégal pendant une année. Au cours du premier entretien, j'ai demandé à Lamence de raconter les éléments marquants de sa vie. Puis nous avons repris un fil chronologique, interrompu de beaucoup d'allers et retours. En effet, au gré du jeu de la mémoire, les souvenirs sont remontés progressivement : d'un entretien à l'autre, Lamence se rappelait les détails et les scènes sur lesquels il souhaitait revenir.

J'avais pris le parti de ne pas me plonger d'emblée dans la littérature sur les bandes et, bien que travaillant depuis longtemps sur les quartiers populaires, je découvrais à travers son récit un monde inconnu où il ne m'était pas facile de naviguer. L'image restait brouillée dans la chronologie, les protagonistes, les noms de bandes, de films. Il demeurait des blancs liés à la pudeur, au choix de ne pas dire, au sentiment que ce n'est pas important. À partir de la transcription complète de nos entretiens, j'ai fait un découpage temporel et thématique, et un premier travail d'édition sur le texte que j'ai soumis à Lamence. Il est alors intervenu directement dans le texte, sur son ordinateur, jamais pour supprimer des informations mais plutôt pour les compléter, parfois modifier l'ordre chronologique, répondre aux questions que j'avais posées ou aux développements que j'avais suggérés. Il est entré de plain-pied dans le travail d'écriture. J'ai à nouveau retravaillé le texte en le transformant le moins possible, en essayant de conserver le rythme de la parole dans le passage de l'oral à l'écrit, sans changer le vocabulaire mais en ajoutant quelques notes informatives pour en faciliter la lecture. Il a cependant été difficile de rendre compte à l'écrit des changements de ton : enthousiasme, excitation du récit, regret, nostalgie, colère, rire, etc. Nous avons relu le texte ensemble, parfois à voix haute, ce qui a été l'occasion de moments forts d'émotion, par exemple à la lecture du passage sur le séjour en Afrique : entendre le récit de sa vie par la voix d'un ou d'une autre, c'est en même temps s'en distancier et se le réapproprier d'une autre façon, c'est le voir reconnaître.

Tout en ayant conscience de la singularité de sa trajectoire, Lamence s'est souvent étonné d'avoir tant de choses à raconter et surtout que cela puisse m'intéresser. Il se montrait inquiet de mon regard, de mes réactions. Ce n'était certes pas la première fois qu'il réfléchissait à son parcours. Ses contacts avec des éducateurs, des responsables politiques ou les médias l'avaient déjà amené à se raconter ou à dire « son monde », partiellement. Mais c'est la première fois qu'en se racontant, il retraçait l'ensemble de sa vie, essayait de comprendre les directions prises à des moments cruciaux, de donner sens à son expérience, ce que les sociologues nomment un « travail d'objectivation ». Dans ce processus, je lui ai servi de guide, en l'orientant sur des thèmes qui me semblaient importants, en lui demandant des précisions, en soulignant des incohérences, des blancs. Le récit s'est construit dans cette interaction.

On ne peut entreprendre ce genre de travail sans émotions et sans sentiments [1], et ceux-ci sont contradictoires, confus, parfois même dérangeants. Travaillant sur les milieux populaires et sur les formes d'engagement, j'avais su entrer en empathie avec mes informateurs, me glisser dans leur vie, leur façon de voir, le temps d'un entretien pour restituer ensuite une partie de leur expérience et de leur parole. C'était une position relativement confortable, construite sur une relation inégalitaire en ma faveur et légitimée dans le monde social et académique, car il s'agissait de réhabiliter des groupes sociaux ou des territoires disqualifiés par d'autres discours.

En écoutant Lamence, mes sentiments étaient plus ambivalents : j'ai ressenti tour à tour de l'injustice, de la colère contre les institutions, de l'amusement et de la curiosité quand il racontait des pratiques de vol, mais aussi de l'incompréhension, voire de la

---

1 C'est ce que souligne M. Esterle-Hedibel à propos de son travail de terrain, *La Bande, le risque et l'accident*, L'Harmattan, Paris, 1997.

frayeur ou de l'écœurement vis-à-vis de certaines scènes de violence. Mon travail a donc aussi consisté à « gérer » ces affects, à les analyser et à essayer de construire une forme de distance qui évite l'exotisme, le moralisme ou la banalisation. Mais c'est bien une relation véritable qui s'est construite par cet ouvrage et c'est bien dans le cadre de cette relation que s'est construit cet ouvrage. Je veux ici en remercier Lamence.

Qui est le nègre ? [2]

Le registre du récit autobiographique, écrit à la première personne, articulant narration et points de vue de l'auteur, ne s'est imposé que progressivement. Ce n'était pas mon choix de départ, je pensais plutôt à la forme classique d'un article de sociologie où l'auteur, le sociologue, reste maître de l'analyse et utilise les extraits d'entretien à la fois comme matériau et comme support de sa démonstration.

La force du témoignage de Lamence, son engagement dans ce travail, la réalité de notre collaboration m'ont fait changer d'avis. Nous avons décidé ensemble que son récit constituerait le cœur de l'ouvrage. Ce choix éditorial et méthodologique correspond à une conception du travail sociologique qui ne prétend pas produire *la* vérité mais proposer une construction interprétative, ce qui n'enlève rien à sa rigueur scientifique. Il s'inscrit plus largement dans un intérêt renouvelé au cours des dernières années dans les sciences sociales (essentiellement l'histoire et la sociologie) pour les récits de vie et notamment les biographies d'anonymes [3], comme

---

2 J'emprunte cette question à F. Maspero, « Qui est le nègre ? », *La Quinzaine littéraire*, 16-30 juin 1977.

3 Les récits autobiographiques d'inconnus appartenant aux couches populaires ne sont cependant pas nouveaux, qu'ils soient littéraires, journalistiques ou sociologiques. Ils ont constitué un outil important pour les sociologues de l'École de Chicago dans les années 1930. Dans le domaine qui nous intéresse ici, on notera en particulier C. R. Shaw, *The Jack Roller*, University of Chicago Press, Chicago, 1930, et E. Sutherland, *Le Voleur professionnel*, SPES, Paris, 1963.

en témoignent les nombreux récits de SDF [4] ou les travaux historiques sur les classes populaires [5], visant à faire accéder les dominés, les invisibles à la parole. Bien sûr, Lamence n'est pas tout à fait un invisible ; il a déjà fait l'objet de plusieurs articles de presse ; il est intervenu sur le site Dailymotion [6] à l'occasion d'un conflit entre rappeurs ; il connaît le monde des médias et sait ponctuellement l'utiliser. L'enjeu consistait plutôt ici à apporter un regard de l'intérieur dans un débat social et politique surmédiatisé.

Le récit biographique comme méthode sociologique pose de nombreuses questions scientifiques que je n'approfondirai pas ici [7]. Comme le souligne Howard Becker, la biographie n'est pas un matériau ordinaire, notamment en ce qu'elle se rapproche de la littérature par « une sensibilité, une tension, un rythme dramatique [8] », elle est prise en tension entre fiction littéraire et travail scientifique [9]. Le récit de Lamence peut se lire comme une histoire dans son alternance de dialogues et de descriptions. Pour autant, il ne réduit pas la vie de Lamence à *une* histoire. Tout d'abord, parce qu'il dit beaucoup plus que cette histoire quand il évoque par exemple la culture hip-hop, les modes de sociabilité internes aux bandes ou le rapport à la justice. Par ailleurs, cette histoire est loin d'être linéaire ; elle met en évidence des hésitations, des vies parallèles ou des appartenances à plusieurs mondes ou économies de la

4 Sans exhaustivité, on peut citer celui de P. Pichon et T. Torche, *S'en sortir... Accompagnement sociologique à l'autobiographie d'un ancien sans domicile fixe*, Publications de l'université de Saint-Étienne, Saint-Étienne, 2007 ; A. Fage et J.-F. Laé, *Fracture sociale*, Desclée de Brouwer, Bruxelles, 2000 ; M. Marpsat et A. Vanderburg, *Le Monde d'Albert la Panthère. Cybernaute et sans domicile à Honolulu*, Bréal, Paris, 2000.

5 Voir par exemple M. Catani et S. Mazé, *Tante Suzanne. Une histoire de vie sociale*, Méridiens, Paris, 1982.

6 Dailymotion est un site Internet qui accueille de nombreux témoignages.

7 P. Bourdieu a été parmi les premiers à montrer à juste titre les dangers de la reconstruction artificielle et rétrospective d'une vie selon un fil linéaire et cohérent, P. Bourdieu, « L'illusion bibliographique », *Actes de la recherche en sciences sociales*, n° 62-63, 1986, p. 69-72. Voir également F. Dosse, *Le Pari biographique*, La Découverte, Paris, 2005.

8 H. Becker, « Biographie et mosaïque scientifique », *Actes de la recherche en sciences sociales*, n° 62-63, 1986, p. 105-110.

9 Voir aussi B. Pudal « Le biographique entre "science" et "fiction", remarques programmatiques », *Politix*, n° 26, 1994.

grandeur [10]. Elle permet de saisir les enchaînements, les bifurcations, les hésitations d'un parcours au regard d'un contexte social et politique.

En chaussant les bottes de Howard Becker [11], on peut souligner les différents apports de ce récit. En premier lieu, il permet de discuter les résultats de travaux antérieurs portant sur les bandes de jeunes. Il confirme ainsi certains traits communs à ces jeunes, souvent en décrochage scolaire et familial, souvent issus de l'immigration ; il illustre le rôle des fratries dans la socialisation à la culture de la rue, comme l'a montré Marwan Mohammed [12], ou encore les valeurs guerrières décrites par Thomas Sauvadet [13]. Mais il pointe aussi la sous-estimation, dans ces travaux, des formes d'organisation et de hiérarchie internes de la bande ou encore de la fabrication d'une identité noire, et engage à réfléchir sur la dimension raciale [14] des bandes, non comme forme de communautarisme, mais comme recherche de reconnaissance.

En second lieu, si on connaît déjà le fonctionnement et les échecs d'institutions comme l'école ou la prison, « la biographie peut être particulièrement utile pour [en] éclairer le côté

---

10 Nous nous référons ici à L. Boltanski et L. Thévenot, *De la justification. Les économies de la grandeur*, Gallimard, Paris, 1992, et la lecture qu'en fait F. Dosse, *in Le Pari biographique*, *op. cit.*, p. 233.

11 H. Becker, « Biographie et mosaïque scientifique », art. cit., p. 108.

12 M. Mohammed, « Fratries, collatéraux et bandes de jeunes », *in* M. Mohammed, L. Mucchielli, (dir.), *Les Bandes de jeunes, des blousons noirs à nos jours*, La Découverte, Paris, 2007, p. 97-122.

13 T. Sauvadet, *Le Capital guerrier, concurrence et solidarité entre jeunes de la cité*, Armand Colin, Paris, 2006.

14 Suivant le raisonnement de Didier Fassin, j'utilise volontairement l'adjectif racial plutôt qu'ethnique parce que « parler d'"ethnie" est à la fois un contresens et un faux-semblant : le mouvement social qui se réclame d'un passé commun d'esclavage et de colonisation peut difficilement être présenté comme définissant une "ethnie noire" et, s'il s'agit de qualifier le critère sur la base duquel on rejette le *curriculum* d'un Africain à la recherche d'un emploi, affirmer, avec nombre d'institutions chargées de combattre le phénomène, qu'on a affaire à des "discriminations ethniques" relève d'une euphémisation qui évite la réalité contre laquelle on prétend lutter », D. Fassin, « Nommer, interpréter le sens commun de la question raciale », *in* D. Fassin et É. Fassin (dir.), *De la question sociale à la question raciale ? Représenter la société française*, La Découverte, Paris, 2006, p. 20.

subjectif [15] ». Elle permet de saisir un processus collectif et individuel, ici celui de l'engagement dans le monde des bandes puis celui du « business ». Mais surtout, « le plus grand service est peut-être celui qu'il [le récit] rend aussi à ceux qui ne sont pas des sociologues », à savoir « montrer aux gens les modes de vie de fractions de la société avec lesquelles ils n'auraient jamais eu de contact autrement [16] ». Le récit de Lamence permet ainsi de questionner les bandes du point de vue des *gang members*, la délinquance du point de vue du délinquant, de revenir ainsi sur un certain nombre de préjugés et d'ouvrir de nouvelles pistes de réflexion. C'est sans doute cette dernière fonction qui fait de la biographie ou des récits de vie « une des méthodologies sensibles » où se pose plus qu'ailleurs « la question du sujet du savoir et des usages sociaux du savoir des sciences sociales [17] ».

L'écriture biographique n'est ainsi pas sans risques. Elle pose d'emblée les questions : qui écrit ? pourquoi ? dans quel rapport à l'autre ? et selon quelles règles ? Pour le dire autrement, à qui appartient le récit dans un rapport à l'écriture qui, dans ce cas, est toujours asymétrique ?

Au point de départ, on l'a dit, il y a un projet commun mais des enjeux différents. Pour l'une, la curiosité scientifique et personnelle, l'envie de montrer un autre éclairage de la banlieue, de comprendre le territoire dans lequel elle travaille et aussi la publication d'un travail qui pourra compter dans sa carrière professionnelle. Pour l'autre, la volonté de témoigner pour être utile, de proposer d'autres voies aux jeunes qu'il côtoie, un devoir de vérité vis-à-vis de son enfant mais aussi une recherche de reconnaissance. Dire son passé, c'est à la fois le faire reconnaître et faire valoir qu'il en est sorti. Écrire soi-même son histoire, c'est aussi en rester maître. Ce n'est « pas une simple reconnaissance d'auteur mais plutôt se reconnaître et être reconnu comme auteur de sa vie [18] ».

15 H. Becker, « Biographie et mosaïque scientifique », *art. cit.*, p. 108.

16 *Ibid.*

17 B. Pudal, « Le biographique entre "science" et "fiction", remarques programmatiques », *Politix*, n° 26, 1994.

18 P. Pichon et T. Torche, *S'en sortir...*, *op. cit.*

De ce point de vue, il est important de situer à quel moment de sa vie Lamence écrit ce récit. À l'âge de trente-cinq ans, il ne peut s'agir que d'un bilan provisoire orienté vers une reconnaissance encore fragile dans la société française où, sans lui en donner les moyens, on lui demande régulièrement d'attester d'un changement de vie alors qu'une série de questions restent encore en suspens, comme son interdiction de séjour des départements d'Île-de-France ou le renouvellement de ses titres de séjour en France.

On pourrait décrire cette relation comme une double dépendance ou une double instrumentalisation : la sociologue ne peut écrire ce livre que grâce à l'informateur dont le discours est son matériau. Mais il reste maître de ce qu'il dit. Il s'amuse parfois de ses naïvetés ; il la teste. De son côté, il a besoin d'elle pour écrire et publier ce livre qui représente une opportunité pour accroître son capital social et peut-être passer une étape. La relation établie avec la sociologue représente « une "évasion" hors du cercle des relations habituelles [19] ». Mais il ne connaît pas les règles de ce monde académique et de l'édition où les rapports de force passent par d'autres chemins. On pourrait cependant aussi situer ce projet comme à l'articulation de plusieurs registres d'engagement reposant sur différentes légitimités et composant avec elles. Dans tous les cas, il s'est construit sur un échange et grâce à une relation de confiance établie progressivement.

L'histoire comme enjeu

L'histoire des bandes représente aussi un « marché » dont certains ont profité. Les polémiques qui ont agité les groupes de rap français à la fin de l'année 2007 autour de la chanson du rappeur Jean Gabin, *J't'emmerde*, en témoignent. Par cette chanson, Jean Gabin, ancien membre des Requins vicieux, revendique l'héritage des bandes au nom de l'expérience vécue et le dénie à d'autres

---

19 G. Mauger, *Les Bandes, le milieu et la bohème populaire. Études de sociologie de la déviance des jeunes des classes populaires (1975-2005)*, Belin, Paris, 2006, p. 141.

qui l'ont mis en chanson et en quelque sorte commercialisé. Il « balance » le passé de plusieurs groupes ou chanteurs connus, par exemple Pit Baccardi : « Eh, plutôt timide pour un pit', un épagneul sorti tout droit de la SPA », Rockin'Squat, « Des squats, t'en as que l'odeur, et rien d'un assassin, enfance dorée, c'est l'hôpital qui se fout de la charité... » Il polémique particulièrement avec Booba, l'un des rappeurs français les plus vendus, à qui il reproche de s'être créé un personnage de dur alors qu'il serait un fils d'avocat ayant fait trois ans d'université et qu'il n'aurait passé que quelques jours en prison. Il reproche ainsi à ces différents chanteurs d'utiliser un passé qui n'est pas le leur et de le commercialiser. Il leur oppose sa vie, mise en scène à travers ses chansons, et une « vraie » expérience de la violence, de la prison [20].

Dans la même lignée, le documentaire *The Black Dragons Gang* [21], réalisé par un ancien membre de cette bande et construit sur des entretiens de membres historiques de la bande, raconte la naissance des Black Dragons comme une réaction au racisme, en les situant dans la lignée des Black Panthers nord-américains : « Parmi eux, des hommes ont réussi à créer une alliance contre toutes les formes de haine envers la jeunesse issue de l'immigration. Avec pour valeurs communes la solidarité, l'unité, l'honneur et la loyauté. » Ce film répond à plusieurs enjeux. Il permet de réhabiliter l'image des bandes dans une perspective politique, qui n'est pas seulement rhétorique : sur le même CD, on trouve un clip appelant les jeunes à voter sur la base d'un discours social et politique large qui dénonce les inégalités (sont par exemple présentées des images des tentes de SDF sur les bords du canal Saint-Martin). Il permet par ailleurs de rappeler la place des membres historiques dans ce combat, cette « cause ». Ainsi des interviewés : « Le rap c'est nous, la rue c'est nous », ou « Le rap, c'est des mecs qui ont quarante ans », ou « Il y a un manque de reconnaissance. Quand tu vois des

---

20 Après l'assassinat de sa mère et de son compagnon par son père, il a passé dix ans à la DDASS. Adolescent, il a appartenu aux Requins vicieux. Il a passé sept ans en prison après un braquage. Album *Ma vie*, Hostile, 2003.

21 *The Black Dragons Gang. La vraie histoire des Black Dragons*, Cinq Sens production, 2007. Le CD est vendu par tous les grands diffuseurs.

gens qui racontent ta vie et qui n'ont rien fait », « les BD c'est pas une légende, on a marqué notre histoire. » Enfin, il s'agit, même plus de quinze ans après, de se faire reconnaître comme la « principale bande » et le film ne fait quasiment pas mention des autres.

Plusieurs des anciens membres des bandes appartenant à la même génération, rencontrés au cours de cette enquête, m'ont fait part de ce même sentiment de récupération, voire de spoliation de leur histoire par des « rappeurs de salon ». Ainsi Max, un ancien leader des Black Dragons : « Je pense qu'il aurait fallu qu'on crée un syndicat, nous, les anciens membres des gangs, pour défendre notre culture, ou alors une association, pour défendre notre culture qui est née de la misère. Parce que aujourd'hui, on nous l'a volée et on a mis des pantins... Pour moi, c'est des pantins tous ceux qui sont à la place... C'étaient des gens des figurants, ou ils étaient là plus ou moins. Et ils ont récupéré la sève du truc [22]. »

Des forums Internet entretiennent la polémique. On peut par exemple lire de Ruff Ruff, *senior member* : « Booba c'est nous qui l'avons fait, il nous doit ça et les gens ont raison de lui rappeler ça [...]. Si nous, les anciens, on avait l'occasion d'expliquer ça aux jeunes, de dire que ces mecs-là ils vont vous carotter, c'est pas des vrais acteurs du truc [du rap], c'est des mythomanes. Vous les jeunes, vous êtes encore plus des acteurs, plus actifs que ces mecs-là. Tout ça, c'est boycotté, y a une censure totale... Y a une censure pour garder le monopole, ce sont des gens qui ignorent vraiment l'histoire [23]. »

Pour les plus jeunes, les Black Panthers, les Requins vicieux, les Black Dragons ou les Fight restent des noms mythiques, comme le montrent d'ailleurs les bandes de juniors qui se réappropriant ces noms, cherchant ainsi à s'inscrire dans la lignée. Un groupe de jeunes de la Grande Borne à Grigny a ainsi produit un documentaire sur les bandes, construit à partir d'une série d'interviews qui cherchent à éclairer cette histoire mythique. L'écriture du passé représente bien une lutte de reconnaissance dont ne peut s'extraire

22 Entretien avec Max réalisé à Paris, mai 2007.
23 13 juillet 2007, http://www.wech.org/forums.

cet ouvrage et qui renvoie à des enjeux à la fois matériels et symboliques pour les différents protagonistes.

Jusqu'alors, outre des travaux sociologiques qui sont rarement entrés au cœur de ces bandes [24] et sont dans tous les cas peu connus des jeunes de banlieue, les principaux écrits appartiennent à des journalistes et ont souvent un discours peu distancié [25]. Écrire sur les bandes, à partir du témoignage des principaux acteurs, c'est réorienter le lampadaire, changer le jeu d'ombres et de lumière. Se pose alors la question de la vérité, de ce qui est dit ou tu, transformé ou embelli.

Le récit de Lamence a été complété par une recherche systématique dans la presse, permettant de confirmer et dater certains événements, et par des entretiens fournissant d'autres points de vue. Mais, comme l'écrit Maryse Marpsat au sujet du journal d'Albert, un SDF, qu'elle publie et commente : « Qu'est-ce qui permettrait de disqualifier ce que dit Albert, en tout cas d'en douter davantage que d'un discours récolté dans les salons [26] ? » Surtout, autant que les informations factuelles données par le récit, ce sont ici les interprétations qu'il propose qui nous intéressent. Dans le premier chapitre de *The Jack-Roller*, récit autobiographique d'un jeune délinquant, Clifford Shaw écrivait ainsi : « Il faudrait aussi pointer que la validité du document personnel ne repose pas sur son objectivité ou sa véracité. Ce n'est pas une description objective de sa vie par le délinquant qui est attendue ici. Au contraire, on attend de son récit qu'il reflète ses attitudes et interprétations personnelles car ce sont ces

---

24 On relèvera cependant l'ouvrage de P. Louis et L. Prinaz, *Skinheads, Taggers, Zulus & Co*, La Table Ronde, Paris, 1990, qui analyse de façon très convaincante la structuration des premières bandes. Par ailleurs, certains travaux étasuniens s'appuient sur des observations de terrain très fines, précieuses pour ma propre analyse. En particulier, P. Bourgois, *En quête de respect. Le crack à New York*, Le Seuil, Paris, 2001 ; M. Jankowski, *Islands in the Street*, University of California Press, Berkeley, 1991 ; S. Venkatesh, *Gang Leader for a Day*, Penguin Press, New York, 2008.

25 L'un des plus renseignés mais peu distancié sur la violence des bandes est celui d'A. Giudicelli, *La Caillera*, Jacques Bertoin, Paris, 1991.

26 M. Marpsat et A. Vanderburg, *Le Monde d'Albert la Panthère…*, *op. cit.*

facteurs personnels qui sont importants dans l'étude et le traitement de cas [27]. »

De ce point de vue, le récit de Lamence Madzou peut parfois apparaître dérangeant pour le lecteur en ce qu'il le plonge directement, sans l'enveloppe protectrice de l'interprétation sociologique, de la reformulation romanesque ou de la confession du repenti, dans des scènes où l'excitation du vol et de la violence est restituée telle quelle. Mais là est justement son intérêt. Certains y verront une forme d'autojustification, voire d'apologie de la violence, une mise en scène d'une sortie respectable, ou regretteront le manque de recul. Il aurait sans doute été plus « politiquement correct » de donner à lire le modèle exemplaire d'une trajectoire allant tout droit de « l'ombre vers la lumière » et proposant une lecture rétrospective rassurante. Cette question traverse la production de tout travail sur le réel, aussi bien écrit que visuel. Mais, si les sciences sociales ont une responsabilité dans les débats sociaux et politiques, elles ont notamment celle de donner à voir l'existence de différents mondes, le regard des acteurs qui les constituent, aussi dérangeants soient-ils.

Une enquête dans le monde des bandes

Le témoignage que nous livre Lamence Madzou est le récit d'une vie faite de choix et d'engagements personnels mais qui se construit dans un contexte social et politique large faisant intervenir d'autres acteurs, des institutions et des représentations sociales. L'analyse qui suit le met en perspective par quelques éléments contextuels et éclaire ainsi un double processus : processus individuel de décrochage scolaire et familial, d'entrée dans la déviance et de tentatives, multiples, de reconversion ; processus collectif de constitution d'une bande juvénile en grande banlieue

27 C. Shaw, *The Jack Roller, a Delinquent Boy's Own Story*, The University of Chicago Press, Chicago, 1930.

parisienne, de sa montée en puissance, de sa disparition et de la gestion de son héritage [28].

Les explications psychologiques décrivant la personnalité propre de Lamence Madzou seront laissées de côté pour s'intéresser aux dynamiques qui nouent destin individuel, mobilisation collective et enjeux sociaux. On relèvera simplement que, si Lamence Madzou appartient à une famille économiquement démunie en France, celle-ci est loin d'être culturellement et socialement parmi les plus défavorisées des immigrés d'origine africaine [29]. Son père, enseignant, travaille à l'ambassade du Congo avant de se trouver sans emploi suite à des changements politiques. Sa mère est l'épouse d'un commandant, proche pendant un temps du président du Congo. C'est sans doute pour partie ce capital de base, même non reconnu dans la société française, qui lui permet de devenir un leader puis un « chef de gang ». Le décalage entre ces deux positions, « favorisée » au Congo parce qu'il appartient aux cercles du pouvoir et bénéficie d'un statut de « Français », et stigmatisée en France parce qu'il est noir et d'origine africaine, participe sans doute aussi d'une conscience aiguë de l'injustice sociale.

D'emblée, ce témoignage permet de s'exonérer d'un débat récurrent dans les travaux de sciences sociales s'intéressant à la délinquance juvénile ou aux jeunes des classes populaires au cours des années 1990 : les bandes existent-elles ? Représentaient-elles une forme d'expression des classes populaires liée à la classe ouvrière et au monde industriel aujourd'hui disparus, comme le soutient François Dubet dans son ouvrage de référence sur la jeunesse ouvrière, *La Galère, jeunes en survie*, publié en 1989 [30] ? Les

---

28 La notion de processus n'implique dans ce cas ni linéarité, ni enchaînements obligatoires ; elle prend en compte des discontinuités, des ruptures, des contradictions.

29 Ce constat de décalage des origines et formations des leaders est classique. B. Pudal en a fait l'analyse pour les cadres du mouvement ouvrier, *in Prendre parti. Pour une sociologie historique du PCF*, FNSP, Paris, 1989.

30 Quelques années plus tard, on peut lire sous la plume de J.-C. Lagrée : « Enfin, bandes organisées, structurées, avec un leader, des signes identificatoires, un rituel, elles participaient de la société industrielle où prévalait un fort antagonisme de classe dont elles étaient l'expression. Mais sur ce point au moins, les chercheurs

bandes et plus encore les gangs ne sont-ils qu'une seule construction médiatique ? Si le récit de Lamence Madzou peut avoir pour effet, en centrant le regard sur une expérience vécue, de ne voir la réalité qu'à travers ce filtre et d'amplifier ce qui pourrait être considéré comme marginal, il n'en demeure pas moins le témoignage d'une aventure commune et bien réelle, encore présente dans l'imaginaire collectif.

On ne s'attardera pas non plus sur la définition des bandes qui a déjà fait l'objet de nombreux travaux et discussions. Lamence Madzou décrit des groupes de jeunes structurés et affranchis de l'intervention des adultes, opérant sur un territoire défini, unis par un ensemble de valeurs et de normes, déployant des conduites en rupture avec le reste de la société, voire délinquantes[31]. Ces collectifs, plus ou moins fluctuants, sont désignés comme « bandes » par leurs membres. Le seul fait de leur donner un nom et de les faire reconnaître ainsi atteste bien de leur réalité comme collectifs imaginés si ce n'est vécus. Cela n'empêche pas, comme nous le montrerons plus loin, que ces bandes, comme collectifs identifiés, se construisent aussi par le regard des médias.

Certains des informateurs utilisent le terme de « gang » plutôt que celui de « bande » : ainsi Lamence Madzou se présente comme un ancien « chef de gang », plusieurs de ses compagnons se définissent comme *gang members*, par référence au modèle nord-américain. Si, dans le cas des Fight Boys, le terme de gang s'applique à un groupe important et structuré, marquant le passage à un niveau de hiérarchisation et d'organisation plus élaboré que celui d'autres bandes, pour autant l'importation de ce vocabulaire appelle une double précaution. D'un côté, les « gangs » français ne sont pas équivalents aux gangs américains, en termes de taille, de rapports au territoire et de business. Dans son étude des gangs nord-américains, Martin Sanchez Jankowski définit le gang comme « un

---

sont unanimes, de telles bandes ont disparu. » J.-C. Lagrée, « Marginalités juvéniles », *in* S. Paugam (dir.), *L'Exclusion, état des savoirs*, La Découverte, Paris, 1996, p. 321-334.

31 Ces traits correspondent en particulier à la définition proposée par M. Esterle-Hedibel, *La Bande, le risque et l'accident*, *op. cit.*, p. 55.

système social organisé à la fois quasi privé et quasi secret, dont la taille et l'objet ont nécessité la mise en place d'un leadership qui a défini des rôles ; qui fonctionne selon des codes sociaux ; qui planifie et assure des services sociaux et économiques à ses membres [32] ». Les Fights constituent bien une organisation qui commence à s'inscrire dans ce modèle. Mais leur histoire est de courte durée ; elle demeure avant tout une expérience juvénile qui n'est pas directement inscrite dans le business. L'organisation n'a pas le temps de se cristalliser pour devenir un système appuyé sur une hiérarchie interne et une structuration économique.

En second lieu, dans le langage courant, le terme de « gang » renvoie en France à une association de malfaiteurs, alors qu'aux États-Unis il est utilisé de façon extensive. Le terme n'est donc pas repris dans ce texte, sauf quand il est utilisé par les acteurs ; son utilisation par les jeunes concernés indique cependant bien une étape dans la constitution et dans la représentation des bandes.

La question des bandes de jeunes n'est pas un phénomène nouveau dans les quartiers populaires. Des apaches aux blousons noirs et aux loubards, elles représentent une forme d'expression juvénile qui rejaillit régulièrement dans l'actualité. L'analyse qui suit, tout en s'inscrivant dans cette généalogie, essaye d'appréhender la spécificité des bandes qui se manifestent dans l'espace parisien à la fin des années 1980. On ne reviendra pas sur l'ensemble du récit de Lamence Madzou, suffisamment riche et informé en lui-même, mais on cherchera à préciser ce moment particulier à partir de quatre dimensions qui semblent déterminantes. La réapparition des bandes se fait dans un contexte social marqué par la précarisation socio-économique des couches populaires, précarisation qui s'exprime aussi dans l'espace urbain et éclaire la genèse de ces groupes (1). Les bandes décrites par Lamence Madzou sont composées de jeunes issus de l'immigration et se réclamant d'une identité commune « noire ». Cet ancrage identitaire fait leur spécificité et leur rapport à la société (2). Ces bandes représentent un épisode dans une histoire des bandes, auquel correspondent une

32 M. Jankowski, *Islands in the Street*, *op. cit.*, p. 29.

organisation et des valeurs guerrières. Revenir sur ces caractéristiques permet en rebours de spécifier les bandes contemporaines (3). L'émergence des bandes dans le contexte de la « crise des banlieues » a conduit à la reformulation des politiques publiques locales entre répression et achat de la paix sociale. Les ambiguïtés de ces politiques sont pour partie responsables de la situation de tension sociale qui s'exprime aujourd'hui dans certains territoires (4).

Au-delà de l'analyse rétrospective, il s'agit ainsi d'éclairer la spécificité de la période actuelle et les échecs successifs des politiques publiques à entendre ou canaliser cette partie de la jeunesse des quartiers populaires. Pour autant, cette recherche repose sur une histoire située dans le temps et localisée géographiquement, et ne prétend pas rendre compte de la situation des jeunes de banlieue ou des quartiers populaires en général. Un des travers de certains travaux consiste précisément à parler des bandes comme d'un tout homogène, à glisser des bandes aux émeutes, unifiant derrière la thématique de la « violence urbaine » ou des « banlieues » des expériences contrastées, des périodes sociales et politiques différentes, et des territoires hétérogènes.

Au récit de Lamence Madzou s'ajoutent les témoignages de plusieurs membres des bandes, parmi les plus influents à l'époque, venant d'autres secteurs de la région parisienne. Ils ont entre trente-quatre et quarante ans au moment des entretiens. Ludovic, le plus âgé, était un des leaders des Requins vicieux. Camerounais, il est arrivé en France à cinq ans et a grandi à Paris. Après plusieurs années de prison, il s'est reconverti dans le monde de la musique. Marcel, antillais, un des leaders des Requins juniors, est aussi arrivé très jeune en France. Il habitait Paris dans le XIXe arrondissement. Il a passé plusieurs années en prison au cours desquelles il a préparé sa reconversion par le sport. Il vit aujourd'hui dans une banlieue aisée et occupe un emploi de cadre dans une grande entreprise. Nadia appartenait aussi aux Requins juniors. Algérienne d'origine, elle habitait Montreuil. Elle a suivi la plupart des bagarres mais elle n'y a pas été directement mêlée et n'a pas eu de problèmes avec la justice. Elle a aujourd'hui un emploi stable et projette d'ouvrir son propre commerce. Max était le leader d'une des brigades des Black

Dragons. Il est arrivé en France à l'âge dix ans, sa famille ayant fui le Congo pour des raisons politiques. Il a habité successivement Nemours, Melun et Grigny. Il cherche encore à percer dans le rap. Éric était aussi un des leaders des Black Dragons. Zaïrois d'origine, il habitait Fontainebleau et a fait la connaissance des bandes dans le RER. Yves, Antillais-Camerounais, était le chef des Bourreurs Boys. Il habitait Paris dans le XIIIe arrondissement. Il travaille aujourd'hui dans l'import-export et tient une petite boutique de vêtements pour jeunes dans Paris [33].

Quartiers populaires et précarisation sociale

À la fin des années 1980, c'est dans un contexte général de précarisation sociale que les bandes réapparaissent dans le débat public. Peu après les élections présidentielles qui voient l'arrivée de la gauche au pouvoir en 1981, les premiers rodéos dans la banlieue lyonnaise ont mis sur le devant de la scène la « question des banlieues », qui devient un thème majeur de l'actualité politique et médiatique. La politique de développement social des quartiers, plus tard baptisée « politique de la ville », commence à se structurer. Ce contexte social et politique est bien connu ; on reviendra seulement ici sur la façon dont il modèle le cadre local dans lequel grandit Lamence Madzou et se crée sa bande, les Fight Boys.

Une cité d'habitat social

L'histoire des Fight Boys débute en 1986 à Montconseil, une cité d'habitat social de Corbeil-Essonnes. Gérée par une municipalité communiste depuis 1956 sous la houlette de Roger Combrisson, cette ancienne ville ouvrière, dotée d'une longue histoire manufacturière puis industrielle, est depuis les années 1960

33 J'ai été introduite auprès de ces informateurs par Lamence Madzou. Cet échantillon a comme limite de ne pas inclure d'anciens membres des bandes encore engagés dans le business ou en prison et de donner le point de vue de ceux « qui en sont sortis ».

touchée de plein fouet par la désindustrialisation. Au cours des années 1980, les signes du malaise social se multiplient : montée du chômage, précarisation économique, concentration de situations de pauvreté dans certains quartiers d'habitat social, etc.

Dès les années 1950, la municipalité de Corbeil-Essonnes s'était engagée de façon volontariste dans la construction de logements sociaux pour loger la main-d'œuvre ouvrière locale et maintenir son électorat populaire – les logements sociaux représentent aujourd'hui 40 % du parc de logements de la ville [34]. La cité Montconseil où vit la famille de Lamence Madzou, deux mille logements dont la construction démarre en 1958 et se termine en 1970, représente l'un des héritages de cette politique. Son évolution participe de la transformation socio-économique de Corbeil-Essonnes et plus largement de cette partie de la région parisienne. En 1977, lorsque Lamence Madzou y arrive, Montconseil est un ensemble relativement valorisé, situé à proximité du centre, inséré dans un tissu pavillonnaire. Les premiers actes de vandalisme et les premiers trafics de drogue commencent à peine à apparaître, concentrés dans une des tours. Montconseil loge alors des familles ouvrières ou d'employés, essentiellement françaises, et quelques ménages appartenant aux couches moyennes. Le processus de paupérisation est cependant amorcé et la cité fera bientôt l'objet d'une succession de programmes socio-urbains. Mais ce quartier garde longtemps une identité spécifique, dont témoignent l'attachement et la relative stabilité de ses habitants [35].

Le quartier d'habitat social le plus important de Corbeil-Essonnes est le grand ensemble des Tarterêts, deux mille trois cents logements, dont la construction s'achève tout juste au début des années 1970. Implanté aux franges de la ville entre un lycée et une zone d'activités, très vite stigmatisé, il fera l'objet de tous les

---

34 Pour 17,2 % dans le département et 28,9 % en région Île-de-France (source INSEE, 1999).

35 Dans une étude réalisée pour le bailleur en 2003 avant la démolition d'une partie de la cité, B. Allen montre la richesse des rapports sociaux et des ancrages territoriaux dans le quartier. B. ALLEN, *Analyse des dynamiques résidentielles du quartier de Montconseil*, CSTB, mai 2003.

dispositifs spécifiques de développement social urbain, des îlots sensibles en 1983 jusqu'aux actuels contrats de ville. La paupérisation des ménages s'accompagne de l'accroissement de la part des étrangers [36], ce qui contribue, bien que la dimension ethnique reste euphémisée, au marquage social de ces quartiers.

Au cours des années 1970, le développement urbain de Corbeil-Essonnes accompagne la poussée de la périurbanisation francilienne, un temps concentrée autour de la ville nouvelle d'Évry qui devient préfecture du département de l'Essonne. Le paysage social et urbain de cette banlieue sud parisienne est contrasté ; il juxtapose de grands quartiers d'habitat social comme La Grande Borne à Grigny et Viry-Châtillon (3 771 logements construits entre 1967 et 1971), certains quartiers de la ville nouvelle d'Évry dont les Pyramides (2 500 logements construits entre 1974 et 1980) avec des lotissements pour classes aisées comme ceux de Mennecy ou Saint-Germain-lès-Corbeil. Ce territoire périurbain est engagé dans un processus de recomposition sociale qui se traduit par une double dynamique de paupérisation d'une partie des ménages d'un côté et d'arrivée de classes moyennes de l'autre, s'exprimant dans une mosaïque urbaine socialement hétérogène qui voit cohabiter des populations fort diverses.

La trajectoire de Lamence Madzou s'inscrit dans un mouvement de lente dégradation du climat social local qui s'accompagne du déclin du Parti communiste et de la disparition des formes d'encadrement qui caractérisaient les villes ouvrières [37]. Lamence grandit dans une famille aux ressources économiques faibles qui connaît une « dégringolade » sociale lorsque le père perd son emploi en 1992, reste plusieurs mois au chômage puis vit de petits boulots. La famille ne peut alors plus payer son loyer et elle est expulsée de son logement. Relogée à Évry, elle rencontre à nouveau

36 Toujours selon la même étude, les Tarterêts compteraient 60 % de population étrangère en 2003.

37 Ce processus a déjà été étudié dans les villes de l'ancienne banlieue rouge, *cf.* M.-H. Bacqué et Y. Sintomer, « Affiliations et désaffiliations en banlieue, réflexions à partir des exemples de Saint-Denis et d'Aubervilliers », *Revue française de sociologie*, n° 42-2, 2001, p. 217-249.

des problèmes financiers, ce qui la conduit à habiter un temps dans un logement squatté aux Pyramides.

L'exiguïté du logement, les tensions familiales poussent les enfants mais surtout les garçons à vivre à l'extérieur : leur socialisation se fait dans l'espace de la cité puis dans la découverte des espaces alentour. En particulier, les temples de la consommation et du loisir que représentent les nouveaux centres commerciaux, principaux espaces publics de ce secteur péri-urbain, ne peuvent qu'attirer de jeunes adolescents et susciter leur désir de consommation. Voler, avant de devenir un mode de vie, représente un moyen de subsistance, une forme de jeu et de débrouille, un illégalisme assez classique, relativement bien accepté dans les milieux populaires où il peut être considéré comme une forme de redistribution de la richesse. Le récit de Lamence Madzou confirme ici les observations d'autres travaux sur les jeunes des rues, mais il faut relever que le vol reste circonscrit à ces centres commerciaux, il ne rentre pas dans les quartiers d'habitat.

Un groupe d'adolescents

La pauvreté ne conduit néanmoins pas directement à la création d'une bande et à la délinquance. Se nouent ici un ensemble d'interactions entre un mode de relations familiales importé d'Afrique subsaharienne où la famille élargie, que ne viennent plus relayer des formes d'encadrement collectif, encadre peu les adolescents, un système scolaire qui, par ses verdicts et ses formes de rejet, contribue à former un groupe de pairs à sa marge [38] et une prise de conscience diffuse, au sein de la jeunesse issue de l'immigration, des inégalités et de la discrimination raciale.

Surtout, cette trajectoire se joue dans une histoire collective, celle de la construction d'un groupe d'adolescents qui naît et se structure en relation et en réaction avec son environnement social et institutionnel. Le décrochage de l'adolescence se fait en même temps et par la construction d'un groupe de pairs d'où, plus tard,

---

38 *Cf.* M. Millet et D. Thin, « École, jeunes de milieux populaires et groupes de pairs », *in* M. Mohammed et L. Mucchielli (dir.), *Les Bandes de jeunes, des blousons noirs à nos jours*, La Découverte, Paris, 2007.

naîtra une bande. Comment se construit ce groupe, comment se transforme-t-il en une bande ? C'est en particulier sur ce point que le récit de Lamence Madzou apporte un éclairage intéressant.

Ce qui réunit ces adolescents, c'est en premier lieu une expérience sociale et générationnelle commune. Âgés de quatorze, quinze ans, ils sont issus des milieux populaires et de l'immigration, plus particulièrement de l'immigration africaine. Ils ont connu la mise à l'écart scolaire ou sont en cours de déscolarisation. La plupart rencontrent des difficultés familiales. Ils fréquentent les mêmes espaces publics, centres commerciaux et gares. Pour Lamence, l'Agora représente le point de départ des premières rencontres avec des jeunes des villes alentour, le lieu d'apprentissage des premiers vols, le lieu où l'on se reconnaît entre pairs. Nadia, qui vit à Montreuil à l'époque, décrit de la même façon le Forum des Halles et Éric, qui habite Fontainebleau, le centre commercial et le parvis de La Défense. Le groupe est fluctuant, composé de jeunes qui viennent de quartiers différents et cherchent avant tout à se retrouver ensemble. Les espaces publics deviennent progressivement leur territoire, comme le dit Lamence au sujet de l'Agora.

Ludovic raconte : « Nous, on n'avait pas de codes. Le seul code c'était d'arriver à supporter de se faire vanner toute la journée. Le point commun qu'on avait tous, c'est de ne pas se prendre au sérieux en fait [39]. » Cette période de mue, entre enfance et âge adulte, est classiquement, comme en témoigne Ludovic, une période de recherche identitaire où les uns se cherchent dans le regard des autres et où le groupe devient déterminant : « Et celui qui est faible a toujours peur de le montrer aux autres, de peur d'être rejeté, de peur d'être incompris. Ce qui fait que, de temps en temps, il y a une escalade de violence qui est incontrôlée. C'est pour ça que c'était super-difficile en même temps. Et je pense que tout le monde à cette période a souffert de ne pas avoir sa propre personnalité [40]. » La vie en groupe devient un refuge, un mode de vie et le groupe, peu structuré au départ, se substitue à la famille : « Ce qu'on avait

39 Entretien avec Ludovic, janvier 2008.

40 *Ibid.*

en commun, c'est de n'avoir qu'un parent. On s'est reconstitué une famille [...]. On a tous été des parents de substitution les uns des autres [41]. » Progressivement s'inventent des codes, un langage – le verlan – qui permettent de ne pas se faire comprendre des autres, des façons de s'habiller pour se reconnaître, une « communauté émotionnelle précaire [42] ». Le groupe procure à la fois une sécurité économique, une protection physique, des sorties et loisirs, une forme d'identification, un réseau social et fraternel, un mode de vie, un sentiment de liberté, et, pour les garçons, une aura aux yeux des filles [43]. Avant d'être désignée comme telle, la bande est ainsi d'abord un style de vie qui répond à des parcours de fragilisation familiale et scolaire en proposant une « bulle » précaire et momentanée où se vit avant tout le présent [44].

Pour ces jeunes originaires des DOM-TOM ou de l'immigration, l'avenir qui s'ébauche est en effet peu prometteur. Malgré une forte attente des parents, les portes se ferment et notamment celle de l'école. Au moment où celle-ci se massifie sans se démocratiser, la disjonction entre un modèle républicain qui affiche l'égalité des chances et l'expérience vécue de ces jeunes marquée par le sentiment de mise à l'écart est d'autant plus flagrante [45]. Ce contexte social n'est pas sans importance sur la dynamique de constitution des bandes mais surtout, par la suite, sur les voies de sortie offertes à ces jeunes. Trois décennies plus tôt, les blousons noirs, eux aussi attirés par la consommation facile, se sont reconvertis dans le monde ouvrier qui représentait leur horizon social « naturel ». Certains ont fait carrière dans le mouvement syndical et politique, et l'ambivalence de la presse militante à leur égard témoigne d'une

41 *Ibid.*

42 P. Louis et L. Prinaz, *Skinheads, Taggers, Zulus & Co, op. cit.*, p. 84.

43 Ces différentes dimensions sont empruntées à M. Jankowski, *Island in the Street, op. cit.*

44 J.-C. Lagrée analyse la même attitude des blousons noirs : « Ainsi la valorisation de l'instant correspond, en fait, à une négation du futur dont on sait qu'il sera insatisfaisant. », J.-C. Lagrée, « Marginalités juvéniles », *in* S. Paugam (dir.), *L'Exclusion, op. cit.*, p. 25.

45 S. Beaud a analysé ce décalage dans *80 % au bac... et après ? Les enfants de la démocratisation scolaire*, La Découverte, Paris, 2003.

bienveillance voire d'une complicité du monde ouvrier [46]. Rien de tel pour ces jeunes « Noirs » dont les parents ne sont intégrés dans le monde du travail que dans les positions les plus dominées ou marginalisées et qui connaîtront une répression policière particulièrement sévère.

La recherche identitaire propre à cette période juvénile rencontre la question de la place, dans la société française, de la jeunesse « noire ». Il faut à ce sujet se rappeler le climat de racisme du début des années 1980, qui se manifeste notamment par la montée des scores du Front national aux élections municipales de 1983 mais aussi par une série de violences raciales. Hugues Lagrange relève ainsi quatre meurtres à connotation raciste au cours du seul mois d'octobre 1982 [47]. Au-delà de cette tension, réapparaissent des discours sur la difficulté de l'intégration liée aux différences culturelles, et l'immigration devient une question politique.

Dans ce contexte et suite aux premières émeutes de banlieue, plusieurs mouvements et initiatives tentent de réunir et d'organiser les jeunes issus de l'immigration : SOS Racisme, France Plus, la Marche pour l'égalité et contre le racisme à l'automne 1983. Mais, comme en témoignent nos interviewés, l'expérience des bandes reste à côté de ces mouvements. Ludovic se souvient avoir vécu la bande « comme une bulle ». « Nous, on ne s'est jamais senti représentés par ces gens-là. On n'a pas fait partie de ces regroupements. Par contre, ces gens-là, ils se sont servis de ce qui se passait, de ce qu'on vivait. Mais là, on était un peu trop jeunes pour comprendre [48]. » Pour autant, ce climat de tension autour des questions de l'immigration n'est pas sans effet sur la façon dont des adolescents se représentent dans la société française. Si la question du racisme est patente à cette époque, celle des discriminations reste

---

46 *Cf.* L. Bantigny, « De l'usage du blouson noir. Invention médiatique et utilisation politique du phénomène "blousons noirs" (1959-1962) », *in* M. Mohammed et L. Mucchielli (dir.), *Les Bandes de jeunes, des blousons noirs à nos jours, op. cit.*, p. 19-38.

47 H. Lagrange « Autopsie d'une vague d'émeutes », *in* H. Lagrange et M. Oberti (dir.), *Émeutes urbaines et protestations, une singularité française*, FNSP, Paris, 2006, p. 52.

48 Entretien avec Ludovic, janvier 2008.

beaucoup plus feutrée. Lamence et ses amis racontent bien leurs difficultés à se faire admettre dans les boîtes de nuit, d'abord l'après-midi, puis le soir, mais la discrimination raciale n'est pas encore objet de l'attention des politiques. Il faudra attendre les émeutes de banlieue de novembre 2005 pour que le président de la République, Jacques Chirac, en fasse une explication du « malaise des banlieues » et un axe des politiques publiques [49].

C'est sans doute cette dimension raciale qui fait la spécificité de ces bandes de jeunes, à la fois dans la façon dont leurs membres se représentent et dans la façon dont elles sont vues par la société. Cette dimension a été jusqu'alors peu étudiée, soit qu'elle soit niée, soit qu'elle soit rabattue à la dimension sociale à laquelle elle est étroitement liée. Le récit de Lamence Madzou et les entretiens conduits avec ses compagnons de bandes constituent sur ce point un véritable apport qui permet de dépasser d'un côté le déni – il n'existerait pas de bandes « ethniques » et la constitution de ces bandes ne renverrait qu'à des déterminants sociaux –, de l'autre la caricature – ces bandes « ethniques » renverraient à une dynamique communautariste fermée, construite sur des origines et une culture partagées, s'opposant et mettant en danger la République. L'analyse qui suit, appuyée sur ces témoignages, part du constat que les bandes de « Noirs » ne sont pas qu'une construction médiatique mais, pour dépasser les discours de la dénonciation et de la peur, elle s'attache à comprendre par quels processus se construit cette identité noire, par quelles références et emprunts, et dans quelles relations à la société française.

La fabrication d'une identité noire

Pourquoi et comment se fabrique une identité noire ? Car c'est bien d'une identité noire, ou plutôt colorée,

49 Ce langage de la race est utilisé à double sens. Il permet, par l'invocation d'un racisme anti-Blanc, de présenter la racialisation de la société « comme l'effet non plus de la discrimination mais du communautarisme », D. Fassin et É. Fassin (dir.), *De la question sociale à la question raciale ?*, *op. cit.*

c'est-à-dire « non blanche », qu'il s'agit ici et non d'une identité africaine se réclamant des origines et construite à partir d'une culture traditionnelle. Elle ne saurait être assimilée aux identités de groupes s'appuyant sur des réseaux communautaires qui, réinvestissant les formes de sociabilité africaines, jouent un rôle de solidarité, de convivialité, de médiation et de contrôle social ou d'échanges économiques [50]. Au contraire même, ces jeunes se trouvent souvent en rupture avec le modèle traditionnel familial et culturel de leurs parents. Par ailleurs, on notera que la question religieuse est singulièrement absente des témoignages recueillis. Les jeunes rencontrés appartiennent à diverses confessions et ont souvent des rapports très distendus à la religion.

La stigmatisation comme ciment identitaire

Cette construction identitaire prend sa source dans un sentiment de stigmatisation, de non-reconnaissance dans la société française, lié à un racisme latent et au poids des discriminations raciales, sans doute exprimé beaucoup plus clairement vingt ans plus tard. Ainsi Ludovic : « On est tous issus de l'immigration, de familles, de parents qui se sont installés ici. En fait, nous, on a été victimes du premier racisme mais qu'on n'a pas absorbé comme nos parents. Nos parents, ils pouvaient se faire insulter dix fois dans la journée : ce n'est pas parce qu'ils baissaient la tête qu'ils n'étaient pas fiers. Nous, on se faisait insulter et on se révoltait. On avait envie de prendre ce qui nous revenait, de dire : on existe réellement et on a besoin... il y a quelque chose à faire pour nous et il faut compter avec nous [...]. Donc, c'était une manière de dire : on est noirs, on est fiers de l'être et on l'assume pleinement [51]. »

La génération de leurs parents a cherché à se fondre dans la société française qui, au nom du modèle républicain, théoriquement indifférent aux différences de sexe, de couleur ou d'origine, leur promettait l'égalité contre l'invisibilité. Ces jeunes à leur tour tentent d'y trouver leur place en retournant le stigmate de la

---

50 C. Poiret, *Familles africaines en France*, L'Harmattan, Paris, 1996.

51 Entretien avec Ludovic, Paris, janvier 2008.

couleur de peau et c'est bien comme « Noirs de France ou d'Europe » qu'ils se représentent et non comme des immigrés : « On est noirs et on a envie d'être reconnus en tant que tels. Mais des Noirs européens, on va dire, pour ne pas dire des Noirs français [52]. »

Qui est noir, black ou renoi ? Celui qui se considère comme tel ou est vu comme tel. Sont noirs ceux qui ne sont pas blancs, c'est-à-dire ceux qui souffrent de la stigmatisation ou de la discrimination. Cette représentation articule de fait dimensions sociale et raciale. Cette identité ne se prétend pas substantielle, liée à une origine, à une « race » ou à une culture. Elle repose d'abord sur le déni de la société française de la discrimination et des inégalités raciales. Cette identité *fine* « détermine un groupe qui n'a en commun qu'une expérience de la discrimination, de l'inégalité et de la conscience du partage de cette expérience [53] ». On est ici bien loin de l'épouvantail communautariste agité par certains intellectuels et médias. Il y a bien construction d'une identité raciale mais, comme l'écrit Pap Ndiaye, « être noir n'est ni une essence ni une culture, mais le produit d'un rapport social : il y a des Noirs parce qu'on les considère comme tels [54] ». Cette identité est flottante, mouvante, dans la mesure où ses contours et ceux du groupe qui la porte ne sont pas clairement définis. Si la couleur de la peau est mise en avant comme signe distinctif, il est arrivé plusieurs fois, au cours des entretiens, que les jeunes adultes interviewés incluent des Maghrébins dans leur groupe. Ces derniers ont aussi participé à l'expérience des bandes : parmi les quatre initiateurs des Fights, deux étaient d'origine algérienne. Mais cette présence est restée minoritaire et les principaux leaders étaient « noirs ».

Dans l'expérience commune de ces jeunes, la couleur de peau constitue néanmoins un préjudice spécifique dans la mesure où elle

52 Entretien avec Ludovic, Paris, janvier 2008.

53 La distinction proposée par T. Shelby entre une identité noire « fine » et une identité noire « épaisse » est reprise par P. Ndaye, *Le Mouvement social*, n° 213, octobre-décembre 2005, p. 91-108.

54 P. Ndiaye, « Questions de couleur. Histoire, idéologie et pratiques du colorisme », *in* D. Fassin et É. Fassin (dir.), *De la question sociale à la question raciale ?*, *op. cit.*, p. 37.

devient discriminatoire et représente une différence visible. Ainsi Ludovic, parlant de la répression policière qui s'est abattue sur les bandes : « Et puis, je ne pense pas qu'on créait autant de désordre que le battage médiatique a voulu faire croire. Mais le seul problème c'est que, quand on a cent Blancs et qu'il y a deux Noirs au milieu, on voit les Noirs. Eh bien, c'est ce qui se passe en France, quoi [55]. » Aussi, l'identité « black » ne renvoie ni à la même expérience ni au même imaginaire que l'identité « beur ». Le stigmate qui pèse sur les populations noires en France s'inscrit dans une histoire de la constitution d'une « race noire » qui remonte à l'esclavage. Le Noir souriant s'exprimant en petit-nègre qui ornait les boîtes de Banania, « ce bon sauvage cousin de la Vache qui rit [56] », illustre l'inertie et le poids de ces représentations dans la société française. Les bandes de « Blacks » ont à leur façon constitué une réponse à cet imaginaire et contribué à sa transformation.

Par ailleurs, entre Blacks et Beurs, les trajectoires diffèrent. Les travaux portant sur les jeunes issus de l'immigration ont trop souvent tendance à construire un groupe homogène [57]. L'histoire des jeunes Maghrébins s'inscrit dans un enracinement local plus long alors qu'une partie importante des familles subsahariennes n'arrivent en France que dans les années 1980. Leur installation se fait dans un contexte de précarisation sociale, de poussée du chômage et de montée du racisme. Le récit de Lamence Madzou évoque rapidement, presque en passant, ces différences d'ancrage, de modèles d'éducation et les relations de méfiance qui en découlent entre voisins. L'héritage politique et postcolonial n'est pas non plus le même : les jeunes Maghrébins bénéficient déjà d'une expérience politique en France et ce n'est pas un hasard si la marche pour l'égalité et contre le racisme de l'automne 1983 est souvent présentée comme « marche des Beurs ».

---

55 Entretien avec Ludovic, Paris, janvier 2008.

56 C. Poiret, *Familles africaines en France*, L'Harmattan, Paris, 1996, p. 8.

57 Nathalie Kakpo montre au contraire la diversité des trajectoires des jeunes issus de l'immigration, liées à une histoire migratoire différente. N. Kakpo, « Communauté d'expériences et diversité des trajectoires », *in* H. Lagrange et M. Oberti, *Émeutes urbaines et protestations, une singularité française*, PFNSP, Paris, 2006, p. 81-104.

Ces jeunes Noirs sont par ailleurs loin de constituer eux-mêmes un groupe homogène. Parmi nos interviewés, certains viennent des DOM-TOM, d'autres d'Afrique subsaharienne. Ils sont d'ethnies différentes, d'origine urbaine ou rurale. Au sein même de leurs familles, il n'existe pas un seul modèle familial et éducatif, même si on peut y relever de façon générale le poids de la soumission aux aînés et la part importante des familles monoparentales. Pourtant, comme le dit Lamence, ils ne connaissent pas leurs origines respectives : ils sont « noirs ». De même, les autres interviewés ne se présentent jamais, eux ou leurs amis, par rapport à leur pays d'origine.

Leurs récits montrent que, le plus souvent, les parents n'ont rien transmis de leur culture d'origine et peu raconté leur passé. Les voyages en Afrique sont rares. Lamence y est retourné une seule fois durant son enfance et se souvient avant tout du regard d'envie porté sur ce petit Noir de France. De même Ludovic : « Quand on rentre en Afrique, on nous prend quand même pour des étrangers parce qu'on parle plus avec l'accent et que, dans certaines familles, il n'y a pas eu la transmission du dialecte. Donc, on le bricole parce qu'on a entendu des bribes [58]... » Demeurent certes la famille élargie et la présence des oncles, des tantes, des cousins, la cuisine africaine peu attirante pour des adolescents plongés dans la consommation occidentale. Mais la culture noire que se construisent ces jeunes se construit par la rencontre d'autres influences, venues d'Amérique, qui ne croiseront que plus tard un héritage africain.

Des Zulus aux bandes

À partir de ces témoignages, il est possible d'identifier plusieurs courants culturels ou politiques qui contribuent à la fabrication de cette identité noire : les mouvements zoulou et hip-hop, les bandes ethniques des quartiers nord-américains, l'expérience politique du mouvement des droits civiques et la figure de Malcolm X. Ces courants peuvent d'ailleurs porter des discours et des valeurs contradictoires, mais ils ont en commun d'être importés

58 Entretien avec Ludovic, Paris, janvier 2008.

d'Amérique du Nord tout en réactivant des racines africaines dans une vision romantique du « peuple noir ». Ainsi en témoigne Ludovic : « À cette époque, je pense que tout le monde avait un souci identitaire. On avait nos grands frères d'Amérique et quand eux ils sont arrivés, ils nous ont fait mal à la tête en fait. Tiens, il y a des Noirs sur un autre continent, nous on pensait qu'il y en avait juste en Afrique. Les Antilles, on savait, mais l'Amérique [59]... »

L'arrivée du hip-hop en France est souvent associée à la création de la Zulu Nation, même si elle l'a précédée. La figure d'Afrika Bambaata est de ce point de vue emblématique. DJ, ancien chef du gang Black Spades dans le Bronx, Bambaata fonde la Zulu Nation à New York en 1974, baptisée ainsi en référence aux Zulus d'Afrique du Sud [60] et à leur combat contre les colonisateurs européens. Il s'appuie sur la musique et sur la danse pour faire passer un message, pour canaliser « positivement » les énergies de la jeunesse, lutter contre la drogue et la violence : « Je suis venu te prendre la tête pour te faire voir ce qu'il y a derrière les étoiles. Laisse tomber les ondes négatives qui guident tes pas vers la violence et suis-nous, tu découvriras alors la puissance négative de la créativité qui sommeille en toi. » La Zulu Nation est animée de principes moraux tels que la non-violence, le respect, la fraternité, l'espoir. Elle se veut universelle et dispense un discours moraliste et un message politique et spirituel qui prône la fin de la notion de race, de la violence, de la drogue, de la haine [61]. La famille zulu se présente comme multiethnique. Elle est construite autour de vingt lois et propose un code de conduite. Elle tente ainsi de donner une philosophie au mouvement hip-hop [62].

Pour Lamence, Ludovic, Éric et leurs amis, la référence à la Zulu Nation demeure cependant très symbolique. Même si elle est

59 Entretien avec Ludovic, janvier 2008.

60 La légende veut qu'il baptise ce mouvement Nation Zulu après avoir vu deux films, *Zulu*, film de Cyril Raker Endfield avec Stanley Baker et Jack Hawkins (1963), et *Zulu Dawn* de Douglas Hickox (1979), *cf.* P. Louis et L. Prinaz, *Skinheads, Taggers, Zulus & Co*, *op. cit.*, p. 167.

61 M. Boucher, *Rap, expression des lascars. Significations et enjeux du rap dans la société française*, L'Harmattan, Paris, 1998, p. 52.

62 On en trouve une présentation et une actualité sur le site africamaat.com.

omniprésente dans les discours, elle reste lointaine et librement interprétée. Elle est avant tout associée à la musique et à la danse : nulle allusion par exemple à la structure de la nation zulu ou à sa charte. Elle désigne plus une nébuleuse ou un air du temps qu'un engagement. D'ailleurs, le hip-hop n'a pas de caractère formel ; c'est le « Mouvement », comme on le nomme à l'époque, mouvement de la culture des rues auquel adhèrent les B-Boys et par lequel ces adolescents peuvent se créer une culture commune. Ludovic se souvient : « Le rap, ça m'a juste fait comprendre que j'étais noir. En fait, j'arrive en classe de CE1, CE2, CM1, CM2. La musique que j'entends, c'est soit la musique de Casimir, ou les comptines de Chantal Goya et consorts. Pas de musiques africaines à la baraque sauf le dimanche quand maman fait le ménage, elle décide de mettre sa musique. Et après, il y a l'école, où c'est Téléphone, AC/DC, Led Zeppelin, tout le côté hard-rock. Moi, je suis à l'école à Paris, la plupart sont des Blancs aux yeux bleus. Dans notre groupe, il y avait un Asiatique, c'était le seul immigré qui était avec moi. Le reste, c'était que des Européens. Donc, tout ce qu'on écoute ce n'est pas de la musique noire. Et un jour, on entend "It's hip-hop[63]", Sugar Hill Gang. Et là, on se dit c'est quoi ce truc, là, je vois un truc à la télé. Et puis Afrika Bambaataa, des danseurs, on nous dit aux États-Unis il n'y a que ça. Donc, cette musique arrive et en même temps, elle réveille une recherche ethnique : d'où je viens ? Pourquoi ? Comment se fait-il qu'on vous appelle les Afro-Américains ? Donc moi, je suis un Afro-Européen ? Tout le côté noir remonte un peu à la surface. Mais, sans renier le côté européen. »

La musique rap joue comme révélateur d'une identité noire, comme a pu le faire le jazz quelques décennies plus tôt pour les Afro-Américains. La Zulu Nation, porteuse d'un message interethnique et d'ouverture, est, dans le cadre français, avant tout investie au profit de la construction de cette identité. Elle perd d'ailleurs vite son influence. Les bandes prennent leur distance par rapport à ce mouvement, alors que le terme « zoulou » reste utilisé de façon négative par les médias pour les désigner et est ainsi assimilé à la

63 Le titre est *Rapper's Delight*, le premier hit hip-hop.

violence. On peut y voir un paradoxe mais l'émergence même de la Zulu Nation, issue de l'expérience des bandes new-yorkaises et dans un contexte de médiatisation par le cinéma et la musique, s'inscrit dans cette ambiguïté [64].

La deuxième grande influence est celle des bandes et des gangs nord-américains. Par les valeurs qu'elle promeut, celles d'un monde guerrier, de la force et du combat, elle s'oppose à la précédente tout en y étant liée. Car Afrika Bambaataa est lui-même issu de ces bandes et c'est comme chef de gang qu'il s'est construit sa légitimité pour développer ensuite un autre message. Enfin, l'histoire politique des Noirs américains, du mouvement des droits civiques mais surtout des Black Panthers, et la figure emblématique de Malcolm X sont mobilisées comme filiation, en particulier pour légitimer la chasse aux skins. Ainsi Max, au sujet des Black Dragons : « Ils viennent des États-Unis. C'est comme une filiale des Blacks guérillas armées. »

Ces trois courants sont plus ou moins mobilisés selon les expériences de chacun. Ils sont souvent intriqués, comme l'illustre le témoignage de Max : « Dans les années 1980, les skinheads contrôlaient complètement les endroits stratégiques comme les gares à Paris. Et donc, nous on était des chasseurs de skinheads. À la base, à cette époque-là, on n'avait pas trop le choix quoi. C'est-à-dire que soit tu es un immigré d'origine et tu restes dans ton quartier. Et tu ne bouges pas, parce que Paris c'était chaud. Les gens, ils ne pouvaient pas se balader comme ça. Soit tu décides de t'imposer dans le système de l'exclusion, de la discrimination raciale. Donc on a imposé notre manière de faire, de vivre sur la région parisienne. *Via* la culture hip-hop, qui est arrivée aussi dans les années 1980-1983-1984. Parce que nous on était les premières générations zoulou, *gang members*, sur la région parisienne. On a essayé de conquérir Paris [...]. On a coloré Paris, parce que Paris, elle était vraiment blanche [...]. Au niveau musique ça a été pareil. Et... ces gens-là, ils ne voulaient pas... ils traitaient notre musique de

---

64 Patrick Louis et Laurent Prinaz distinguent ainsi les Zulus, porteurs de l'idéologie de la Zulu Nation, et les Zoulous, qui n'en utilisent selon eux que l'étiquette. P. Louis et L. Prinaz, *Skinheads, Taggers, Zulus & Co*, *op. cit.*, p. 177.

musique de singe. Notre manière de s'habiller, notre manière de tout, quoi [65]. »

C'est ainsi une identité noire à multiples facettes qui se construit au travers de ces diverses influences et par l'expérience propre de ces jeunes issus de l'immigration. Cette « communauté imaginée [66] » des « Noirs de France » va chercher ses racines aux États-Unis ou en Afrique mais *via* les États-Unis, l'héritage et l'imaginaire africains ne prenant leur valeur que dans leur réinterprétation américaine.

La reconnaissance de la culture hip-hop est présentée comme un combat même si de fait elle est largement portée par les médias et vite commercialisée. Ces derniers contribuent à plusieurs titres à cette construction. Au début des années 1980, la télévision fait connaître le rap américain et diffuse Afrika Bambaataa. *H.I.P.H.O.P*, émission animée par Sydney, premier animateur de télévision noir, diffusée en 1984 le dimanche après-midi à quatorze heures avant la série américaine *Starsky and Hutch*, connaît en particulier un grand succès d'audience. Des séries américaines comme *Racines* ou *Shaka Zulu* activent et romancent un imaginaire africain. *Shaka Zulu*, une mini-série tournée pour la télévision, raconte de façon romancée l'histoire de Shaka (1786-1828), enfant illégitime d'un prince zulu qui développe et arme la nation zulu à l'époque des colonies anglaises. *Racines*, interprétation télévisuelle du roman et best-seller d'Alex Haley (1976), déroule l'histoire d'une famille noire sur sept générations, de l'esclavage jusqu'aux années 1970.

Le cinéma est l'un des vecteurs essentiels de la diffusion de la culture musicale et de l'imaginaire des bandes. *Beat Street* (1984), réalisé par Stan Lathan, un des premiers films décrivant le milieu du hip-hop à partir de l'histoire d'un groupe de jeunes Noirs du Bronx, participe à l'introduction du hip-hop en France. *The Warriors*, cité par tous nos interviewés, réalisé par Walter Hill, sorti en France en 1980 sous le titre *Les Guerriers de la nuit*, est le film culte des bandes qui a marqué toute une génération. Il raconte la course d'une bande

---

65 Entretien avec Max, Paris, juin 2007.

66 B. Anderson, *Imagined Communities*, Verso, Londres/New York, 1983, trad. fr. *L'Imaginaire national*, La Découverte, Paris, 2002.

à travers New York, poursuivie par la police et par d'autres bandes, jusqu'à son territoire de Coney Island. Cet imaginaire sera plus tard nourri et transformé par d'autres films comme *Les Princes de la ville*, réalisé par Taylor Hackford, sorti en France en 1993 après la période la plus dure de la « guerre des bandes [67] », ou encore *Colors*, dirigé par Dennis Hopper, sorti en 1998 [68]. De *Warriors* à *Colors* peut se lire l'évolution de la représentation des bandes dans la société nord-américaine, de plus en plus centrées sur des enjeux de business, de plus en plus violentes. À la différence des films de la génération suivante, l'histoire de *Warriors* se termine bien et indique une sortie possible. Les filles jouent un rôle dans la bande, même s'il est marginal. Le business y est quasiment absent : il s'agit avant tout d'honneur, de justice, de respect, de défense du groupe. Les bandes françaises suivront cette même évolution.

L'identité noire se fabrique aussi par et en réaction aux représentations données par les médias. Celles-ci agitent l'image des Zoulous, bandes de Noirs qui font peur, jouant sur l'imaginaire de l'altérité, des vilains Noirs, sexuellement dangereux, communautaristes, partageant des codes et des rites initiatiques. Elles mettent en scène et exploitent la violence. Les bandes reprennent ces représentations à leur compte et en jouent quand elles se baptisent Black Vilains, Black Wolfs ou Requins vicieux. Yves, ancien leader des Bourreurs Boys, s'amuse encore d'un article paru dans *Le Parisien* sur ces « méchants Zoulous ». Cette relation ambiguë avec les médias procure une forme de reconnaissance et pourrait être analysée comme un marché ou une alliance mutuellement profitable [69]. Elle contribue, par le jeu de deux représentations, l'une

67 Il met en scène trois cousins appartenant à un gang latino-américain qui contrôle le trafic de drogue à l'est de Los Angeles.

68 À partir de l'histoire d'une unité spéciale de la police chargée de lutter contre les gangs, il décrit la guerre des gangs de la banlieue de Los Angeles, ici aussi centrée sur le contrôle du business.

69 Martin Sanchez Jangowski écrit ainsi au sujet des gangs nord-américains : « Les membres des gangs et les médias ont établi une relation qui de fait les aide tous deux à maintenir un statut au sein de la société [...]. Bien que les médias présentent les gangs comme démoniaques, médias et gangs tirent mutuellement bénéfice d'un échange qui ne contribue pas à l'élimination de ces derniers. Les gangs dans

construite de l'intérieur du groupe, l'autre de l'extérieur, à la création d'une catégorie, celle de « Noirs », catégorie construite socialement, reposant sur un imaginaire mais pour autant bien réelle en tant qu'elle a des effets concrets sur les comportements sociaux [70]. L'identité noire, identité *fine* construite sur le stigmate, tend ainsi à se transformer en identité *épaisse*, appuyée sur des éléments de culture communs, sur une expérience partagée et un travail identitaire collectif.

Le rapport au territoire

Cette identité ne repose pas sur un territoire, même si elle s'y construit ; dans les récits faits vingt ans plus tard, ne transparaissent jamais l'image du ghetto, si prégnante aujourd'hui, ou le sentiment d'avoir été relégué spatialement. Au contraire, c'est en sortant de leurs quartiers où ils se vivent minoritaires comme « Noirs » que ces jeunes « se reconnaissent », que se crée un « nous ». Nadia s'en explique : « Il n'y avait pas d'effets de quartier. Les quartiers, c'étaient les centres commerciaux, les gares, tous ces emplacements-là. C'est pour ça qu'à l'époque, ils étaient plus forts, même moralement. Parce qu'ils ont gagné leur place à l'extérieur, alors que maintenant ils restent dans leur quartier parce qu'ils n'ont pas le choix. Ils n'ont pas le cran de sortir. Ils restent enfermés. À l'époque dans le quartier, tu avais juste les toxicomanes et les dealers [71]. » Bien sûr, une part de ces adolescents se rencontrent dans le quartier ou à l'école mais « ce n'est plus le quartier qui soude la bande mais une communauté d'attitudes [72] ».

Les jeunes se déplacent de point en point dans la région Île-de-France suivant les lignes du RER. Peu de Franciliens ont d'ailleurs

---

les médias constituent un mythe culturel durable, un mythe préfabriqué à partir d'images culturelles partagées et de la distorsion de la réalité sociale véritable. » Martin Sanchez Jankowski, *Islands in the Street*, *op. cit.*, p. 309.

70 On suivra en cela Pap Ndiaye quand il affirme : « En tant qu'objet la race n'a aucun sens, en tant que catégorie elle existe », *in* « Pour une histoire des populations noires en France : préalables théoriques », *Le Mouvement social*, n° 213, octobre-décembre 2005, p. 91-108.

71 Entretien avec Nadia, Évry, janvier 2008.

72 P. Louis et L. Primaz, *Skinheads, Taggers, Zulus & Co*, *op. cit.*, p. 36.

une connaissance aussi large, bien que sélective, de l'espace parisien et banlieusard. Sur ce point, les différents témoignages convergent et viennent contredire l'enfermement frileux dans le territoire de la cité décrit par nombre de travaux portant sur les jeunes de banlieue. Ces bandes se constituent hors du quartier, par extension du territoire, sur la base d'une mobilité importante, d'abord en bus, à pied, en mobylette, en RER puis en voiture. Elles ont des aires d'affluence géographique et des points de rassemblement variables : après avoir investi La Défense, les Black Dragons vont se replier sur Montreuil et Vitry. Surtout, elles ont une pratique étendue de l'espace parisien qui représente dans un premier temps une ouverture, la découverte d'un « ailleurs », puis, dans un second temps, un champ de bataille, avec ses points stratégiques, ses zones de repli, ses axes de mobilité. Les alliances entre bandes fluctuent à la fois dans une logique d'annexion de territoires et d'affinités personnelles ou de groupes. L'ancrage local ne représente alors qu'une origine, une base de repli qui deviendra à la fin des bandes un point de retour.

Ce constat va à rebours de tous les discours simplificateurs qui donnent comme seul schéma explicatif des « violences urbaines » la ségrégation, la relégation, voire la sécession, et tendent ainsi à confondre question urbaine et question sociale et raciale [73]. Il amène à reconsidérer les analyses qui lient de façon mécanique la constitution des bandes à la ségrégation. C'est, dans ce cas, le sentiment d'être isolé dans son quartier voire dans sa banlieue qui amène à se retrouver dans les lieux centraux et dans Paris. Les populations africaines et des DOM-TOM sont en effet dispersées sur le territoire de la région parisienne tout en étant concentrées dans des quartiers d'habitat ancien dégradé ou de logement social dévalorisé [74]. Il faut par ailleurs relever que ces bandes sont autant

73 C'est notamment la thèse défendue par Jacques DONZELOT, *Quand la ville se défait*, Le Seuil, Paris, 2006.

74 Christian Poiret, à partir d'une étude sur les statistiques scolaires, note ainsi : « Dans l'Essonne, à l'exception de la ville nouvelle d'Évry (673 enfants africains recensés en 1990) qui a absorbé plus de 40 % d'une croissance départementale plutôt modérée entre 1985 et 1990, les statistiques scolaires ne font pas apparaître de zone très importante de regroupement des familles africaines. » C. POIRET,

parisiennes que banlieusardes et s'affrontent d'abord sur le terrain de la capitale. Selon Marcel, « les problèmes s'exacerbent en banlieue mais les problèmes, ils naissent à Paris puisque c'est à Paris que tout le monde se croise. C'est dans la capitale que les gens se croisent, donc les problèmes naissent là et après ils sont exportés ailleurs et voilà [75] ». Quand la « guerre des trois ans » oppose Nord et Sud, les quartiers parisiens sont englobés dans cette opposition. Enfin, si ces jeunes viennent pour la plupart de quartiers populaires, on ne saurait assimiler tous ces quartiers à des grands ensembles de banlieue. Dans un premier temps, les bandes n'apportent d'ailleurs que rarement des désordres au sein des quartiers. Il semble que les conflits avec les adultes ou avec d'autres groupes de jeunes soient quasiment inexistants. Tout se déroule ailleurs, qu'il s'agisse des bagarres ou des vols. Ce n'est que plus tard, avec l'implantation du business et l'économie de la drogue, que viendront les conflits locaux et les enjeux de territoire.

Les Fight Boys, stéréotype du « mythe » des bandes

Le monde des bandes tel que décrit par Lamence et les autres interviewés est un monde mouvant, et les bandes qui se succèdent du tout début des années 1980 jusqu'au milieu des années 1990 se transforment et se recomposent. Leurs durées de vie sont relativement courtes, tout d'abord parce que, pour les jeunes qui s'y engagent, elles correspondent à une période circonscrite, celle de l'adolescence et du début de l'âge adulte, mais aussi parce que nombre de leurs leaders ont des démêlés avec la justice. L'enquête a permis de distinguer trois générations de bandes au cours de cette période, découpage schématique car ces générations s'entrecroisent partiellement mais qui permet de pointer les particularités des Fights, d'éviter une vision trop homogénéisante et de poser quelques repères permettant de comprendre des filiations.

Familles africaines en France. Ethnicisation, ségrégation et communalisation, *op. cit.*, p. 130.

75 Entretien avec Marcel, Paris, mai 2007.

Les Fights représentent un moment de cette période des bandes, moment que l'on pourrait identifier comme la troisième génération. Celle-ci se nourrit des expériences précédentes, et c'est sans doute celle qui correspond le mieux au stéréotype mythique des bandes. Notre présentation ne se prétend pas exhaustive ; beaucoup d'autres bandes plus ou moins importantes se constituent dans les décennies 1980-1990, dont il ne sera pas question ici.

Un épisode dans une histoire des bandes

La première génération décrite par nos interviewés est celle des Black Panthers, des Bafana suivis des Asnays, des Boons, des Ducky Boys, groupes encore peu structurés engagés dans la lutte contre les skinheads. Lamence et ses amis s'y réfèrent souvent mais ne les ont jamais rencontrés : « C'était comme une espèce de mythe, au-dessus de la troupe, de tout le monde, mais personne ne les a jamais vus [...]. Ils ont 45-48 ans, la cinquantaine aujourd'hui. Nous avons grandi en France mais eux sont venus directement de leur bled à 25 ou 26 ans. Ils ont pris le modèle américain et ils ont fait leur bande des Black Panthers. Ils étaient plus âgés, ils avaient fait des études pour la plupart. À cette époque-là, il n'y avait pas trop de Noirs et la nuit, c'était des skins. C'est eux qui ont ramené tout le mouvement musical. Et après, ils sont partis dans le business parce que c'est des mecs qui avaient été à l'école [76]. »

Suivent les légendaires Requins vicieux. Il s'agit au départ d'un groupe de danseurs qui se réunissent dans le Nord de Paris. Ils sont accueillis par Paco Rabanne, qui met des locaux de répétition à leur disposition. Certains d'entre eux, comme le rappeur Jean Gabin, se réclament de la « branche dure » du mouvement hip-hop : « Les Requins vicieux sont avant tout une famille, des danseurs, et comme je le dis, dans le hip-hop il y a la branche violente. Cette branche violente, on l'était, avec des qualités. Branche violente parce qu'on était un peu plus radicaux que d'autres, et on ne se pliait pas à cette subculture qui est devenue une culture : le hip-hop ; parce qu'il fallait avoir le dernier cri des affaires et compagnie.

---

76 Entretien avec Lamence, Évry, mars 2007.

Nous, on a franchisé ce qu'il y avait chez les Ricains, c'est-à-dire *Warriors* ou beat-street, puisque c'était justement le moment où le hip-hop a émergé en France. C'est vrai qu'on était la première bande comme on l'appelle "gang" aux États-Unis, où on vit ensemble, on crève ensemble, on fait de l'oseille ensemble[77]. » Pourtant, si cette bande est parmi les plus connues (c'est son nom qui revient le plus souvent dans les articles de presse ou sous la plume des chercheurs), ses membres ne se considèrent pas d'emblée comme une bande. Ludovic et Marcel en témoignent : « Donc ces groupes de jeunes, c'est plus la justice qui a mis une étiquette dessus et qui a dit que c'était des bandes. Eux à la base, c'étaient des groupes de jeunes comme on en verrait maintenant sauf que, oui effectivement, les gens se réunissaient plus par atomes crochus. » « Ce qui s'est passé, c'est le phénomène médiatique. C'est de là qu'on s'est dit : tiens... » En 1987-1988, les Requins vicieux défrayent la chronique médiatique avec des procès pour viols en réunion, vols et violence. La bande a une vie courte ; la plupart de ses leaders sont condamnés à plusieurs années de prison. De nombreuses bandes sont contemporaines des Requins, tels les Black Wolfs qui se réunissent à La Défense, les Street Boys à Aulnay-sous-Bois, la secte Abdulaï à Sarcelles, les Fresh Boys à Sarcelles, les Go de la malédiction, les Mendhi, nom d'une famille sénégalaise des Mureaux.

C'est dans cette lignée que se forment les Requins juniors, les CKC, les Bourreurs Boys et les Fights. Le récit de Lamence suffit à présenter les Fight Boys. Les Requins juniors se considèrent comme les héritiers des Requins vicieux. Ils se réunissent aussi dans le Nord de Paris. Les Bourreurs Boys viennent du XIIIe arrondissement. Les Black Dragons se disent issus des États-Unis. Ils viennent de plusieurs villes de la banlieue parisienne mais se retrouvent à La Défense, puis à Montreuil et Vitry. Ils sont organisés en brigades, plus ou moins structurées. Ces bandes se différencient par leurs lieux de rencontre mais aussi par leurs codes vestimentaires. Les Requins sont habillés en Stan Smith, jeans, vestes trois-quarts,

---

77 Interview de Jean Gabin, 13.07.2007, webzinemaker.com.

genre « vieux lascar », les Bourreurs Boys adoptent un style de golfeurs, les Fight portent des starters et des blousons de cuir, les Black Dragons des Fly jackets. Cette nouvelle génération se projette dans l'image mythique des bandes. Elle adopte valeurs et normes classiques du monde des bandes : une mythologie guerrière, des rapports sexistes, l'intégration des valeurs marchandes.

Le « monde des bandes »

Les Fight Boys, en particulier, présentent une organisation très hiérarchisée. C'est moins le cas d'autres bandes, tels les Requins juniors qui fonctionnent sur un mode plus informel et recourent néanmoins au registre guerrier. Marcel décrit ainsi l'organisation : « Contrairement à tout ce qui a été dit, "bandes organisées" et tout ça, il n'y avait pas d'organisation, il n'y avait pas de chef, c'étaient des décisions collectives, des choses qui se prenaient... mais y avait pas d'assemblée générale [...]. Les Fights, au niveau de cette guerre, c'est eux qui étaient les plus structurés parce qu'en fait ils étaient quelque part rodés à la notion de guerrier [...] au niveau de cette guérilla urbaine, ils étaient beaucoup plus organisés que nous [78]. »

Cette organisation hiérarchisée se constitue progressivement, dans l'affrontement entre bandes et dans l'escalade de la violence. Elle procède pour partie du mimétisme avec les bandes nord-américaines, pour partie de l'expérience des précédentes bandes. Du récit de Lamence Madzou ressort en particulier une définition claire du rôle du chef, véritable général qui organise la bataille, planifie les extensions, négocie les alliances et annexions, mais qui est aussi arbitre et juge dans la vie du gang, voire des affaires familiales et intimes, en résumé, un entraîneur d'hommes. Ses lieutenants ont chacun en charge un territoire spécifique et l'accompagnent dans la prise de décision. L'entraînement et les modes de recrutement participent de ce modèle guerrier. Si la sélection est faible, elle permet de jauger les individus et de les mettre à l'épreuve. De fait, le gang compte un noyau d'actifs qui se battent, sur qui on peut compter et

78 Entretien avec Marcel, Paris, mai 2007.

une zone d'influence, de soutien. Ces règles de fonctionnement sont pour partie connues ; elles sont évoquées dans d'autres travaux. Mais le témoignage de Lamence nous apporte ici la dimension subjective de cette expérience de chef de bande en ce qu'il montre à partir de quelles qualités il la développe et comment elle contribue en retour à le transformer.

La violence dont il est question dans la plupart des scènes décrites par Lamence est rarement impulsive ou pathologique. Hormis quelques situations, elle reste contrôlée et en même temps légitimée, sans regrets puisque c'est la guerre et « qu'on n'a pas le choix ». Il est autorisé et même valorisant de libérer ainsi son énergie et on ne peut que relever une fascination pour la démonstration de la force physique, psychologique et pour la maîtrise de soi, fascination qui transparaît encore dans les récits ou dans les discussions entre amis se remémorant des souvenirs communs. Ce « capital guerrier [79] » repose à la fois sur les forces physique et psychologique, sur la réputation et la capacité à passer des alliances. Cette violence s'exerce d'abord contre les skinheads puis entre bandes, rarement contre la police qui n'est pas vue comme un ennemi. Dans une logique où seuls comptent les défis, la force et l'instant vécu, elle s'accompagne d'une inconscience des risques encourus qui peut donner un sentiment illusoire de puissance et d'impunité. Elle s'exerce aussi au sein de la bande pour construire une réputation et s'imposer. La violence physique s'accompagne d'une forte maîtrise de soi et de formes de gestion sociale et relationnelle jouant sur les registres de l'intimidation ou de la négociation, qui permettent d'assurer autrement des rapports de domination et de consolider le groupe. La bande repose ainsi sur des formes de solidarité et de régulation interne, et son chef est appelé à jouer un rôle de sage ou d'arbitre dans des conflits interpersonnels.

---

79 Notion empruntée à T. Sauvadet, *Le Capital guerrier. Concurrence et solidarité entre jeunes de la cité*, Armand Colin, Paris, 2006. David Lepoutre décrit aussi l'« idéologie guerrière » des jeunes de la rue, « inhérente à toute culture de l'honneur », *in Cœur de banlieue. Codes, rites et langages*, Odile Jacob, Paris, 1997.

La relation aux femmes représente une autre dimension importante de l'idéologie de la bande. Le témoignage de Lamence décrit clairement un monde machiste où les hommes, valorisés dans leur virilité, sont en situation de domination et où les femmes ne font tout au plus qu'accompagner et représenter des enjeux de combat avant d'être écartées d'un jeu violent où elles n'auraient pas leur place. Comme chez les blousons noirs ou les loubards, la bande constitue un mode d'apprentissage des conduites masculines « conformes aux représentations populaires de l'idéal de virilité [80] ». Sur ce point, les commentaires de Nadia sont éclairants : « C'étaient des vrais machos. La femme c'était un objet et l'homme c'était... le tout-puissant voilà. La femme ne servait qu'à une chose, à assouvir les besoins de l'homme [81]. » Pour autant, les filles ne sont pas exclues des bandes ; elles y ont un rôle et elles sont utiles : « On allait voler pour les hommes. "Va me prendre ça, va me prendre ci." On leur faisait leurs chèques. Pour les soirées, quand il y avait des embrouilles, nous, on allait tâter le terrain dans la boîte pour voir quelles personnes étaient présentes. Fallait toujours qu'on soit avec eux. Quelque part, ils avaient besoin de nous [82]. » On pourrait même avancer que les filles constituent l'un des ressorts de la constitution des bandes [83]. La plupart des jeunes hommes rencontrés soulignent que le statut gagné vis-à-vis d'elles est l'une des principales raisons pour entrer dans la bande et c'est à la fois au sein du groupe masculin et dans le regard féminin que se construit cette image de la masculinité. Les filles reprennent à leur compte ce système de valeurs qui constitue une norme commune voire une injonction, pour les unes comme pour les autres [84]. Lilian Thuram, racontant son enfance et ses contacts avec les bandes, se souvient

---

80 G. Mauger, *Les Bandes, le milieu et la bohème populaire. Études de sociologie de la déviance des classes populaires (1975-2005)*, Belin, Paris, 2006.

81 Entretien avec Nadia, Évry, janvier 2008.

82 *Ibid.*

83 Stéphanie Rubi a étudié les bandes de filles, qui constituent une autre forme d'entrée dans le monde des bandes : *Les « crapuleuses », ces adolescentes déviantes*, PUF, Paris, 2005.

84 Même si garçons acquièrent par là une situation dominante.

ainsi d'avoir été traité de « baltringue » c'est-à-dire de minable, de « bidon » parce que n'appartenant à aucune bande [85].

Ces valeurs de masculinité, on le sait, ne sont pas spécifiques aux bandes : elles traversent les milieux populaires et, sous des formes et à des degrés divers, la société dans son ensemble. Dans la bande, elles prennent des formes particulières. Elles impliquent une forte hiérarchie interne – les filles volent pour les garçons, leur servent de couverture, obéissent à leurs ordres – mais aussi un mode de relation où les sentiments amoureux doivent demeurer cachés car assimilés à de la faiblesse. Nadia et Lamence se souviennent ensemble :

– Lamence : – Le gars il aime sa femme, mais il ne peut pas le dire parce que c'est un monde super-machiste.

– Nadia : – Il n'y avait pas de « je t'aime ». Il n'y avait aucun romantisme. Les tartes dans la figure, oui.

– Lamence : – Quand on était seul avec vous, on vous tenait la main, mais devant les gens, ce n'était pas possible. Parce que ça pouvait être perçu par tes amis comme de la faiblesse.

Ce mode de relations s'accompagne d'une concurrence entre femmes, dimension peu traitée dans la plupart des études sur les rapports de genre : « Il y avait beaucoup d'embrouilles entre nous aussi. Beaucoup de concurrence déjà. Il pouvait y avoir un homme qui avait cinq femmes. Ça créait des embrouilles entre elles. Parce que c'était violent aussi chez les femmes [86]. »

Les filles qui participent à la vie des bandes quittent le milieu à la fois protecteur et contraignant de la famille et de la cité, attirées elles aussi par une forme de liberté ou d'aventure. Elles doivent cependant se faire accepter dans le collectif où elles n'acquièrent pas toutes le même statut et cette intégration se négocie dans le rapport aux garçons et à la sexualité : « Une femme à l'époque, c'était simple. Pour être respectée, soit il fallait qu'elle couche, qu'elle donne son corps, qu'elle se fasse à ça et que les autres l'acceptent comme ça. Si elle ne donnait pas son corps et qu'elle n'avait

---

85 L. Thuram, *8 juillet 1998*, Éditions Anne Carrière, Paris, 2004, p. 38.

86 Entretien avec Nadia, janvier 2008.

personne derrière elle, elle pouvait être forcée... Mais si elle était protégée, si elle avait du monde derrière elle, personne ne pouvait la toucher[87]. » Les jeunes filles ne possèdent pas les mêmes atouts et peuvent vivre des expériences très différentes qu'illustrent bien les témoignages de Nadia et de Vivianne, la première d'origine algérienne, la deuxième antillaise. Toutes deux ont connu les bandes à l'âge de quatorze ans. Nadia vit alors à Montreuil. Par l'intermédiaire d'une amie, elle commence à fréquenter les boîtes comme le Bataclan ou le Gibus où se diffuse le hip-hop. Elle y rencontre des membres des Requins vicieux puis des Requins juniors. Elle obtient l'amitié et la protection de l'un de leurs principaux leaders et participe à nombre de leurs activités. Si elle décrit un monde violent, elle en garde le souvenir d'une période de bonheur et d'une véritable école de la vie : « J'ai eu une super-enfance, je me suis éclatée... et c'est vraiment tout ça qui m'a aidée à m'en sortir aujourd'hui (...) c'est grâce à ça que j'ai l'esprit très ouvert, que j'arrive à accepter un peu tout, parce que j'ai vu des choses étonnantes. » Soutenue par un « grand frère » choisi, elle s'est parfois sentie en danger mais a toujours été protégée ; elle déclare avec fierté avoir gardé sa virginité jusqu'à l'âge de vingt et un ans. Bien différent est le parcours de Vivianne. Venant d'une cité HLM dans une ville plutôt bourgeoise de l'Essonne, elle suit sa sœur aînée qui fréquente déjà les bandes à l'Agora d'Évry : « Donc, j'avais déjà arrêté l'école et j'ai fait la connaissance des grands, les potes, qui contrôlaient l'Agora. Si on te disait : "Toi, tu rentres chez toi", tu allais prendre le train, tu ne faisais pas ce que tu voulais. Donc, on traînait à l'Agora et on travaillait pour eux, pour les grands, pour les hommes. (...) J'aimais bien les descentes. Et puis, ça restait gentil ; ils se battaient mais[88]... » Elle participe à des soirées, dort de moins en moins chez ses parents. Très vite, elle apprend qu'elle est « protégée », c'est-à-dire dans ce cas « visée par quelqu'un » et, à quatorze ans, elle est violée par son « protecteur ». C'est son premier rapport sexuel ; elle se retrouve enceinte. Elle cache sa grossesse les quatre premiers

---

87 Entretien avec Nadia, Évry, janvier 2008.

88 Entretien avec Vivianne, Évry, janvier 2008.

mois. Quand sa mère s'en aperçoit, elle veut alors porter plainte pour viol mais la plainte est, selon Vivianne, refusée par le commissariat. Dix ans plus tard, Vivianne s'installe avec le père de son enfant mais ils se séparent suite à ses comportements violents. Vivianne n'a pas, comme Nadia, trouvé de « grand frère » protecteur ; le sien était en prison. Elle adopte aujourd'hui un fatalisme fait à la fois de colère et de l'intégration d'un ordre imposé qu'elle reprend à son compte.

Ces deux témoignages pointent une question complexe, souvent abordée d'un point de vue normatif et moraliste plus que sociologique, celle de la violence sexuelle faite aux femmes. Les travaux de Laurent Mucchielli ont déjà permis d'interroger la médiatisation des « tournantes » et d'aller plus loin dans la compréhension des processus psychosociaux à l'œuvre. Ils ont montré que ces pratiques ne sont pas spécifiques aux bandes contemporaines [89]. Les témoignages de femmes recueillis au cours de cette enquête confirment leur existence ainsi que celle des viols, tout en tendant à les banaliser, voire à les excuser. Dans son études des rapports amoureux des « jeunes des cités », Isabelle Clair a analysé l'attitude qui consiste à « étiqueter » les filles participant aux tournantes, désignées comme des « putes » [90]. On assiste alors à un renversement « du rapport de causalité entre acte et sentence » : on participe à une tournante parce qu'on est une « pute » et donc on n'est pas victime mais à l'origine de l'acte. Adoptant une même démarche de justification, Nadia et Vivianne adoptent un autre point de vue en défendant le droit pour les femmes à pratiquer leur sexualité comme elles l'entendent, arguant du fait que les bourgeois fréquentent bien des clubs échangistes ou des partouzes, et Nadia commente : « C'était normal. Il y a des femmes qui l'acceptaient et qui pouvaient en une soirée tourner à dix. C'était une façon de se faire aimer. » Cet argument revient aussi à renverser le rapport de causalité et à accepter un ordre dominant, mais il repose sur une représentation beaucoup plus nuancée des modèles féminins.

---

89 L. Mucchielli, *Le Scandale des « tournantes »*, La Découverte, Paris, 2005.

90 I. Clair, *Les Jeunes et l'amour dans les cités*, Armand Colin, Paris, 2008.

Celle-ci se comprend sans doute pour partie comme réaction au discours stigmatisant qui s'est développé à l'égard des jeunes hommes issus de l'immigration [91], reçu comme une condamnation morale par certaines jeunes femmes. Ainsi Vivianne : « Il n'y a pas de putes ou de soumises, il y en a qui se mettent bien. Une femme qui a voulu se mettre bien [92], je ne la traite pas de salope. Je suis désolée. Elle aime le sexe, elle aime le sexe, c'est tout. Il n'y a pas de ni putes, ni soumises [93]. » Il n'est pas possible ici de mesurer dans quelle mesure ces propos sont particuliers à nos interviewées mais ils relèvent en tout état de cause une double difficulté : celle d'appréhender la spécificité de ces pratiques dans les quartiers populaires et celle de les analyser autrement qu'à l'aune du modèle et de la morale des couches moyennes.

Ces quelques constats et réflexions ne constituent en l'état que des pistes ou des hypothèses de travail qui restent à confirmer et à approfondir par une recherche complémentaire. L'enquête reste inaboutie sur ce point. Car, au bout du compte, peu de choses sont dites sur les rapports hommes/femmes dans le récit de Lamence Madzou. Si elle a été abordée très directement par les jeunes femmes, cette question a été esquivée au cours des entretiens avec les jeunes hommes. L'ombre des procès pour viols demeure encore très présente et la médiatisation récente des « tournantes » n'a fait que renforcer ce mur du silence. Mais on peut affirmer que si la violence est bien présente dans les rapports entre filles et garçons, ceux-ci ne peuvent être appréhendés à travers cette seule dimension. En particulier, Lamence évoque souvent, sans jamais s'y arrêter vraiment, l'importance des relations et des déceptions amoureuses dans son parcours, relations amoureuses construites précisément en dehors de la bande.

Au cours des entretiens, les membres des bandes expriment aussi une vision partagée du monde et de leur place dans la société. Ils se représentent comme un groupe discriminé dans une société

---

91 Voir à ce sujet N. Guenif Souilamas et É. Macé, *Les Féministes et le garçon arabe*, L'Aube, Paris, 2004.

92 Se mettre bien : prendre du plaisir.

93 Entretien avec Vivianne, Évry, janvier 2008.

inégalitaire et c'est à ce titre qu'ils légitiment leur violence, au moins partiellement. Dans ce contexte en effet, le seul moyen d'exister et d'être reconnu est de s'organiser et de se battre. « J'ai fait ce que j'avais à faire. Il fallait que je réagisse... » sont des phrases qui reviennent souvent au cours des entretiens. Plus qu'une excuse, elles expriment un état d'esprit. Le sentiment de domination et d'exclusion ne trouve pas d'autres voies d'expression que la violence, et le conflit ne se résout pas autrement. Et surtout, pour s'en sortir dans ce monde violent et de la concurrence, il n'existe pas d'autres possibilités que celle d'en adopter les règles et les comportements. On pourrait ici parler d'une vision écologique dans la mesure où il est admis que les plus forts gagnent au nom d'une lutte permanente pour la survie. D'où la valorisation de la maîtrise de soi et, quand on est du côté des forts, un mépris pour les plus faibles ou parfois au contraire un sentiment de responsabilité qui conduit à la protection.

Mais, au bout du compte, ces valeurs sont largement celles, exacerbées, de la société [94]. Dans ce monde de compétition, la solidarité de groupe s'accompagne d'un individualisme fort lié à l'instinct de survie, d'où des tensions et des formes de violence au sein même du collectif. Ce sont bien les valeurs du néolibéralisme qui sont ici intégrées – individualisme, réussite, argent, concurrence – et, de ce point de vue, les bandes ne se situent pas du tout en dehors du monde social ; elles en sont le produit. Les marqueurs de la réussite sont les mêmes : richesse, pouvoir, possession des objets de consommation, tandis que le conformisme caractérise les attentes sociales : une famille stable, la propriété, l'argent, un business. L'enjeu n'est pas tant de changer la société pour qu'elle soit plus juste et plus égalitaire mais d'y trouver sa place, d'y être reconnu, de recevoir « la même part que les autres ».

Sur tous ces points, on ne peut être que frappé de la proximité en termes de fonctionnement et de valeurs avec les gangs

94 M. Jankowski relève au sujet des membres des gangs nord-américains : « Ils voient que la compétition, les conduites de prédateur et d'illégalité sont toutes opérantes dans la société large – non seulement tolérées mais sous bien des aspects aussi encouragées », M. Jankowski, *Islands in the Street*, *op. cit.*, p. 26.

nord-américains décrits par Jankowski [95]. En revanche, si la question de la consommation et de l'argent est prégnante au sein des bandes, impliquant diverses formes d'illégalisme et de délinquance, celles-ci ne se créent pas et ne se structurent pas pour autant à partir de l'économie parallèle ou du « bizness ». Il s'agit avant tout de survivre, de s'amuser et de consommer. Il n'est pas encore question de constituer un capital, même si certains en profitent ponctuellement, et la vie de la bande reste centrée sur l'immédiat, le plaisir éphémère, le moment partagé sans projection dans l'avenir. Ce n'est que plus tard, et seulement pour certains, que cette expérience débouche sur des activités plus structurées. Dans cette reconversion, les leaders des bandes profitent du capital guerrier et de reconnaissance accumulée qui leur permet de s'affirmer comme de petits caïds locaux.

Les politiques publiques à l'épreuve

Au début des années 1990, ces bandes parisiennes disparaissent. On peut trouver plusieurs raisons à cela. La première est la fatigue ou la défaite des adversaires. La seconde est la fin d'un épisode juvénile : les adolescents ont vieilli, passent à une autre étape de leur vie, souhaitent se stabiliser, s'installer. La troisième est que le noyau actif « tombe » suite à une répression musclée, pour des motifs divers : braquage, trafic de stupéfiants, coups et blessures, port d'armes, viols.

Les années 1990, réorganisation de l'intervention policière et de la justice

Depuis la fin des années 1980, les services de police se sont organisés et notamment une direction des Renseignements généraux spécifique a été créée qui a infiltré les bandes. Si, pour Lamence, la répression est un jeu normal – on connaît les règles, on prend les risques, on paye pour ce qu'on a fait –, d'autres anciens

95 *Ibid.*

membres des bandes évoquent une « véritable chasse aux sorcières ». Ainsi Marcel : « Voilà, ce qui s'est passé, c'est, je pense, que la justice et le pouvoir se sont dit : à un moment ou à un autre, ils vont prendre conscience du potentiel qu'ils ont et il vaut mieux les arrêter tout de suite que de les laisser prendre conscience de ce potentiel [...] ce n'était pas juste une question de : vous avez fait des délits, on va vous punir. C'était faire en sorte qu'une fraction, une fraction émergente, dangereuse parce que violente, là il ne faut pas se mentir on était violent, dangereuse parce que nombreuse soit éliminée. On a été éliminé socialement [96]. »

Cette répression marque le début d'un tournant policier et judiciaire analysé par Fabien Jobard comme un « resserrement de l'étau pénal autour des jeunes [97] ». Ce mouvement se traduit, entre 1991 et 2003, par la multiplication par deux du nombre de mineurs prévenus et de mineurs détenus dans les prisons françaises. Au cours des années 1990, la justice des mineurs a par ailleurs été redéfinie autour d'une philosophie articulant action éducative, contrainte et sanction. Cette approche répond au souci de respect de l'ordre public plus qu'à la protection de l'enfance qui prévalait jusqu'alors, indiquant également une évolution des représentations de la délinquance juvénile. Le jeune délinquant est considéré comme un « sujet responsable qui doit apprendre à suivre les règles, c'est-à-dire devenir autonome » et non plus comme une « victime d'une situation sociale, psychique, familiale qu'il ne maîtrise pas [98] ». Ce tournant a donné lieu à de nombreuses critiques dénonçant le retour à une pédagogie disciplinaire dont les centres fermés sont emblématiques.

La plupart de ces jeunes passent ainsi par le foyer puis la prison pour mineurs. Le récit de Lamence Madzou est éloquent sur les effets éducatifs de la prison qui contribue avant tout à la reconversion vers le business. Ces effets sont connus depuis longtemps et

---

96 Entretien avec Marcel, Paris, mai 2007.

97 F. Jobard, « Sociologie politique de la racaille », *in* H. Lagrange et M. Oberti (dir.), *Émeutes urbaines et protestations, une singularité française*, FNSP, Paris, 2006, p. 60.

98 D. Youf, « Organisation et fonctionnement de la justice. L'évolution de la justice des mineurs », *in* P. Tronquoy (dir.), *La Justice, réformes et enjeux*, *Cahiers français*, n° 334, La Documentation française, Paris, 2006, p. 49.

déjà dénoncés au cours des années 1960 durant la période des blousons noirs. Plus récemment, une commission d'enquête sénatoriale concluait encore : « Pour des jeunes [...] qui cumulent souvent depuis leur plus jeune âge des carences affectives, éducatives et scolaires, la prison constitue souvent un facteur supplémentaire de destructuration. L'incarcération des mineurs dans certains quartiers pénitentiaires violents et criminogènes, dans lesquels s'instituent des espaces sans contrôle, est de nature à mettre en danger leur santé, leur sécurité et leur moralité au sens de l'article 375 du code civil [99]. » Les jeunes adultes à leur sortie de prison, hormis quelques exceptions comme celle de Marcel qui a pu suivre une formation sportive, se retrouvent démunis, isolés. Les réseaux les plus efficaces pour s'en sortir restent ceux tissés en prison ou celui des anciens membres des bandes, pour la plupart dans la même situation. D'où le sentiment exprimé plus haut par Marcel d'une « liquidation sociale » : « Mais malheureusement, on vit dans un système où, à partir du moment où vous êtes passé par la case prison, le stigmate reste. [...] En fait, la prison a deux rôles. La prison a un rôle punitif et elle est censée avoir un rôle, bah... de réinsertion. Et ce rôle-là, la prison ne le joue pas et la société ne le joue pas non plus. [...]. Donc, vu que la prison ne joue pas ce rôle et que la société ne joue pas ce rôle, ils ne veulent pas que des gens qui sont passés par ces étapes-là puissent arriver à quelque chose dans la vie [100]. »

Une reconversion difficile

La reconversion est d'autant moins aisée pour les anciens leaders qui ont connu le respect et acquis une reconnaissance au sein du monde des bandes et souvent au-delà. Les sollicitations sont permanentes. L'expérience d'un sentiment de toute-puissance et de l'argent facile rend le monde du travail bien fade, surtout quand aucune compétence n'y est reconnue. Marcel, aujourd'hui cadre dans une entreprise, en témoigne : « Donc c'est clair que 90 % des gens qui passent par notre situation finissent dans la voyoucratie, parce que ce

99 Extrait du rapport de la Commission d'enquête sénatoriale sur la délinquance des mineurs du 26 juin 2002, cité par *Cahiers français*, *op. cit.*

100 Entretien avec Marcel, Paris, mai 1987.

n'est pas évident de se dire : "Voilà qu'est-ce que je sais faire ? Qu'est-ce que je veux faire ? Faut que je rentre dans le rang. À l'heure actuelle je vais avoir un travail, euh, qui va me rapporter mille deux cents euros par mois alors que mille deux cents euros normalement je les fais... je les fais en deux jours." [...] Il faut avoir une vraie force morale pour se dire, je vais travailler, mais une vraie force morale parce que c'est tellement facile de vivre du système D [101]. »

Les possibilités professionnelles sont réduites : sociétés de sécurité où on peut reconvertir le capital guerrier, marché de la musique où la culture hip-hop est reconnue, travail social ou monde associatif où peut se monnayer l'expérience de « grands frères ». Il faut aussi changer de normes et s'adapter à d'autres valeurs : Lamence raconte l'histoire d'un de ses amis qui, ayant trouvé un emploi dans le monde de la production, a tenté de régler ses problèmes par l'intimidation et s'est trouvé immédiatement rejeté. Si la loi de la concurrence et du plus fort règne dans le monde économique, celui-ci possède ses règles et ses ordres de grandeur.

La culture du hip-hop, qui était au cœur de la culture juvénile des bandes et émanait d'une jeunesse noire stigmatisée, est réappropriée plus largement par une partie de la jeunesse et devient un véritable enjeu commercial. D'où un sentiment mitigé à la fois de réussite, puisque quelques-uns ont percé, et d'amertume. Ainsi Marcel, au sujet de NTM : « Ça a vraiment été quelque chose de très, très fort parce que... ils ont représenté toute cette culture et toute cette nation. Maintenant on ne se parle plus, on ne se voit plus... On a eu des mots entre nous. Mais ça a vraiment été très, très fort parce qu'ils ont mis des mots sur nos douleurs [...] mais après, ils ont fermé la porte. » Ou Ludovic : « Le rap était un mouvement contestataire au départ dans lequel on a injecté beaucoup d'argent. Et quand on commence à mettre de l'argent devant des personnes qui n'en ont jamais eu, on leur demande de choisir entre l'argent et leurs convictions. Et comme on dit que l'argent fait le bonheur... Donc, ils choisissent l'argent et le contexte contestataire n'existe plus. Quand on parle aujourd'hui de rap révolté, de rap de rue, pour moi, ce n'est pas

---

101 *Ibid.*

ça. [...] C'est une musique infantile alors qu'au départ c'était une musique de révolte. Les premiers groupes de rap étaient en rébellion contre le pouvoir. Aujourd'hui dans le rap, il n'y a pas vraiment de rebelle. Ou alors, les seuls, on les muselle en fait. Elle a perdu un peu de son essence cette musique, c'est dommage. » Ce processus est classique des musiques populaires de contestation, comme le jazz puis le rock : en se diffusant et se commercialisant, elles échappent à leurs premiers auteurs et se transforment pour un public plus large. Mais les différents témoignages permettent de mesurer les sentiments de spoliation, de non-reconnaissance et en même temps une certaine fierté que peuvent ressentir ces jeunes adultes, sentiments qui ne peuvent que peser sur leurs représentations de la société française.

Au cours de leur aventure collective, ces jeunes ont cependant acquis diverses compétences dont, outre la force physique, un esprit d'entreprise et de compétition, des qualités d'organisation, de planification et d'encadrement, une capacité à prendre des risques et à les mesurer, compétences dont témoignent par exemple les différents « métiers » qu'exerce Lamence Madzou dans les activités illégales, ses capacités d'entreprendre et de développer différents champs de cette économie souterraine [102]. L'entrée dans la « voyoucratie » représente une voie qui propose un certain nombre de bénéfices tangibles où ces compétences peuvent être mises à profit, mais cette vie de dangers et d'incertitudes n'est pas pour autant facile.

Il s'agit donc rarement d'un véritable choix mais de l'issue d'une série d'échecs et de refus, liés en particulier aux ambiguïtés de l'action publique entre une politique répressive et un affichage tout théorique d'objectifs d'intégration et d'éducation. Le récit de Lamence montre les hésitations d'un parcours et la façon dont des portes ouvertes dans le monde associatif se referment brutalement. En pleine « guerre des bandes », il travaille pendant la journée dans une entreprise d'insertion dont un éducateur se rappelle « un garçon charmant, qui avait un super-sourire, qui était hyper-correct,

---

102 Racontant une journée d'un chef de gang dans un ghetto de Chicago, Sudhir Venkatesh décrit ses nombreuses tâches d'encadrement, organisation et médiation qui s'apparentent bien à un travail, *Gang Leader for a Day*, *op. cit.*

on aurait pu dire la vieille école, vraiment réglo, carré, à partir du moment où tout était carré avec lui [...]. Tout se passait le mieux possible [103] ». Au moment où les tensions commencent à monter entre les Tarterêts et Montconseil, il est engagé dans une association où il s'est imposé comme président. Les témoignages, les dossiers retrouvés indiquent une activité intense en direction des jeunes de la cité. On peut voir de la duplicité dans ce comportement qui joue sur deux registres de reconnaissance dans deux mondes aux normes, règles et modes de légitimation différents. On peut aussi y voir une capacité d'adaptation permettant de passer d'un monde à l'autre.

Ce parcours témoigne surtout d'un processus d'affiliation [104] balbutiant et fragile, ponctué de décrochages successifs, scolaire et familial, et d'affrontements avec les institutions, qui peine à déboucher sur une inscription solide dans le marché du travail et sur une reconnaissance sociale et politique. Mais cette trajectoire reste néanmoins toujours inscrite dans des rapports aux institutions, parfois contre elles ou en y revendiquant une place, dans un rapport de dedans/dehors. Elle montre par ailleurs que si le monde des bandes puis celui du business fonctionnent sur un registre de règles et de valeurs qui leur sont propres, ils sont loin d'être imperméables ou autonomes de la société « légale » et qu'on ne saurait simplement opposer les bandes puis les « racailles » aux familles respectables. La violence qui caractérise les relations entre bandes est pour partie une réponse ou un prolongement des rapports sociaux dans lesquels ces adolescents ont grandi. Les compétences développées pour diriger une bande puis une « affaire » rejoignent pour partie celles qui sont exigées dans le monde du travail, même si la façon brutale de « faire pression » y est bien spécifique. L'économie informelle ne peut se développer à cette échelle que parce qu'elle repose sur des formes de collaboration et de solidarité internes au quartier dans lesquelles nombre de familles sont engagées : sous-louer une chambre à un dealer, planquer de la drogue, faire le guet,

---

103 Entretien avec Patrick Haddad, Corbeil, juin 2007.

104 La notion d'affiliation est reprise ici des travaux de Robert Castel, *Les Métamorphoses de la question sociale*, Fayard, Paris, 1995.

acheter des produits « tombés du camion », faire appel au caïd pour régler un problème. Le rapport de Lamence Madzou au monde associatif exprime bien cette porosité entre « deux mondes » ; il en est de même du rapport au champ politique.

Les politiques locales : entre achat de la paix sociale et répression

Le cas de Corbeil-Essonnes représente un exemple caricatural des ambiguïtés des politiques locales, notamment depuis le changement de majorité municipale en 1995. Après la démission du maire communiste Roger Combrisson pour raisons de santé, Serge Dassault, avionneur, patron de presse, sénateur et quatrième fortune de France, est élu maire de la ville suite à trois tentatives infructueuses. C'est alors que se met en place ce que plusieurs de nos informateurs ont qualifié de « système Dassault ». Ce système reposerait sur un réseau de relations privilégiées du maire avec certains citoyens, et notamment de jeunes habitants des quartiers populaires, réseau entretenu grâce à des financements dispensés selon son bon vouloir et sur ses fonds personnels. Plusieurs jeunes interviewés affirment ainsi avoir le numéro de téléphone portable personnel du maire, avoir été reçus chez lui à Paris et avoir été appelés pour une aide, un renseignement, une protection. Ce mode de gestion ne semble pas spécifique aux quartiers populaires : un parent d'élève raconte que le maire aurait donné directement de l'argent à un directeur d'école pour payer des activités scolaires. L'association de parents, mise au courant, a protesté contre ces pratiques [105].

Mais, dans les quartiers populaires, ce système clientéliste revêt une dimension particulière, celle de l'achat de la paix sociale. De nombreux bruits courent sur les bénéfices que les uns ou les autres auraient pu en retirer : tel voyage payé par la municipalité, telle somme versée de la main à la main, permettant d'acheter un pavillon, d'ouvrir sa petite entreprise, en échange d'une tranquillité toute relative dans le quartier. L'un de nos informateurs déclare

105 Entretien avec M. H. Corbeil, juin 2007.

ainsi : « Dassault, c'est comme un grand-père, le problème c'est que quand il donne à l'un, il faut qu'il donne à l'autre [106]. » L'opacité du système contribue pour le moins à la concurrence entre groupes et individus qui s'accusent mutuellement d'« avoir touché », à la création d'un climat social tendu débouchant sur une « guerre des cités » qui repose avant tout sur des conflits d'intérêts et laisse en revanche en l'état une série de trafics illégaux.

Si ce système est bien connu à Corbeil-Essonnes, ce n'est que récemment qu'émergent publiquement quelques dysfonctionnements ou petits scandales témoignant de ses effets pervers quand, par exemple, un groupe de jeunes vient en 2005 « mettre la pression » en conseil municipal pour obtenir le financement de vacances à la neige. Le journal local des Verts rapporte que, dès le lendemain, l'élu à la Jeunesse, également président du club de prévention, impose à l'équipe de prévention le paiement comptant de la location de deux Laguna destinées au transport de huit jeunes partant au ski [107]. Le journal conclut : « Un coup de pression... et on part à la neige. Je te paye la neige... mais tu restes calme [108]. » Suite à cette affaire, le maire adjoint à la Jeunesse « démissionne » et est recasé au sein du GIP qui gère le grand projet de ville des Tarterêts. Le commissaire Bousquet relève dans sa description des « Tarterêts, archétype de la cité interdite » que, « maniant la pression, certains délinquants réussissent également à se faire engager dans des associations paramunicipales [109] ».

En 2007, une enquête judiciaire lancée par la SRPJ de Versailles est transmise au juge Renaud Van Ruymbeke au sujet d'une entreprise de gardiennage dirigée par un ancien éducateur issu des Tarterêts, liée par contrat avec la commune et soupçonnée d'abus de biens sociaux [110]. Le juge fait perquisitionner les services de la ville

106 Entretien avec Saïd, Corbeil, juin 2007.

107 *En Vert, en Ville, Ensemble*, n° 21, septembre-octobre 2005.

108 *En Vert, en Ville, Ensemble*, n° 18, février-mars 2005.

109 Richard Bousquet, 1998, *Insécurité, nouveaux risques. Les quartiers de tous les dangers*, L'Harmattan, Paris, p. 178.

110 Sabine Binet et Agnès Vives, « Corbeil-Essonnes. L'affaire qui fait trembler la mairie », *Le Parisien*, 5.12.2007, cahier central édition Essonnes.

et le domicile de conseillers municipaux en décembre 2007. En 2005, une lettre ouverte d'un élu municipal Vert posait déjà la question « des missions officielles ou occultes confiées à cette société pour contrôler les quartiers, acheter la paix sociale, voire faire le ménage ». Enfin, *Le Canard enchaîné* du 5 décembre 2007 rend publique l'information selon laquelle le maire (qui ne dément pas) a versé un demi-million d'euros en espèces sur le compte personnel d'un jeune conseiller municipal de la cité des Tarterêts [111]. L'affaire est classée par le parquet de Paris avec l'argument qu'il s'agirait de fonds privés. Le système semble se déliter et la tension est à son comble après ces dernières révélations et à l'approche des élections municipales de 2008 [112]. Un élu municipal proche du maire, décrit par certains comme le « porteur de mallettes », se fait agresser à son domicile un petit matin de l'automne 2007. La tête de liste de l'opposition de gauche reçoit des menaces de mort [113].

Il ne s'agit pas ici de se livrer à une investigation journalistique ou judiciaire, mais ces quelques informations mettent en lumière les ambiguïtés d'une politique municipale [114]. Entre-temps, l'association de prévention spécialisée de Corbeil-Essonnes s'est vu supprimer sa subvention en 2007. La municipalité affiche une politique de retour à l'ordre et de répression dans les quartiers populaires. Le récit du commissaire Bousquet est éloquent de ce point de vue. Il décrit une tentative de reprise en main de la cité des Tarterêts, passant par la démolition de deux tours et la restructuration de six autres « pour réduire le nombre d'appartements et de famille

---

111 Louis-Marie Horeau, « Serge Dassault père Noël de banlieue », *Le Canard enchaîné*, 5 décembre 2007.

112 Ce fonctionnement clientéliste s'accompagne d'une gestion hasardeuse. La Chambre régionale des comptes d'Île-de-France retoque deux années consécutives le budget primitif de la ville de Corbeil-Essonnes.

113 Menaces proférées devant témoins à l'issue de conseil municipal du 18 décembre 2007 et ayant donné lieu au dépôt d'une plainte cf. Agnès Vives, « Ambiance malsaine à Corbeil », *Le Parisien*. L'équipe Dassault est réélue avec 130 voix d'avance mais encore une fois de nombreux bruits courent au sujet de voix achetées, et l'opposition dépose un recours.

114 On peut pour cela se référer au reportage de Pascale Pascariello et Dillah Teibi diffusé dans l'émission *Là-bas si j'y suis*, de Daniel Mermet, France-Inter, 6 et 7 mars 2008.

nombreuses, souvent étrangères », mais surtout la mise en place d'une police municipale « conçue comme une véritable force de frappe dans les quartiers difficiles de Corbeil », dont l'effectif atteint vite quarante agents accompagnés de chiens et armés de flashballs et de pistolets de défense tirant des balles en caoutchouc.

C'est dans ce contexte que Lamence Madzou est envoyé au Congo en 1997. La tension sociale monte dans les quartiers populaires de Corbeil-Essonnes, donnant lieu à des affrontements violents avec la police. L'escalade policière s'avère inefficace si ce n'est contreproductive car, comme l'écrit le commissaire Bousquet et bien qu'il n'aille pas jusqu'à interroger cette logique répressive : « L'attitude de la police n'est pas étrangère à l'exacerbation des tensions et aux flambées de violence [115]. » Car au nom de quelles valeurs prétendre imposer ou construire un ordre social et politique quand le système politique lui-même n'affiche que clientélisme et contrats occultes ? Comment parler de « retour au droit » quand la gestion locale se fait « sous la pression » et dans l'opacité, et témoigne sur le fond d'un véritable mépris vis-à-vis des jeunes concernés. Ces jeunes n'ont pas inventé ce mode de fonctionnement qui permet d'acheter la paix sociale mais ils savent l'utiliser [116].

Si le « système Dassault » est d'autant plus caricatural qu'il met en jeu l'argent personnel du maire, ces pratiques d'achat de la paix sociale, souvent moins organisées, ne sont pourtant pas isolées. Une municipalité de gauche de l'Essonne a ainsi vu ses cadres signer une pétition pour demander des pratiques plus saines à l'égard de la jeunesse. Dans une autre ville, le marchandage se fait, au dire de travailleurs sociaux, par un appartement ou un travail à la mairie. Des animateurs racontent la prise de pouvoir de groupes de jeunes sur

115 R. Bousquet, *Insécurité, nouveaux risques. Les quartiers de tous les dangers*, *op. cit.*

116 Nous reprenons ici une remarque de Y. Kherfi, « Les émeutiers : entre violence et résignation », témoignage recueilli par V. Le Goaziou, *in* V. Le Goaziou et L. Mucchielli (dir.), *Quand les banlieues brûlent*, *op. cit.* Les émeutes de 2005 ont en effet permis de rétablir une partie des subventions aux associations que les réorientations de la politique de la ville autour de la démolition avaient contribué à diminuer de façon drastique.

des équipements jeunesse [117]. Cette gestion sociale par les « grands frères » n'est pas sans effets pervers. Bien sûr, ces coups de pouce peuvent apparaître légitimes et participer d'une politique de la reconnaissance. Mais tout dépend du marché qui y est lié, de la transparence des règles et des critères, et de la place accordée à ces jeunes. En fin de compte, ces bénéfices débouchent rarement sur une réelle reconnaissance, formation ou intégration dans le système institutionnel, si ce n'est dans une place dominée ou marginalisée.

À travers ces pratiques de gestion locale et nationale, c'est aussi le rapport au monde politique et au monde associatif qui est en jeu dans un contexte où les questions de l'insécurité d'un côté, de la représentation des « minorités ethniques » de l'autre sont devenues des enjeux politiques, à l'échelle locale comme nationale.

Une sortie politique ?

Les bandes étudiées dans cet ouvrage, si elles sont étroitement liées à la délinquance juvénile, ne peuvent être réduites à cette seule dimension. Elles représentent aussi l'expression violente d'une révolte et d'une revendication identitaire, et sont en ce sens porteuses d'une contestation sociale et raciale. Celle-ci s'exprime au travers de la lutte antiskinheads, par l'adoption de symboles anti-apartheid, par les références au mouvement noir nord-américain ou par la musique. Pour autant, elle ne débouche pas sur une politisation dans les canaux reconnus du champ politique ou sur un mouvement social témoignant d'une remise en cause de l'ordre établi. L'enjeu est avant tout de trouver sa place dans la société, qui passe par l'intégration des valeurs dominantes, comme l'accès à la consommation ou la concurrence. La violence se retourne contre les bandes elles-mêmes dans une bataille pour la prédominance où elle est mise au service du profit individuel, de l'argent et des trafics.

Ces jeunes, s'ils s'affirment porteurs d'une révolte, ne se considèrent pas comme politisés : « Nous, on pensait au jour le jour, ça veut dire faire de l'argent, faire de l'argent pour briller, pour le

117 Entretien avec deux travailleurs sociaux, janvier 2008.

vendredi aller faire les magasins. Donc on n'avait pas de pensée, on n'était pas politisés [118]. » Pour autant, l'idéologie des bandes n'est pas réductible à la simple imitation des valeurs bourgeoises par un groupe dominé qui n'en serait que le jouet ou l'expression. Les acteurs du monde des bandes ont contribué, à leur manière, à faire émerger dans le débat public des questions sociales et politiques. C'est bien une forme de conscience collective vis-à-vis du racisme et de la discrimination qui est à l'origine de leur expérience commune et qui s'affirme par la construction de leur collectif : elle ne saurait se confondre avec une « rage » anomique. Leur revendication du « respect » remet en question les schèmes de représentation raciale issus de l'esclavage et du colonialisme, et repose la question de l'égalité et de la reconnaissance dans la société française. Le travail identitaire collectif ne se réduit pas non plus à l'imposition d'une culture nord-américaine marchandisée : les jeunes y prennent ce qui les intéresse et contribuent en retour à une production culturelle. Nadia compare ainsi son expérience à celle de mai 1968 et cette analogie revient dans plusieurs entretiens. Mais cette libération d'énergies juvéniles demeure non canalisée, non reconnue, et ne trouve pas de relais politiques.

Les bandes ont pourtant entretenu des relations avec le monde politique. Elles ont à plusieurs reprises été intégrées dans les services d'ordre de manifestations publiques organisées par les partis de gauche ou des associations pour faire rempart aux skinheads ou aux militants musclés du Front national [119]. Leurs membres, tout en s'en défendant, ont nourri une attente vis-à-vis de la gauche au pouvoir, attente déçue dont découlent des rapports désenchantés avec le monde politique et le constat de s'être fait avoir quand le Parti socialiste a joué avec le sentiment d'insécurité et le vote d'extrême droite. Ainsi Marcel : « Quelque part, c'est Mitterrand qui a ouvert la voie à SOS Racisme. Pour se trouver un soutien lors des élections d'après, il a quelque part favorisé la montée du Front national pour affaiblir la droite [120]. » Max ajoute : « Mitterrand, il

118 Entretien avec Éric, Paris, octobre 2007.
119 Témoignages concordants de Lamence, Ludovic, Marcel, Max.
120 Entretien avec Marcel, Paris, mai 2007.

nous a eus, il faut dire ce qui est. Il nous a eus, il nous a fait à l'envers. Parce que Mitterrand, il est venu avec plein de promesses ; plein de machins ; et ça a fait augmenter le Front national. Et après, il y a eu notre ami Pasqua qui est arrivé… qui a durci encore les choses. Donc nous, on a voulu suivre Mitterrand, alors que Mitterrand il est plus droite que gauche, pour moi [121]. »

Ces quelques extraits d'entretiens témoignent d'une certaine connaissance et d'une analyse en partie réaliste du champ politique ainsi que d'un « rapport déçu à la citoyenneté [122] ». Le regard est aussi très critique sur les mouvements antiracistes, notamment SOS racisme, instrumentalisé par le Parti socialiste. L'expérience de Lamence Madzou au sein de cette organisation est significative de ce positionnement : d'un côté un intérêt pour le mouvement, de l'autre le sentiment de ne pas pouvoir peser, d'être utilisé au profit de certains et, sur le fond, de ne pas avoir les règles en main et les ressources nécessaires pour se faire reconnaître dans ce champ. Il en est de même dans la plupart des expériences municipales où les groupes de jeunes sont sollicités au moment des élections sans qu'un réel dialogue soit engagé à long terme.

Parmi ces anciens membres des bandes, plusieurs regrettent de ne pas avoir su ou pu transformer la mobilisation des bandes en force politique : « Si on avait été organisés, on aurait fait des associations au lieu de faire des banques, on se serait infiltrés dans la politique au lieu de faire des bandes et, à l'heure qu'il est, on aurait un vrai contre-pouvoir [123]. » Comme l'illustre ici Ludovic, la politique est vue comme un marché où s'expriment des rapports de force, se négocient des places et s'échangent des bénéfices. Cette vision utilitariste correspond bien à l'une des dynamiques fortes d'un champ politique qui ne s'y réduit pas. Mais c'est avant tout à cette dimension utilitariste que ces jeunes se sont heurtés, au niveau national comme au niveau local, et leurs ressources se sont avérées insuffisantes dans un champ pour lequel ils étaient peu armés. De cette expérience s'est développée une relation ambiguë au monde

---

121 Entretien avec Max, Paris, juin 2007.

122 R. Castel, *La Discrimination négative. Citoyens ou indigènes ?*, Seuil, Paris, 2007.

123 Entretien avec Ludovic, Paris, janvier 2008.

politique, à la fois utilitariste et désenchantée, mais témoignant d'une attente importante.

On pourrait arguer que le passé violent et délinquant de ces jeunes est le principal frein à leurs relations avec le monde politique. Mais il faut bien constater que, plus largement, la gauche a raté son rendez-vous avec les jeunes des cités et notamment les jeunes issus de l'immigration : les militants des cités n'ont pu qu'exceptionnellement accéder à la représentation politique [124]. Au niveau national, comme le soulignent nos interviewés [125], il aura fallu attendre un gouvernement de droite, déployant une politique sécuritaire et répressive, pour voir nommer Rachida Dati, Fadela Amara et Rama Yade dans un même gouvernement. Ces nominations, comme les tractations avec des jeunes issus de l'immigration qui ont eu lieu à Corbeil-Essonnes pour la composition des listes lors des dernières élections municipales, montrent que le champ politique commence à s'entrouvrir, que « la race est devenue une ressource politique dont les acteurs se saisissent pour défendre leurs intérêts, attirer des électeurs, revendiquer des places, consolider des positions [126] ». Mais prédomine ici une logique de marché à laquelle le champ politique ne saurait se réduire sous peine de ne représenter qu'un système de tractations et de lobbyings reproduisant de nouvelles formes d'exclusions et d'inégalités. Cette conception de la politique est souvent renvoyée aux quelques individus qui en profitent ou aux « communautés » qu'ils sont censés représenter, mais c'est bien l'ensemble du champ politique qu'elle interroge dans son fonctionnement général et dans sa capacité à inclure de nouveaux acteurs.

Ceci étant, la présence d'individus issus de l'immigration à des postes de responsabilité politique et professionnelle ne peut que contribuer à faire évoluer positivement les représentations raciales au sein de la société française, encore marquées par la stigmatisation. Ludovic déplore ainsi : « Aujourd'hui, on nous impose des

---

124 Nous reprenons ici les analyses d'O. Masclet, *La Gauche et les cités. Enquête sur un rendez-vous manqué*, La Dispute, Paris, 2003.

125 Commentaire de Lamence, Ludovic, Marcel, Max.

126 D. Fassin et É. Fassin (dir.), *De la question sociale à la question raciale ?*, *op. cit.*, p. 9.

modèles, genre le football. [...] Et aujourd'hui, en Afrique, le footballeur, il est plus important que le président ou le médecin. On nous envoie toujours dans un truc où ce ne sont pas nos capacités intellectuelles qui sont mises en avant mais plutôt notre physique. Il y en a qui s'en sortent mais combien ? Il y a combien de vrais sportifs qui ont fait autre chose ? Voilà, on essaie toujours de nous envoyer vers le bas [127]. »

Pour aller au-delà, il faudrait poser la question de la reconnaissance des groupes et collectifs tels qu'ils se définissent eux-mêmes, car il ne peut exister d'affiliation politique véritable sans reconnaissance individuelle et collective. La rhétorique antiraciste développée par certaines associations et par une partie de la gauche a jusqu'ici privilégié un discours humaniste renvoyant aux comportements individuels au détriment d'une analyse des ressorts sociaux, politiques et historiques du racisme et de la discrimination. Au cours des années 2000, d'autres perspectives ont émergé dans le débat public, posant en particulier la question de l'héritage colonial ou du postcolonialisme [128]. On peut considérer qu'à sa manière l'expérience des bandes des années 1980 a participé de cette éclosion, même si les parcours collectifs et individuels n'ont pas permis de reconvertir la revendication identitaire en action politique et même si la violence des bandes a contribué à une diabolisation des jeunes Noirs de banlieue, nouvelle classe dangereuse.

Conclusion : vingt ans plus tard

Vingt ans plus tard, la question des bandes a rejailli dans le débat public et scientifique. Mais est-ce la même question ?

---

127 Entretien avec Ludovic, Paris, janvier 2008.

128 On peut citer les Indigènes de la République ou le CRAN, Conseil représentatif des associations noires, créé en 2005. Ces mouvements sont précédés et accompagnés de travaux universitaires. Voir notamment P. Blanchard, N. Bancel et S. Lemaire (dir.), *La Fracture coloniale. La société française au prisme de l'héritage colonial*, La Découverte, Paris, 2005 ; « La politique républicaine de l'identité », *Mouvements*, mars-avril 2005 ; D. Vidal et K. Bourtel, *Le Mal-être arabe. Enfants de la colonisation*, Agone, Marseille, 2005.

Ce travail a permis de mettre en évidence plusieurs dimensions peu connues de la genèse et du fonctionnement des bandes, remettant parfois en question quelques certitudes. Ces résultats, bien que situés historiquement et géographiquement, peuvent contribuer à éclairer la situation actuelle non par leur généralisation mais en permettant de formuler un cadre de questions et d'hypothèses.

En particulier, la construction d'une identité « noire », à partir d'une stigmatisation partagée et de références culturelles et politiques communes, est un ressort de la constitution des bandes de la fin des années 1980. Qu'en est-il aujourd'hui ? Les entretiens réalisés avec des plus jeunes montrent que cette référence identitaire est prégnante, comme en témoigne aussi, à un autre niveau, l'émergence d'associations comme le CRAN et la montée de la thématique du post-colonialisme ou de la discrimination dans les débats publics. Mais le contexte urbain, culturel et politique s'est transformé. Les jeunes « Noirs » des cités, qui s'y sentaient marginaux il y a vingt ans, représentent dans certains quartiers une part importante des jeunes, si ce n'est la plus importante. La culture hip-hop a été largement marchandisée et par là reconnue. Ces jeunes sont les petits frères et certains même les enfants de ceux que nous avons interviewés qui leur ont transmis une histoire et des mythes constituant un socle identitaire. D'où peut-être, à côté ou dans cette identité partagée, l'affirmation de différences. Les jeunes rencontrés parlent spontanément du groupe des Zaïrois ou des Maliens, évoquant des stratégies ou des intérêts différents, alors que ceux de la génération précédente tendaient à se fondre dans une identité « noire ». De leur côté, les anciens membres des bandes se montrent très prudents au regard de mouvements identitaires ou d'associations comme le CRAN, redoutant une nouvelle instrumentalisation par des « intellectuels » ou dans des perspectives idéologiques qui ne seraient pas les leurs. Cette identité raciale est ainsi loin d'être figée ; elle est travaillée par des logiques sociales qui peuvent être conflictuelles. Mais elle constitue bien une des dimensions importantes de l'étude des bandes, qui ne saurait ni être éludée par crainte d'instrumentalisation, ni caricaturée en une dynamique communautariste fermée et cristallisée.

L'inscription des bandes dans le territoire est une autre dimension originale du témoignage de Lamence Madzou qui conduit à interroger l'adéquation systématique faite dans nombre de travaux entre ségrégation, voire exclusion, et bandes de jeunes. Les Fight Boys, comme les bandes auxquelles ils s'opposent, réunissent des jeunes de quartiers populaires mais pas forcément d'habitat social, venant de plusieurs quartiers, villes et départements, et déployant leurs activités dans un espace parisien large. Au cours des années 1990, les grandes bandes parisiennes semblent avoir disparu au profit de petites bandes locales et d'un « patriotisme de quartier ». La violence que les Fights exerçaient hors du quartier, dans Paris, prend aujourd'hui le quartier comme territoire, même si elle peut aussi parfois s'exporter. Les affrontements sont particulièrement violents et les incidents se succèdent entre les cités de Corbeil-Essonnes, Évry et Grigny, au cours desquels plusieurs jeunes trouvent la mort [129]. Ce phénomène n'est pas propre à l'Essonne. Hugues Lagrange indique que, pour la période 1997-2000, les conflits entre bandes représentent 52 % des incidents déclarés, cette tendance tendant à s'accentuer par la suite. Mais on ne peut être que prudent vis-à-vis d'affirmations de chercheurs annonçant qu'à une identité de position se serait substituée une identité locale [130]. Comme le montre l'exemple des Fights mais aussi vingt ans plus tard les entretiens réalisés avec de plus jeunes, les constructions identitaires relèvent de processus bien plus complexes, articulant des dimensions sociales, raciales et territoriales, le territoire ne se réduisant pas forcément à l'espace du quartier. Par ailleurs, les quelques bagarres entre bandes qui se sont déroulées dans Paris à l'automne 2007 à la gare du Nord et à Pigalle,

129 En 1998, une descente des jeunes des Tarterêts aux Pyramides se termine par la mort de Sinan, jeune de seize ans (« Après la mort de Sinan à Évry : l'hommage de toute une jeunesse qui refuse la violence », *L'Humanité*, 11 mars 1998). Un jeune de quatorze ans du quartier du Canal meurt au cours d'une altercation en 2002. Quelques mois plus tard, un jeune de quinze ans décède de plusieurs coups de couteau. Une jeune de seize ans meurt au cours d'une bagarre en 2007 (« Évry craint les représailles après une bagarre mortelle », *Le Figaro*, 15 octobre 2007).

130 Formule utilisée par Michel Kokoreff, *in* « Des barjots aux bandes de cité », *Esprit*, février 2008, n° 342, p. 39-55.

opposant une bande baptisée GDN (Gare du Nord) à une autre, Def Mafia (La Défense) [131], montrent qu'il n'est pas exclu que puissent se rejouer dans la capitale, au moins ponctuellement et sous des formes moins structurées qu'au cours des années 1980-1990, des regroupements et affrontements de jeunes venant de différents quartiers populaires de banlieue. On avancera ici l'hypothèse que cette évolution des bandes est sans doute au moins autant liée à la montée de la précarisation sociale et à la protection des business locaux qu'à une augmentation de la ségrégation sociale et raciale qui conduirait automatiquement à un enfermement territorial. Par ailleurs, les situations locales peuvent être très différentes, en lien avec les politiques locales, la structuration plus ou moins forte du business, l'importance des réseaux sociaux et associatifs.

En vingt ans, c'est aussi le rapport des bandes avec les institutions qui s'est transformé. Le climat s'est tendu entre jeunes et forces de police, et le respect mutuel qu'affichent Lamence Madzou et certains policiers a disparu. Comme le relève Lamence, les policiers ne sont plus les mêmes : ils avaient un statut d'adulte, ce sont aujourd'hui des jeunes envoyés faire régner l'ordre, d'où des réflexes de peur, l'incompréhension et l'escalade de la violence. Le discours politique a évolué vers une approche sécuritaire. Les affrontements sont devenus plus nombreux mais aussi plus diffus, moins lisibles. Ils opposent des groupes de jeunes entre eux et aux forces de l'ordre. Un policier raconte ainsi : « Ils (les Zoulous) allaient rarement à l'affrontement avec les policiers ; c'étaient plutôt des affrontements avec d'autres bandes. Alors que maintenant, c'est des affrontements... c'est essentiellement ciblé sur, avec la police. On tend des guets, des guets-apens, on attend la police, on prépare des cocktails molotov. On ne voyait pas ça avant. [...] Alors que maintenant vous avez des quartiers, dès que la police arrive, c'est le quartier qui s'y met. [...] Quand on avait une bande comme les Zoulous, c'étaient des gens qui étaient connus. Dans la police, on a des services qui s'occupent d'identifier les bandes, de les

131 Voir Gérard Davet et Élise Vincent, « À Paris, la vendetta entre GDN et Def Mafia déborde dans la rue », *Le Monde*, 6 septembre 2007, et « La guerre des bandes à Paris. Jusqu'où ? », *Le Nouvel Observateur*, 20 septembre 2007.

cibler. Maintenant, c'est difficile de cibler une bande. Il n'y a pas de bande, c'est tous les jeunes du quartier [132]. » Ce témoignage montre la difficulté à appréhender le fonctionnement de ces groupes de jeunes, fluctuants et peu structurés au regard des bandes qui les ont précédés. Plus que de bandes, on pourrait d'ailleurs souvent parler de jeunes des rues.

Il serait alors tentant mais beaucoup trop rapide de regrouper dans un même ensemble des incidents relevant de dynamiques différentes, tels que les petites guerres intercités aux enjeux souterrains (disputes entre familles, enjeux féminins, business), les affrontements ponctuels avec la police, comme le guet-apens tendu en 2006 aux forces de police par quelques individus dans la cité des Tarterêts, ou encore les émeutes de l'automne 2005 ou celle plus locale de Garges-lès-Gonesse de 2007. Les quelques travaux conduits sur les émeutiers de 2005 ont par exemple montré qu'il s'agissait souvent de jeunes non connus des services de police [133]. Certes, d'une forme d'affrontement à l'autre, des savoirs-faire peuvent être réutilisés, et quelques mêmes individus peuvent se retrouver. Mais englober toutes ces manifestations sous le vocable de « violence urbaine » contribue à en obscurcir les causes et les dynamiques, et à construire un problème amalgamant violence, insécurité, banlieue, ghettos, business, jeunes et immigration.

Pour autant, les dimensions structurelles du malaise social et racial qu'expriment ces différentes formes de violence sont bien les mêmes. Le témoignage de Lamence Madzou illustre la difficulté d'un processus d'affiliation à la société française pour un jeune « Noir de France » dont les parents sont touchés par la précarisation sociale. En vingt ans, cette situation sociale a continué à se dégrader. Elle s'est cristallisée dans des territoires urbains dont la stigmatisation ne fait que redoubler le sentiment de mise à l'écart. L'horizon bouché de la fin des années 1980 n'est pas plus ouvert aujourd'hui et le destin social des grands frères ne contribue guère à encourager les plus jeunes. La question raciale reste prégnante et

132 Entretien avec un ancien policier de Corbeil, juin 2007.

133 S. ROCHÉ, *Le Frisson de l'émeute*, Seuil, Paris, 2006.

rejaillit dans le traitement judiciaire et dans une forme de criminalisation d'une partie de la jeunesse [134]. La prise de conscience des discriminations raciales a certes progressé de façon significative mais elle peine à déboucher sur des réponses politiques convaincantes ou sur la structuration d'un mouvement social qui aurait l'impact du mouvement des droits civiques en Amérique du Nord. Pourtant, ce serait sans doute l'une des conditions pour que le champ politique s'ouvre durablement et sous une autre forme que celle du marchandage ponctuel et cynique [135], et pour que s'engage un processus de reconnaissance sociale et politique d'une jeunesse issue des quartiers populaires et appartenant aux « minorités visibles ».

---

134 À partir d'une enquête sur le ressort du tribunal de Melun, Fabien Jobard montre par exemple que la part des prévenus nés au Maghreb ou portant un nom maghrébin et la part des prévenus nés en Afrique ou aux DOM TOM ou portant un nom africain augmentent de façon significative, ce qui « atteste, d'un point de vue quantitatif, la très forte tension des interventions policières auprès des mineurs originaires d'Afrique de Nord et d'Afrique noire », F. Jobard, « Sociologie politique de la racaille », *art. cit.*, p. 62.

135 Comme le montrent les travaux sur le mouvement noir étasunien, cette condition n'est cependant pas suffisante. À l'intérieur du mouvement noir, se pose la question du pluralisme et de la prise en compte des groupes les plus dominés, notamment les femmes et les populations pauvres. Ainsi, le bilan des maires « noirs » à la direction de grandes villes a souvent été décevant et ne s'est pas toujours traduit par des politiques sociales à la hauteur des enjeux de la ségrégation raciale et sociale. Voir P. Thompson, *Double Trouble. Black Mayors, Black Communities and the Call for a Deep Democracy*, Oxford University Press, New York, 2006.

Bibliographie

ALLEN Barbara, *Analyse des dynamiques résidentielles du quartier de Montconseil*, CSTB, 2003.

ALLEN Barbara, « Les Tarterêts, un quartier d'accueil ? », *Les Annales de la recherche urbaine*, n° 94, 2002, p. 63-70.

ANDERSON Benedict, *L'Imaginaire national*, La Découverte, Paris, 2002 (*Imagined Communities*, Verso, Londres/New York, 1983).

BACQUÉ Marie-Hélène, SYLVIE FOL, *Le Devenir des banlieues rouges*, L'Harmattan, Paris, 1997.

BACQUÉ Marie-Hélène, Yves SINTOMER, « Affiliations et désaffiliations en banlieue, réflexions à partir des exemples de Saint-Denis et d'Aubervilliers », *Revue française de sociologie*, n° 42-2, 2001, p. 217-249.

BANTIGNY Ludivine, « De l'usage du blouson noir. Invention médiatique et utilisation politique du phénomène "blousons noirs" (1959-1962) », *in* M. MOHAMMED et L. MUCCHIELLI (dir.), *Les Bandes de jeunes, des blousons noirs à nos jours*, La Découverte, Paris, 2007.

BEAUD Stéphane, *80 % au bac... et après ? Les enfants de la démocratisation scolaire*, La Découverte, Paris, 2003.

BECKER Howard, *Outsider*, Métailié, Paris [1963], 1985.

BECKER Howard, « Biographie et mosaïque scientifique », *ARSS*, n° 62-63, 1986, p. 105-110.

BLANCHARD Pascal, Nicolas BANCEL et Sandrine LEMAIRE (dir.), *La Fracture coloniale. La société française au prisme de l'héritage colonial*, La Découverte, Paris, 2005.

BOUCHER Manuel, *Rap, expression des lascars. Significations et enjeux du rap dans la société française*, L'Harmattan, Paris, 1998.

BOURDIEU Pierre, « L'illusion biographique », *Actes de la recherche en sciences sociales*, n° 62-63, 1986.

BOURGOIS Philippe, *En quête de respect, le crack à New York*, Seuil, Paris, 2001 [1995].

Bousquet Richard, *Insécurité, nouveaux risques. Les quartiers de tous les dangers*, L'Harmattan, Paris, 1998.

Boyera Itofo Elisabeth, *Profession Délinquant*, Nicolas Philippe, Paris, 2002.

Castel Robert, *Les Métamorphoses de la question sociale*, Fayard, Paris, 1995.

Castel Robert, *La Discrimination négative. Citoyens ou indigènes ?* Seuil, Paris, 2007.

Catani Maurizio, Suzanne Mazé, *Tante Suzanne, Une histoire de vie sociale*, Méridiens, Paris, 1982.

Clair Isabelle, *Les Jeunes et l'amour dans les cités*, Armand Colin, Paris, 2008.

Dosse François, *Le Pari biographique*, Paris, La Découverte, 2005.

Dubet François, *La Galère, jeunes en survie*, Fayard, Paris, 1987.

Duprez Dominique, Michel Kokoreff, *Les Mondes de la drogue. Usages et trafics dans les quartiers*, Odile Jacob, Paris, 2000.

Esterle-Hedibel Maryse, *La Bande, le risque et l'accident*, L'Harmattan, Paris, 1997.

Fage Arlette, Jean-François Laé, *Fracture sociale*, Desclée de Brouwer, Paris, 2000.

Fassin Didier et Éric Fassin (dir.), *De la question sociale à la question raciale ? Représenter la société française*, La Découverte, Paris, 2007.

Giudicelli Anne, *La Caillera*, Paris, Jacques Bertoin, Paris, 1991.

Guenif Souilamas Nassira, Éric Macé, *Les Féministes et le garçon arabe*, L'Aube, La Tour-d'Aigues, 2004.

Hoggart Richard, *La Culture du pauvre. Étude sur le style de vie des classes populaires en Angleterre*, Minuit, Paris, 1970.

Honneth Axel, *La lutte pour la reconnaissance*, Cerf, Paris, 2000.

Jandowski Martin Sanchez, *Islands in the Street*, University of California Press, Berkeley, 1991.

Jazouli Adil, *Les Années banlieues*, Seuil, Paris, 1992.

Jobard Fabien, « Sociologie politique de la racaille », *in* Hugues Lagrange et Marco Oberti (dir.), *Émeutes urbaines et protestations, une singularité française*, FNSP, Paris, 2006.

Kakpo Nathalie, « Communauté d'expériences et diversité des trajectoires », *in* Hugues Lagrange et Marco Oberti, *Émeutes urbaines et protestations, une singularité française*, FNSP, Paris, 2006, p. 81-104.

Kalifa Dominique, « Les apaches sont dans la ville », *L'Histoire*, n° 168, 1993, p. 108-111.

Kokoreff Michel, « Des barjots aux bandes de cité », *Esprit*, n° 342, février 2008, p. 39-55.

Kontos Louis, David Brotherton, Luis Barrios (dir.), *Gangs and Society, Alternative Perspectives*,

Columbia University Press, New York, 2003.

LAGRANGE Hugues, « Autopsie d'une vague d'émeutes », *in* H. LAGRANGE et M. OBERTI (dir.), *Émeutes urbaines et protestations, une singularité française*, FNSP, Paris, 2006.

LAGRÉE Jean-Claude, « Marginalités juvéniles », *in* S. PAUGAM (dir.), *L'Exclusion, l'état des savoirs*, La Découverte, Paris, 1996, p. 321-334.

LEPOUTRE David, *Cœur de banlieue. Codes, rites et langages*, Odile Jacob, Paris, 1997.

LOUIS Patrick, Laurent PRINAZ, *Skinheads, Taggers, Zulus & co*, La Table Ronde, Paris, 1990.

MARPSAT Maryse, Albert VANDERBURG, *Le Monde d'Albert la Panthère. Cybernaute et sans domicile à Honolulu*, Bréal, Paris, 2004.

MARWAN Mohammed, Laurent MUCCHIELLI (dir.), *Les Bandes de jeunes, des « blousons noirs » à nos jours*, La Découverte, Paris, 2007.

MASCLET Olivier, *La Gauche et les cités. Enquête sur un rendez-vous manqué*, La Dispute, Paris, 2003.

MASPERO François, « Qui est le nègre ? », *La Quinzaine littéraire*, juin 1977, p. 16-30.

MAUGER Gérard, *Les Bandes, le milieu et la bohème populaire. Études de sociologie de la déviance des jeunes des classes populaires (1975-2005)*, Belin, Paris, 2006.

MILLET Mathias, Daniel THIN, « École, jeunes de milieux populaires et groupes de pairs », *in* M. MOHAMMED et L. MUCCHIELLI (dir.), *Les Bandes de jeunes, des blousons noirs à nos jours*, La Découverte, Paris, 2007.

MONOD Jean, *Les Barjots. Essai d'ethnologie des bandes de jeunes*, Julliard, Paris, 1968.

Mouvements, « La politique républicaine de l'identité », mars-avril 2005.

MUCHIELLI Laurent, *Violences et insécurité. Fantasmes et réalités dans le débat français*, La Découverte, Paris, 2001.

MUCHIELLI Laurent, *Le Scandale des « tournantes »*, La Découverte, Paris, 2005.

NDIAYE Pap, « Pour une histoire des populations noires en France : préalables théoriques », *Le Mouvement social*, n° 213, octobre-décembre 2005, p. 91-108.

NDIAYE Pap, « Questions de couleur. Histoire, idéologie et pratiques du colorisme », *in* Didier FASSIN et Éric FASSIN (dir.), *De la question sociale à la question raciale ?*, La Découverte, Paris, 2007.

PICHON Pascale et Thierry TORCHE, *S'en sortir... Accompagnement sociologique à l'autobiographie d'un ancien sans domicile fixe*, Publications de l'université de Saint-Étienne, 2007.

POIRET Christian, *Familles africaines en France. Ethnicisation, ségrégation et communalisation*, L'Harmattan, Paris, 1996.

PUDAL Bernard, *Prendre parti. Pour une sociologie historique du PCF*, FNSP, Paris, 1989.

PUDAL Bernard, « Le biographique entre "science" et "fiction", remarques programmatiques », *Politix*, n° 26, 1994, p. 5-24.

ROBERT Philippe, *Les Bandes d'adolescents*, Éditions ouvrières, Paris, 1966.

ROBERT Philippe, Pierre LASCOUMES, *Les Bandes d'adolescents. Une théorie de la ségrégation*, Éditions ouvrières, Paris, 1974.

ROCHÉ Sébastien, *Le Frisson de l'émeute*, Seuil, Paris, 2006.

RUBI Stéphanie, *Les « Crapuleuses », ces adolescentes déviantes*, PUF, Paris, 2005.

SAUVADET Thomas, *Le Capital guerrier, concurrence et solidarité entre jeunes de la cité*, Armand Colin, Paris, 2006.

SAUVADET Thomas, « L'autogestion des "jeunes de la cité". L'arrivée des animateurs "grand frères" », *in* Élisabeth CALLU, Jean-Pierre JURMAND et Alain VULBEAU (dir.), *La Place des jeunes dans la cité*, L'Harmattan, Paris, vol. 2, 2005, p. 159-179.

SCOTT Decker H., Frank M. WEERMAN (dir.), *European Street Gangs and Troublesome Youth Groups*, Altamira Press, Lanham/New York, Oxford, 2005.

SHAW Clifford Robe, *The Jack Roller. A Delinquent Boy's Own Story Chicago*, University of Chicago Press, Chicago, 1930.

SUTHERLAND Edward, *Le Voleur professionnel*, SPES, Paris, 1963.

THOMPSON Phillip, *Double Trouble. Black Mayors, Black Communities and The Call for a Deep Democracy*, Oxford University Press, New York, 2006.

THRASHER Frederik M., *The Gang*, University Press of Chicago, Chicago, 1927.

THURAM Lilian, *8 juillet 1998*, Anne Carrière, Paris, 2004.

VENKATESH Sudhir Alladi, « "Doin the hustle". Constructing the ethnographer in the American ghetto », *Ethnography*, Sage Publications, vol. 3(1), 2002, p. 91-111.

VENKATESH Sudhir Alladi, *Gang Leader for a Day*, Penguin Press, 2008.

VIDAL Dominique, Karim BOURTEL, *Le Mal-être arabe. Enfants de la colonisation*, Agone, Marseille, 2005.

WACQUANT Loïc, « Le gang comme prédateur collectif », *Actes de la recherche en sciences sociales*, n° 101-102, 1994, p. 88-100.

WACQUANT Loïc, « The Zone », *in* Pierre BOURDIEU (dir.), *La Misère du monde*, Seuil, Paris, 1993, p. 181-204.

YOUF Dominique, « Organisation et fonctionnement de la justice. L'évolution de la justice des mineurs », *in* Philipe TRONQUOY (dir.), *La Justice, réformes et enjeux*, *Cahiers français*, La Documentation française, Paris, 2006.

Table

Récit autobiographique

Voyage dans le monde des bandes

Par Marie-Hélène Bacqué

Dans la même collection

Littérature et voyages

Fadhma Amrouche, *Histoire de ma vie.*
Taos Amrouche, *Le grain magique.*
Ibn Batûtta, *Voyages* (3 tomes).
Louis-Antoine de Bougainville, *Voyage autour du monde.*
René Caillié, *Voyage à Tombouctou* (2 tomes).
Christophe Colomb, *La découverte de l'Amérique* (2 tomes).
James Cook, *Relations de voyages autour du monde.*
Hernán Cortés, *La conquête du Mexique.*
Bernal Díaz del Castillo, *Histoire véridique de la conquête de la Nouvelle-Espagne* (2 tomes).
Charles Darwin, *Voyage d'un naturaliste autour du monde.*
Charles-Marie de La Condamine, *Voyage sur l'Amazone.*
Homère, *L'Odyssée.*
Jean-François de Lapérouse, *Voyage autour du monde sur* l'Astrolabe *et la* Boussole.
Bartolomé de Las Casas, *Très brève relation de la destruction des Indes.*
Louis-Sébastien Mercier, *L'an 2440, rêve s'il en fut jamais.*
— *Le tableau de Paris.*
Louise Michel, *La Commune, histoire et souvenirs.*
Martin Nadaud, *Léonard, maçon de la Creuse.*
Paul Nizan, *Aden Arabie.*
Mongo Park, *Voyage dans l'intérieur de l'Afrique.*
Lady M. Montagu, *L'islam au péril des femmes.*
Marco Polo, *Le devisement du monde, le livre des merveilles* (2 tomes).
Horace Benedict de Saussure, *Premières ascensions au Mont-Blanc, 1774-1787.*
Mémoires de Géronimo.
Victor Serge, *Les années sans pardon.*
— *Le Tropique et le Nord.*
Inca Garcilaso de la Vega, *Commentaires royaux sur le Pérou des Incas* (3 tomes).

Essais

Mumia Abu-Jamal, *Condamné au silence.*
— *En direct du couloir de la mort.*
Lounis Aggoun et Jean-Baptiste Rivoire, *Françalgérie, crimes et mensonges d'États.*
Hocine Aït-Ahmed, *L'affaire Mécili.*
Fadela Amara, *Ni putes ni soumises.*
Patrick Artus et Marie-Paule Virard, *Comment nous avons ruiné nos enfants.*
Patrick Artus et Marie-Paule Virard, *Le capitalisme est en train de s'autodétruire.*
Michel Authier et Pierre Lévy, *Les arbres de connaissances.*
Morjane Baba, *Guérilla Kit.*
Étienne Balibar, *L'Europe, l'Amérique, la guerre.*
Nicolas Bancel, Pascal Blanchard et Sandrine Lemaire (dir.), *La fracture coloniale.*
Louis Barthas, *Les carnets de guerre de Louis Barthas, tonnelier, 1914-1918.*
Nicolas Beau et Catherine Graciet, *Quand le Maroc sera islamiste.*
Nicolas Beau et Jean-Pierre Tuquoi, *Notre ami Ben Ali.*
Michel Beaud, *Le basculement du monde.*
Stéphane Beaud et Younès Amrani, *« Pays de malheur ! ».*
Stéphane Beaud, Joseph Confavreux et Jade Lindgaard, *La France invisible.*
Miguel Benasayag et Diego Sztulwark, *Du contre-pouvoir.*
Sophie Bessis, *L'Occident et les autres.*
Mongo Beti, *La France contre l'Afrique.*
Paul Blanquart, *Une histoire de la ville.*
Augusto Boal, *Jeux pour acteurs et non-acteurs.*
— *Théâtre de l'opprimé.*
Lucian Boia, *La fin du monde.*
Philippe Breton, *Éloge de la parole.*
— *L'utopie de la communication.*
— *La parole manipulée.*
Valérie Brunel, *Les managers de l'âme.*
François Burgat, *L'islamisme en face.*
François Chobeaux, *Les nomades du vide.*
Daniel Cohn-Bendit, *Une envie de politique.*

La Découverte/Poche

Sonia Combe, *Archives interdites.*

Georges Corm, *La question religieuse au XXIe siècle.*

— *Le Liban contemporain.*

— *Orient-Occident, La fracture imaginaire.*

Julia Csergo et Roger-Henri Guerrand, *Le confident des dames.*

François Cusset, *La décennie.*

Sylvain Cypel, *Les emmurés.*

Adam Czerniaków, *Carnets du ghetto de Varsovie.*

Cécile Delannoy, *Au risque de l'adoption.*

Thomas Deltombe, *L'islam imaginaire.*

John Dinges, *Les années Condor.*

Alfred Dreyfus, *Cinq années de ma vie.*

Denis Duclos, *Le complexe du loup-garou.*

Shirin Ebadi, *Iranienne et libre.*

Les Éconoclastes, *Petit bréviaire des idées reçues en économie.*

Guillaume Erner, *Victimes de la mode ?*

Roger Faligot et Jean Guisnel (dir.), *Histoire secrète de la Ve République.*

Frantz Fanon, *Les damnés de la terre.*

— *Pour la révolution africaine.*

Robert Fisk, *La grande guerre pour la civilisation.*

Gustave Folcher, *Les carnets de guerre de Gustave Folcher, paysan languedocien, 1939-1945.*

Daniel Guérin, *Ni Dieu ni Maître* (2 tomes).

Roger-Henri Guerrand, *L'aventure du métropolitain.*

— *Les lieux.*

Jean Guisnel, *Guerres dans le cyberespace.*

— Libération, *la biographie.*

Theodor Herzl, *L'État des Juifs.*

Rudolf Hoess, *Le commandant d'Auschwitz parle.*

Pascale Jamoulle, *Des hommes sur le fil. La construction de l'identité masculine en milieux précaires.*

Alain Joxe, *L'empire du chaos.*

Yazid Kherfi, Véronique Le Goaziou, *Repris de justesse.*

Joseph Klatzmann, *Attention statistiques !*

Paul R. Krugman, *La mondialisation n'est pas coupable.*

Pierre Larrouturou, *Pour la semaine de quatre jours.*

Serge Latouche, *L'occidentalisation du monde.*

Florent Latrive, *Du bon usage de la piraterie.*

Christian Laval, *L'école n'est pas une entreprise.*

Jean-Pierre Le Goff, *La démocratie post-totalitaire.*

— *Les illusions du management.*

— *Mai 68, l'héritage impossible.*

Pierre Lévy, *L'intelligence collective.*

— *Qu'est-ce que le virtuel ?*

Paul Lidsky, *Les écrivains contre la Commune.*

André L'Hénoret, *Le clou qui dépasse.*

Alain Lipietz, *La société en sablier.*

Gilles Manceron, *Marianne et les colonies.*

Ernest Mandel, *La pensée politique de Léon Trotsky.*

Bénédicte Manier, *Quand les femmes auront disparu.*

Armand Mattelart, *La globalisation de la surveillance.*

John Mearsheimer et Stephen M. Walt, *Le lobby pro-israélien et la politique étrangère américaine.*

Gérard Mendel, *Une histoire de l'autorité.*

Charles-Albert Michalet, *Qu'est-ce que la mondialisation ?*

Alexander S. Neill, *Libres enfants de Summerhill.*

Sven Ortoli et Jean-Pierre Pharabod, *Le cantique des quantiques.*

Bruno Parmentier, *Nourrir l'humanité.*

François Partant, *La ligne d'horizon.*

Daya Pawar, *Ma vie d'intouchable.*

Paulette Péju, *Ratonnades à Paris.*

Michel Peraldi et Michel Samson, *Gouverner Marseille.*

Philippe Pignarre, *Le grand secret de l'industrie pharmaceutique.*

Philippe Pignarre et Isabelle Stengers, *La sorcellerie capitaliste.*

André Pochon, *Les sillons de la colère.*

Bernard Poulet, *Le pouvoir du* Monde.

Dominique Poulot, *Une histoire des musées de France, XVIIIe-XXe* siècles.

Michel de Pracontal, *L'imposture scientifique en dix leçons.*

Marcel Reggui, *Les massacres de Guelma.*

Jeremy Rifkin, *L'âge de l'accès.*

— *La fin du travail.*

Marie-Monique Robin, *Escadrons de la mort, l'école française.*

Marie-Monique Robin, *Le monde selon Monsanto.*

Charles Rojzman, *Savoir vivre ensemble.*

Marc Saint-Upéry, *Le rêve de Bolivar.*

Christian Salmon, *Storytelling.*

Bertrand Schwartz, *Moderniser sans exclure.*

Amartya Sen, *L'économie est une science morale.*

Victor Serge, *L'an I de la révolution russe.*

— *Vie et mort de Léon Trotsky.*

Maryse Souchard, Stéphane Wahnich, Isabelle Cuminal, Virginie Wathier, *Le Pen, les mots.*

Isabelle Stengers, *Sciences et pouvoirs.*

Benjamin Stora, *Imaginaires de guerre.*

— *La gangrène et l'oubli.*

Charles Szlakmann, *Le judaïsme pour débutants* (2 tomes).

Annie Thébaud-Mony, *Travailler peut nuire gravement à votre santé.*

Pierre Vermeren, *Le Maroc en transition.*

Pierre Vidal-Naquet, *Les crimes de l'armée française.*

— *Les assassins de la mémoire.*

Michel Villette et Catherine Vuillermot, *Portrait de l'homme d'affaires en prédateur.*

Michel Wieviorka, *Le racisme, une introduction.*

— *Une société fragmentée ?*

Malcolm X, *Le pouvoir noir.*

Idith Zertal, *La nation et la mort.*

Sciences humaines et sociales

Louis Althusser, *Pour Marx.*

Jean-Loup Amselle et Elikia M'Bokolo, *Au cœur de l'ethnie.*

Benedict Anderson, *L'imaginaire national.*

Paul Bairoch, *Mythes et paradoxes de l'histoire économique.*

Étienne Balibar, *L'Europe, l'Amérique, la guerre.*

Étienne Balibar et Immanuel Wallerstein, *Race, nation, classe.*

Stéphane Beaud, *80 % au bac... et après ?*

Jean-Jacques Becker et Gilles Candar, *Histoire des gauches en France* (2 volumes).

Miguel Benasayag, *La fragilité.*

— *Le mythe de l'individu.*

Miguel Benasayag et Gérard Schmit, *Les passions tristes.*

Yves Benot, *La démence coloniale sous Napoléon.*

— *Massacres coloniaux, 1944-1950.*

— *La Révolution française et la fin des colonies.*

Bernadette Bensaude-Vincent et Isabelle Stengers, *Histoire de la chimie.*

Pascal Blanchard *et al.*, *Zoos humains.*

Judith Butler, *Trouble dans le genre.*

Alain Caillé, *Anthropologie du don.*

François Chast, *Histoire contemporaine des médicaments.*

Jean-Michel Chaumont, *La concurrence des victimes.*

Yves Clot, *Le travail sans l'homme ?*

Serge Cordellier (dir.), *La mondialisation au-delà des mythes.*

Georges Corm, *L'Europe et l'Orient.*

François Cusset, *French Theory.*

Muriel Darmon, *Devenir anorexique.*

Mike Davis, *City of Quartz. Los Angeles, capitale du futur.*

— *Génocides tropicaux.*

— *Le pire des mondes possibles.*

Alain Desrosières, *La politique des grands nombres.*

François Dosse, *L'histoire en miettes.*

— *Michel de Certeau.*

— *L'empire du sens.*

— *Paul Ricœur.*

Mary Douglas, *Comment pensent les institutions.*

— *De la souillure.*

W. E. B. Du Bois, *Les âmes du peuple noir.*

Florence Dupont, *L'invention de la littérature.*

Jean-Pierre Dupuy, *Aux origines des sciences cognitives.*

Abdou Filali-Ansary, *Réformer l'islam ?*

Moses I. Finley, *Économie et société en Grèce ancienne.*

Patrice Flichy, *Une histoire de la communication moderne.*

François Frontisi-Ducroux, *Dédale.*

Yvon Garlan, *Guerre et économie en Grèce ancienne.*

Peter Garnsey et Richard Saller, *L'Empire romain.*

Jacques T. Godbout, *L'esprit du don.*

Olivier Godechot, *Les traders.*

Nilüfer Göle, *Musulmanes et modernes.*

Jack Goody, *L'islam en Europe.*

— *La peur des représentations.*

Anne Grynberg, *Les camps de la honte.*

Ian Hacking, *Entre science et réalité.*

Françoise Hatchuel, *Savoir, apprendre, transmettre.*

Axel Honneth, *La société du mépris.*

Pascale Jamoulle, *Des hommes sur le fil.*

Jacques Kergoat, *La France du Front populaire.*

Will Kymlicka, *Les théories de la justice. Une introduction.*

Camille Lacoste-Dujardin, *Des mères contre les femmes.*

Yves Lacoste, *Ibn Khaldoun.*

La Découverte/Poche

Bernard Lahire (dir.), *À quoi sert la sociologie ?*

Bernard Lahire, *La culture des individus.*

— *L'esprit sociologique.*

— *L'invention de l'« illettrisme ».*

— (dir.), *Le travail sociologique de Pierre Bourdieu.*

Bruno Latour, *Changer de société, refaire de la sociologie.*

— *L'espoir de Pandore.*

— *La fabrique du droit.*

— *La science en action.*

— *Nous n'avons jamais été modernes.*

— *Pasteur : guerre et paix des microbes.*

— *Petites leçons de sociologie des sciences.*

— *Politiques de la nature.*

Bruno Latour et Steve Woolgar, *La vie de laboratoire.*

Bernard Lehmann, *L'orchestre dans tous ses éclats.*

Prosper-Olivier Lissagaray, *Histoire de la Commune de 1871.*

Geoffrey E.R. Lloyd, *Pour en finir avec les mentalités.*

Georg Lukacs, *Balzac et le réalisme français.*

Lamence Madzou et Marie-Hélène Bacqué, *J'étais un chef de gang.*

Armand Mattelart, *La communication-monde : histoire des idées et des stratégies.*

— *Histoire de l'utopie planétaire.*

— *L'invention de la communication.*

John Stuart Mill, *La nature.*

Arno Mayer, *La « solution finale » dans l'histoire.*

Gérard Mendel, *La psychanalyse revisitée.*

Michel Morange, *Histoire de la biologie moléculaire.*

Mouvements, *Pensées critiques.*

Annick Ohayon, *Psychologie et psychanalyse en France.*

François Ost, *La nature hors la loi.*

Dominique Paulot, *Une histoire des musées de France.*

John Rawls, *La justice comme équité.*

John Rawls, *Leçons sur l'histoire de la philosophie morale.*

Élisée Reclus, *L'homme et la Terre.*

Roselyne Rey, *Histoire de la douleur.*

Annie Rey-Goldzeiguer, *Aux origines de la guerre d'Algérie.*

Maxime Rodinson, *La fascination de l'islam.*

— *Peuple juif ou problème juif ?*

Richard E. Rubenstein, *Le jour où Jésus devint Dieu.*

Fernand Rude, *Les révoltes des canuts (1831-1834).*

André Sellier, *Histoire du camp de Dora.*

Jean-Charles Sournia, *Histoire de la médecine.*

Isabelle Stengers, *Cosmopolitiques* (2 tomes).

Timothy Tackett, *Le roi s'enfuit.*

Michel Terestchenko, *Un si fragile vernis d'humanité.*

Sylvie Thénault, *Une drôle de justice.*

Francisco Varela, *Quel savoir pour l'éthique ?*

— *Les fondements philosophiques du libéralisme.*

Jean-Pierre Vernant, *Mythe et pensée chez les Grecs.*

— *Mythe et société en Grèce ancienne.*

Jean-Pierre Vernant, Pierre Vidal-Naquet, *Mythe et tragédie en Grèce ancienne* (2 tomes).

Pierre Vidal-Naquet, *Le chasseur noir.*

Michel Vovelle, *Les Jacobins.*

Loïc Wacquant, *Parias urbains.*

Immanuel Wallerstein, *Comprendre le monde.*

Max Weber, *Économie et société dans l'Antiquité.*

— *Le savant et le politique.*

William Foote Whyte, *Street Corner Society.*

John Womack, *Emiliano Zapata.*

Charles Wright Mills, *L'imagination sociologique.*

État du monde

L'État du monde en 1945.

États-Unis, peuple et culture.

Rochdy Alili, *Qu'est-ce que l'islam ?*

Bertrand Badie (dir.), *Qui a peur du XXIe siècle ?*

Serge Cordellier (dir.), *Dictionnaire historique et géopolitique du XXe siècle.*

Georges Corm, *Histoire du Moyen-Orient.*

Marc Ferro et Marie-Hélène Mandrillon (dir.), *Russie, peuples et civilisations.*

Anne-Marie Le Gloannec (dir.), *Allemagne, peuple et culture.*

Pierre Gentelle (dir.), *Chine, peuples et civilisation.*

Camille et Yves Lacoste (dir.), *Maghreb, peuples et civilisations.*

Jean-François Sabouret (dir.), *Japon, peuple et civilisation.*

François Sirel, Serge Cordellier et *al. Chronologie du monde au 20e siècle.*

CPI
Bussière

Composition Facompo, Lisieux.
Impression réalisée par CPI Bussière
à Saint-Amand-Montrond (Cher).
en avril 2009
Dépôt légal : juin 2009.
N° d'impression : 091229/1.
Imprimé en France